国际规则研究丛书

丛书单位　中国社会科学院世界经济与政治研究所
丛书主编　张宇燕

INTERNATIONAL RULES

十四五　国家重点出版物出版规划项目

主权债务治理的国际规则研究

熊婉婷　朱丹丹　肖立晟 ◎ 著

International Rules on
Sovereign Debt Governance

中国社会科学出版社

图书在版编目（CIP）数据

主权债务治理的国际规则研究 / 熊婉婷，朱丹丹，肖立晟著 . —北京：中国社会科学出版社，2023.5

（国际规则研究丛书）

ISBN 978-7-5227-1906-1

Ⅰ.①主… Ⅱ.①熊…②朱…③肖… Ⅲ.①财政信用—研究—世界 Ⅳ.①F831.2

中国国家版本馆 CIP 数据核字（2023）第 085526 号

出版人	赵剑英
责任编辑	黄 晗
责任校对	周 昊
责任印制	王 超

出　版	中国社会科学出版社
社　址	北京鼓楼西大街甲 158 号
邮　编	100720
网　址	http://www.csspw.cn
发行部	010-84083685
门市部	010-84029450
经　销	新华书店及其他书店

印　刷	北京明恒达印务有限公司
装　订	廊坊市广阳区广增装订厂
版　次	2023 年 5 月第 1 版
印　次	2023 年 5 月第 1 次印刷

开　本	710×1000 1/16
印　张	16.5
字　数	202 千字
定　价	86.00 元

凡购买中国社会科学出版社图书，如有质量问题请与本社营销中心联系调换

电话：010-84083683

版权所有　侵权必究

"国际规则研究丛书"
编委会

(按姓氏笔画排序)：

王　镭	冯维江	任　琳	孙　杰	张宇燕
张　斌	姚枝仲	袁正清	徐　进	徐秀军
徐奇渊	高凌云	高海红		

总　　序

张宇燕

"国际规则研究丛书"是中国社会科学院世界经济与政治研究所贯彻党的二十大精神、回应时代需求和践行职责使命，以马克思主义为指导，坚持辩证唯物主义和历史唯物主义，认识世界和理解世界的集体成果。2023 年，"国际规则研究丛书"正式入选"十四五"国家重点出版物出版规划项目。

"无规矩不成方圆"。国际规则是国际社会运行所遵循的法则，一般由世界各国共同制定或公认，是国际社会开展全球治理的重要"抓手"。国际规则研究是全球治理研究的基础内容。本丛书意在检视各类国际规则的内涵与本质，为中国参与国际多边事务提供智力支撑，提高中国参与全球治理的能力和水平。

"事之难易，不在小大，务在知时"。在国际格局深刻变动的当下，围绕国际规则制定的讨论与博弈日趋激烈，是"秉承孤立主义，远离现行秩序"，还是"另起炉灶，以国内标准另立新规"，抑或是"对接规则制定，在合作中完善引领"，种种不同选择，成为诸多大国忧思所在。作为崛起中的新兴大国，中国旗帜鲜明地对接并融入国际规则制定，推动全球化朝着更加开放、包容、普惠、平衡、共赢的方向发展，有力回应了内外诉求。

从客观实际看，全球治理现状呼唤新的国际规则体系。当前，新旧全球问题不断涌现，和平赤字、发展赤字、安全赤字和治理赤字更加凸显，国际社会面临巨大的不稳定性和不确定性风险。发达国家参与全球治理的意愿和能力有所下滑，新兴市场国家和发展中国家的作用日益突出。国际规则制定与完善需要因应世界多极化的发展趋势。

从历史经验与思想积累看，中国具备参与乃至引领国际规则制定的能力。作为具有五千年文明史的国家，中国在参与国际规则制定、凝聚国际共识方面拥有深厚的思想优势，"兼爱非攻""不以兵强天下""招携以礼，怀远以德"等理念均有独到价值。中华优秀传统文化、新时代中国特色社会主义思想，能与现行国际规则体系良性互动，可为全球更加美好的未来贡献中国智慧。

近些年来，中国参与全球治理的能力大有提升，参与国际规则制定已取得重要成果。习近平总书记强调："要提高我国参与全球治理的能力，着力增强规则制定能力、议程设置能力、舆论宣传能力、统筹协调能力。"坚持把马克思主义基本原理同中国具体实际相结合、同中华优秀传统文化相结合，中国相继提出"一带一路"倡议、全球发展倡议、全球安全倡议、全球文明倡议、"数字丝绸之路"等创新理念，积极推进加入《全面与进步跨太平洋伙伴关系协定》（CPTPP）和《数字经济伙伴关系协定》（DEPA），推动世界贸易组织改革举措也不断丰富，展现了中国从理念到实践，全链条参与国际规则制定的进展。

本丛书主要关注以下五类规则。第一类聚焦全球气候变化治理规则、劳工规则等，旨在构建区别于西方的话语体系。受历史因素、发展程度差异影响，新兴市场经济体与第三世界国家在这类国际规则的制定中，普遍认同"共同而有区别的责任"，符合国际关系的平等原则。在联络其他发展中国家反对发达国家单边行动、敦促其落实气变资金援助承诺、消除所谓"蓝色壁垒"的行动中，中国有足够空间团结多数力量，构建有别于西方的话语体系。

第二类聚焦国有企业竞争中性规则、主权债务规则等，以求提升中国发展的主动性。参与国有企业中性规则制定有助于推动中国国有企业改革、促进民营经济发展。根据中国国情，加强主权债务规则研究有助于中国完善解决发展中国家主权债务问题的综合框架，提升中国综合发展的主动性。

第三类聚焦新业态知识产权规则、网络治理规则、数字贸易规则等，积极参与打造"新标准高地"。国际规则的制定能力主要包括一个国家的整体实力、领域优势和创新能力。作为网络大国、数字大国和航天大国，中国在推动新领域标准制定方面具有独特优势，因为霸权国有可能主导整体的秩序制定，但某一新兴领域的规则多由具有领域优势的其他大国完成。中国在人工智能、"互联网＋"、大数据、区块链知识产权规则制定、数字贸易规则制定方面潜力极佳，具备"弯道超车"打造"新标准高地"的内在优势。

第四类聚焦国际投资规则、国际贸易规则、国际金融规则、国际税收规则等，服务中国经济双循环发展格局。在全球经济复苏乏力，多数国家谋投资、重贸易、抓税收背景下，国际投资、国际贸易、国际金融、国际税收规则的发展拥有良好机遇，有利于中国打造经济双循环发展格局。以国际税收规则为例，新冠疫情对全球经济造成重大影响，世界主要国家通过超常规财政货币刺激计划稳定经济，但经济减速导致财政减收，财政收支矛盾成为不少国家的难题，能够扩大财政收入的国际税收规则改革深受各国关注。

第五类聚焦国际安全规则，为实现永久和平提供建设性方案。东西方理念不同、文化具有差异，既是客观存在，也是中国推出新规则的借力点。在存在利益分歧的背景下，理念差异有利于打造建设性方案。以国际安全规则为例，全球安全倡议有别于美西方"安全困境""修昔底德陷阱""金德尔伯格陷阱"等传统理论，为饱受传统与非传统安全威胁的国家带来了具有中国特色的安全方案。

本丛书甄选重点问题领域的国际规则"解剖麻雀"，并针对性提出中国参与该领域国际规则的对策建议。我们希望借此为中国参与全球治理体系改革和建设提供新的思路，为最终建成持久和平、普遍安全、共同繁荣、开放包容、清洁美丽的世界尽绵薄之力。

是为序。

前　言

主权债务治理是全球治理中的重要议题，目前国际社会已形成多种协调机制和约束性规则。随着"一带一路"建设的不断推进，中国已成为很多国家的重要债权人之一。良好的主权债务治理不仅有助于促进沿线国家经济的可持续发展，也是稳步推进"一带一路"建设的必要条件。本书旨在对当前国际社会针对主权债务治理不同方面所提出的各类国际规则进行一个全面汇总，为有关研究者和政策制定者提供一个关于主权债务国际规则的参考性工具手册。在此基础上，本书也试图结合"一带一路"建设的有关经验，探讨中国在参与全球债务治理过程中面临的挑战，评估中国海外贷款对沿线国家经济发展的影响，并对如何进一步完善"一带一路"主权债务治理机制提出政策建议。

本书第一章介绍了主权债务有关的基础概念，包括主权债务的定义与统计口径、债务危机的识别与预测指标以及债务可持续性的不同定义和判断方法。第二章介绍了与主权债务治理有关的主要国际机构和协调机制，包括国际货币基金组织、世界银行、巴黎俱乐部、二十国领导人集团、国际金融协会、经济合作与发展组织、联合国贸易和发展会议、国际金融协会等。

第三至第六章分别从主权债务的风险评估、主权借贷的行为规范、主权债务的贷后管理和主权债务危机的处置方案四个方面介绍了有关主权债务治理的国际规则。第三章介绍的是主权债务风险评估规则。主权债务风险评估是贷款发放、债务管理绩效评估和债务处置的基础。主权债务的风险评估规则可分为静态规则和动态规则两种。静态规则侧重于对当前或过去风险大小的判断，判断的核心标准是有关债务指标的实际取值是否超过由历史经验所得出的警戒性阈值。代表性静态规则如联合国提出的《有效债务管理手册》。动态规则侧重于对主权债务风险的前瞻性预测，核心逻辑是要对债务指标的未来变动轨迹进行预测、并观察其是否超过警戒性阈值。代表性动态规则如国际货币基金组织和世界银行所提出的《低收入国家债务可持续性分析框架》。

第四章介绍的主权借贷行为规则是针对债权人发放贷款和债务国申请贷款的行为规范，目的在于确保新增贷款不至于威胁债务国的经济、社会、环境的可持续性发展。从经济意义来说，新增贷款不仅要符合市场经济运行规律，而且不应损害债务国的债务可持续性。这类规则包括国际货币基金组织的《公共债务限制政策》、世界银行下属国际开发协会的《可持续融资政策》、二十国集团的《可持续融资操作性指南和贷款国自检工具》和经济合作与发展组织的《官方支持出口信贷安排》。从社会和环境方面来讲，新增贷款不能对债务国当地的自然和人居环境、生物多样性、文化遗产等造成损害。这类规则包括世界银行下属国际金融公司的《环境和社会可持续性政策》和全球主要金融机构联合出台的《赤道原则》。

第五章介绍了主权借贷关系建立后的贷后管理规则，主要包括主权债务数据管理和运营管理规则两个方面。贷后管理的第一部分内容是对债务信息的统计和公布。国际货币基金组织、世界银行、经济合作与发展组织、国际金融协会等国际机构为不同类型的国家设计了不同的数据统计和信息公布标准，同时在构建全面规范且跨国可比的主权债务数据库方面做出了突出贡献。贷后管理的第二部分内容是债务国对主权债务的运营管理，包括债务用途、融资战略、风险控制和债务处置等有关方面的能力建设、执行监督和绩效评估。常用主权债务管理工具包括国际货币基金组织与世界银行的债务管理绩效评估工具，以及联合国贸易和发展会议的债务管理和金融分析系统。前者主要用于评估债务国政府管理债务的绩效和能力，后者侧重于提高债务国政府的债务管理能力。

第六章介绍了债务国出现债务拖欠、违约等问题时的主权债务处置规则。主权债务处置的手段主要包括债务重组和减免，二者的目的都是减轻债务国的偿债负担。其中，债务重组更侧重于对债务币种、期限结构、还款方式等具体条款的调整，债务减免则涉及对债务存量和偿债流量的减免。按照规则提出者的类型，主权债务处置规则可分为双边官方规则、多边官方规则和私人部门规则三种。双边官方债权人主导的债务处置规则包括巴黎俱乐部规则和二十国集团在新冠疫情后推出的《债务偿还暂停倡议》及《债务偿还暂停倡议后续债务处置共同框架》。由多边机构主导的债务处置规则如国际货币基金组织和世界银行提出的《重债穷国倡议》和《多边减债倡议》等。私人部门债权人主导的包括伦敦俱乐部规则、债券合同中的集体行动条款以及国际金融协会关于私人部门参与债务处置的一系列规则。

第七章探讨了中国在"一带一路"建设过程中所面临的主权债务治理挑战以及未来国际债务治理的改革机遇和可能方向。本章首先回顾了中国当前对发展中国家贷款的典型事实、中方债权机构的特征和有关管理规则。其次，本章实证检验了中国海外贷款对发展中国家经济增长的影响。再次，本章结合"一带一路"沿线国家的实际情况，对有关"一带一路"沿线国家主权债务治理中的国际争议进行了梳理和回应。最后，本章总结了"一带一路"建设中的国际债务治理挑战，并对未来国际债务治理的改革方向进行了展望。

目　　录

第一章　导论 ……………………………………………… （1）
　一　主权债务的基本概念 ………………………………… （1）
　二　主权债务规则的分类 ………………………………… （15）
　三　主权债务治理的目标与挑战 ………………………… （18）

第二章　主权债务治理的相关组织与协调机制 ………… （22）
　一　国际货币基金组织 …………………………………… （23）
　二　世界银行 ……………………………………………… （29）
　三　巴黎俱乐部 …………………………………………… （34）
　四　二十国集团 …………………………………………… （37）
　五　经济合作与发展组织 ………………………………… （38）
　六　联合国贸易和发展会议 ……………………………… （40）
　七　国际金融协会 ………………………………………… （42）
　八　新冠疫情冲击有关主权债务风险的政策应对 ……… （44）

第三章　主权债务的风险评估规则 ……………………… （52）
　一　国际货币基金组织和世界银行的债务可持续性
　　　评估方法 …………………………………………… （53）

二　欧盟委员会的《公共债务可持续性监测》……………（97）
三　联合国的《有效债务管理手册》……………………（109）

第四章　主权债务的贷款形成规则………………………（112）
一　国际货币基金组织的《公共债务限制政策》…………（112）
二　国际开发协会的《可持续发展融资政策》……………（117）
三　二十国集团的《可持续融资操作性指南和债权国自检工具》……………………………………………（121）
四　经济合作与发展组织的《官方支持出口信贷安排》……………………………………………………（133）
五　国际金融公司的《环境和社会可持续性政策》………（138）
六　国际金融机构自愿采纳的《赤道原则》………………（139）

第五章　主权债务的贷后管理规则………………………（143）
一　主权债务的数据统计和信息公布规则………………（143）
二　主权债务的运营管理工具……………………………（150）

第六章　主权债务的重组和减免规则……………………（154）
一　双边官方债权人主导的债务重组和减免规则………（155）
二　多边机构主导的债务重组和减免规则………………（161）
三　私人部门主导的债务重组和减免规则………………（172）

第七章　中国在"一带一路"建设中的主权债务治理挑战……………………………………………（179）
一　中国对发展中国家主权贷款的管理现状……………（179）
二　有关中国海外主权贷款的国际争议…………………（189）

三 中国海外主权贷款对发展中国家经济增长的
　　影响评估 …………………………………………（206）
四 "一带一路"建设中的国际债务治理挑战与
　　政策展望 …………………………………………（226）

参考文献 ……………………………………………（233）

附录 专有名词中英对照 ……………………………（244）

第一章 导论

本章旨在介绍主权债务治理有关的基础概念。首先，主权债务的定义存在不同统计口径，可以按照债权人、债务人、计价币种、期限结构、融资方式等不同方式进行分类。其次，对主权债务危机的认识与世界经济发展的进程密切相关。通过对每一次债务浪潮进行反思，研究中用来识别和预测债务危机的指标体系更加完善。此外，债务可持续性是主权债务治理最重要的目标之一，但同时也是一个复杂且多元化的概念。现有研究从偿付能力、流动性、债务动力学、经济政策等多个角度对债务可持续性给出了不同定义。最后，本章讨论了主权债务治理的主要目标与挑战。

一 主权债务的基本概念

(一) 主权债务的定义与分类

主权债务，也称公共债务或政府债务，指一国政府部门以自身主权信用为基础进行借贷而产生的金融负债。政府发行主权债务的目的一般是为财政赤字或发展项目进行融资。与私人债务不同，主权债务的特殊之处在于此类债务发行的基础是国家信用，几乎没有实物作为抵押，强制国家偿债的法律手段也极为有限。① 尽管如此，由于主权国家的还款能力有税收作为保障，一般认为公共债务的风险低于私人债务，主权债券也常被用作私人部门债券定价的参考基准。

主权债务可以按照计价币种、期限结构、债权人、债务人、融资方式等方式进行分类（见图1-1）。从计价币种看，主权债务可分为外币定价债务和本币定价债务两种。一般而言，偿还外币定价债务的难度比本币定价债务更大，因为前者需要获取外汇。从

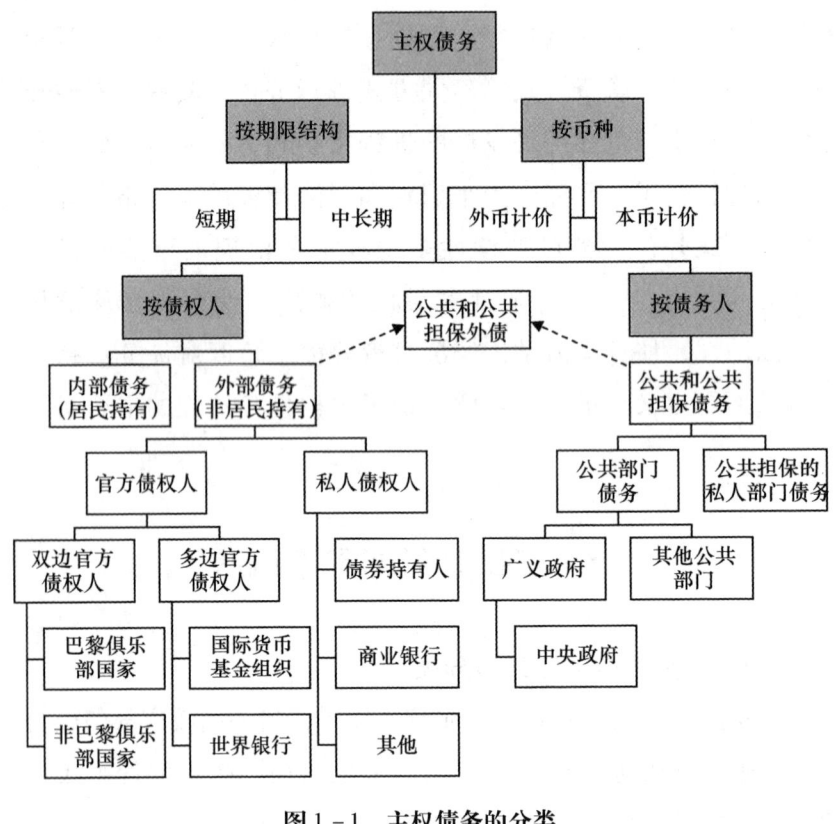

图1-1 主权债务的分类

---

① [荷] J. 鲁斯：《主权债务简史》，黄名剑、张文婷译，中信出版集团2020年版。

期限结构看，期限在一年以下的债务一般称为短期债务，五年以上的债务称为长期债务，二者之间的债务称为中期债务。

从债权人角度看，主权债务可以分为由非居民持有的外部债务和本国居民持有的内部债务。其中，外部债务的债权人又包括官方双边债权人、官方多边债权人和私人债权人三种。官方双边债权人指持有债务国债权的主权国家。巴黎俱乐部是由多个官方双边债权人组成的非正式债权国组织。官方多边债权人指持有主权债务的多边机构，如国际货币基金组织、世界银行、非洲开发银行等。私人债权人包括购买主权债券的对冲基金和银行等金融机构，或对主权国家发放贷款的商业银行，以及其他非金融企业等持有主权债务的私人部门机构。

从债务人角度看，常用的主权债务统计口径有三种。第一种是中央政府债务，即包含在中央政府财政预算规划内的债务。第二种是广义政府债务，其债务人主体除了中央政府以外还包括州立和地方政府、社保基金和其他预算外基金等公共部门。第三种是公共及公共担保债务。其中，公共债务指一国公共部门对居民和非居民的整体负债，公共担保债务指具有公共担保的私人部门对居民和非居民的整体负债。因此，公共及公共担保债务的债务人主体除了广义政府以外，还包括不直属于政府但政府具有担保责任的国有企业。这三种统计口径所覆盖的主体范围依次扩大，适用于不同的分析情景。例如，在强调危机预警和风险评估的情景下，一般采用覆盖范围最大的公共及公共担保债务作为统计口径。在强调数据可得性和跨国可比性的情景下，一般采用广义政府债务或中央政府债务作为统计口径。

从融资方式看，主权国家的融资形式主要包括债券和贷款两种。以债券方式持有主权债务的债权人被统称为债券持有人,包括投资基金、保险机构、政府基金、个人投资者等。以贷款方式持有主权债务的债权人包括商业银行、政府机构、国际金融机构等。一般而言,债券的流动性比贷款更高,因为前者可以在公开市场上进行交易。不过,主权债券的发行和融资成本与债务国的主权信用评级密切相关,因此并非所有国家都能够在国际金融市场发行主权债券。对很多无法在国际金融市场上公开发行主权债券的低收入国家而言,贷款是更为常见的主权债务融资形式。

(二) 主权债务危机的识别与预测

对主权债务危机的研究和认识与全球经济的发展进程密切相关。自1970年以来,全球曾出现四次债务积累狂潮。① 第一波浪潮跨越了20世纪70—80年代。在这一时期,拉丁美洲和加勒比地区以及撒哈拉以南非洲地区各国政府债务先是迅速积累,随后在20世纪80年代初开始出现一系列债务违约事件。拉丁美洲和加勒比地区国家和撒哈拉以南非洲地区国家分别在20世纪80年代至90年代后期和在20世纪90年代至21世纪初获得债务减免和重组。在这一阶段,对主权债务危机的研究主要从债务国是否具备偿债能力的角度出发,识别危机的判断标准主要包括是否债务重组或存在外债拖欠。② 对债务危机进行预测时,关注的指标大部分与外债偿付能力有关,如外债利息、外债规模、外汇储备占进口

---

① Kose, M. A., Kurlat, S., Ohnsorge, F. and Sugawara, N., "A Cross-Country Database of Fiscal Space", *Journal of International Money and Finance*, Vol. 128, No. 102682, 2022.

② Feder, G., Just, R. and Ross, K., "Projecting Debt Servicing Capacity of Developing Countries", *Journal of Financial and Quantitative Analysis*, Vol. 16, No. 5, 1981; Taffler, R. J. and Abassi, B., "Country Risk: A Model for Predicting Debt Servicing Problems in Developing Countries", *Journal of the Royal Statistical Society*, Series A (General), Vol. 147, No. 4, 1984; Hajivassiliou, V. A., "The External Debt Repayments Problems of Ldc's: An Econometric Model Based On Panel Data", *Journal of Econometrics*, Vol. 36, No. 1 – 2, 1987.

比例等。

第二波浪潮从20世纪90年代末持续到21世纪初。当时金融和资本市场自由化潮流导致东亚和太平洋地区的银行和企业以及欧洲和中亚地区的各国政府大量举债。随后在1997—2001年，这些地区爆发了一系列银行破产、货币贬值、资本外流和债务违约事件。在这一阶段，国际货币基金组织作为最后贷款人，在为成员国提供紧急救助方面发挥了重要作用。鉴于这一变化，除了发生债务违约、重组和减免以外，是否从国际货币基金组织获得官方信贷以避免违约也被纳入判断危机的标准范畴。[①] 在预测中，这一时期主要采用的指标包括实际GDP增速、债务利息、债务到期时间、汇率、违约历史等。值得注意的是，这一阶段的研究仍侧重于外债脆弱性，对国内债务危机的关注度不足。

第三波浪潮的标志性事件是2007—2011年的美国次贷危机和欧洲主权债务危机，其根源在于发达国家金融监管政策的放松。2000年后，美国私营部门债务不断攀升。与此同时，欧洲和中亚地区的私营部门从总部位于美国和欧洲的银行获得的跨境贷款也大幅增加。随着2007年美国国内次贷危机的爆发，银行跨境融资被中断，中亚和欧元区的一些国家也开始爆发危机。这些事件的发生导致学术研究对国内债务危机重视程度大幅上升，对识别债务危机的标准也更为全面，尤其是纳入了对国内债务违约事件的考查。目前判断债务危机的标准包括：债务违约（主要是外部违约）、申请国际货币基金组织资助、隐性债务违约（高通胀、国内

---

① Ciarlone, A. and Trebeschi, G., "Designing an Early Warning System for Debt Crises", *Emerging Markets Review*, Vol. 6, No. 4, 2005; Detragiache, E. and Spilimbergo, A., "Crises and Liquidity: Evidence and Interpretation", *IMF Working Papers*, Vol. 01, No. 2, 2001.

债务拖欠）和市场准入丧失等。① 与此同时，除了经济增长和外部变量（包括经常账户、汇率、外债规模、经济开放程度等），与国内公共债务和其他财政相关的指标（如私人债务与GDP之比、通胀率、财政赤字等）也被纳入了债务危机的预测指标体系。

第四波浪潮自2010年开始至今，危机主要体现为新兴市场和发展中经济体增长放缓和债务迅速增加，2018年的债务总额与GDP之比较2010年增长了56个百分点至近170%，创历史新高。此次债务累积的特征包括债权人结构转向风险更高的资金来源和金融工具更为多样化。随着总部位于欧洲和美国的银行在新兴市场和发展中经济体的信贷业务规模的收缩，位于这些地区的公司和主权借款人越来越多地转向资本市场或总部设在其他新兴市场和发展中经济体的跨国银行来筹集新债务。其中，低收入国家债务结构风险上升更为明显，主要表现为非优惠性贷款大幅增加，并且以巴黎俱乐部国家为代表的传统债权人比例下降。当前浪潮中，新兴市场和发展中经济体中的影子银行业务也显著增加。影子银行是指发生在受监管金融体系之外的非银行金融中介，可以为经常无法获得银行信贷的高风险借款人提供信贷。结合这一阶段的债务积累和变化趋势，关于债务危机识别和预警的研究更多采用更为复杂的预测方法（如机器学习或随机模拟等），同时更为关注发展中国家的债务治理能力对其承债能力的影响、新型金融工具的使用以及国内金融体系脆弱性与主权债务危机之间的相互

---

① Medas, P., Poghosyan, T., Xu, Y., Farah-Yacoub, J. and Gerling, K., "Fiscal Crises", *Journal of International Money and Finance*, Vol. 88, No. 2018; Bruns, M. and Poghosyan, T., "Leading Indicators of Fiscal Distress: Evidence From Extreme Bounds Analysis", *Applied Economics*, Vol. 50, No. 13, 2018; Sumner, S. P. and Berti, K., "A Complementary Tool to Monitor Fiscal Stress in European Economies", *European Economy Discussion Papers*, No. 2015 - 049, 2017.

关联等。

(三) 主权债务可持续性的定义

主权债务可持续性是一个复杂概念,在不同情景下有不同含义。从偿付能力的角度看,债务可持续意味着当前债务存量不能超过未来财政余额的现值。其数学表达如下:

$$D_0 \leq \sum_{t=0}^{\infty} \left[\frac{B_{t+1}}{(1+i)^{t+1}} \right] \qquad (1-1)$$

式 (1-1) 不等号左侧对应的是初始债务存量 D_0,右侧对应的是未来政府财政余额的净现值。每一期的财政余额 (B) 等于对应时期的财政收入 (R) 和包含利息在内的财政支出 (E) 之差,即 $B = R - E$。i 表示对应时期的贴现率 (即用于计算现值的名义利率)。为了简化表述,此处假定每期贴现率保持不变。

另一个从偿付能力的角度来定义债务可持续性的方式是要求政府预算满足跨期平衡约束。考虑 $T \to \infty$,根据跨期平衡约束,初始政府债务存量 (D_0) 和最终债务存量 (D_T) 以及基本财政余额[①] (P_T) 存在以下关系:

$$D_0 = \lim_{T \to \infty} \left[\sum_{j=1}^{T} \frac{P_j}{(1+i)^j} + \frac{D_T}{(1+i)^T} \right] \qquad (1-2)$$

实现跨期预算平衡意味着一旦政府发生财政赤字,未来就必须要产生相应额度的财政盈余。这意味着初始债务规模应等于未来基本财政盈余的现值,即:

$$D_0 = \sum_{j=1}^{\infty} \frac{P_j}{(1+i)^j} \qquad (1-3)$$

非旁氏条件是跨期预算平衡的另一种表达形式。非旁氏条件可

---

① 基本财政余额是除利息开支以外的财政余额。

通过对式（1-2）、式（1-3）进行简单变换的方式得出，具体表达式如下：

$$\lim_{T\to\infty}\frac{D_T}{(1+i)^T}=0 \qquad (1-4)$$

满足非旁氏条件意味着政府的举债行为并非一个借新还旧的旁氏骗局，而是具有真实的财政盈余作为基础。

从流动性的角度看，主权债务可持续性意味着一国政府可以从实际或潜在债权人手中持续获取新增融资从而保证债务能够得到滚续，或者所持有的流动性资产足以保证偿还到期债务。从技术上而言，总融资需求是反映流动性压力大小的重要指标，其取值等于基本财政赤字（PFD）、利息支付（INT）和本金到期额（AMT）之和：

$$GFN_t = PFD_t + INT_t + AMT_t \qquad (1-5)$$

理论上而言，只要市场（即实际的和潜在的贷款人）相信政府能够产生足够的预算盈余来偿还债务，政府的融资需求就能得到满足，不会出现流动性问题。但实证研究表明，总融资需求的变化会对政府的融资成本产生巨大影响。[1] 一旦市场认为政府存在严重的破产风险或者（政府）不愿意履行债务，那么债务国就会面临流动性紧张和失去市场准入资格的困境。即使在债务水平相对较低的情况下，这种情况也可能发生（特别是对于新兴市场和发展中经济体而言）。当债务水平较高时，总融资需求的变动对政府融资成本和市场准入资格产生影响的风险更高。其他反映流动性压力的指标包括总外债中的短期外债占比、外债还本付息额与

---

[1] Gabriele, C., Erce, A., Athanasopoulou, M. and Rojas, J., "Debt Stocks Meet Gross Financing Needs: A Flow Perspective Into Sustainability", *ADEMU Working Paper Series*, No. 067, 2017.

出口或外汇储备之比等。

从动态变化的角度看，主权债务可持续性意味着债务国的债务负担指标趋于平稳或者下降，而非爆发式增长。以一个封闭经济体为例，其公共债务与 GDP 之比的演化轨迹由式（1-6）决定：

$$\Delta d_t = d_t - d_{t-1} = \frac{r_t - g_t}{1 + g_t} d_{t-1} - p_t \qquad (1-6)$$

其中，d_t 是一国公共债务与 GDP 之比（也被称为政府杠杆率），r_t 为真实利率，g_t 是实际经济增速，p_t 是基本财政余额与 GDP 之比。在基本财政余额存在上限的情况下（即 $p_t < p$，p 是从政治和经济意义上可行的财政余额上限，取值为大于 0 的常数），真实利率与实际经济增速之差（$r_t - g_t$）是决定债务与 GDP 之比是否呈现发散式增长最为主要的因素。一旦真实利率大于实际增长率（$r_t > g_t$），只要政府财政盈余规模不够大或存在赤字（即 $p_t < \frac{r_t - g_t}{1 + g_t} d_{t-1}$），整体偿债负担都会随着时间推移自动上升。这一现象也称为"雪球效应"。与此相对，当真实利率小于实际增长率时（$r_t < g_t$），只要政府保持财政盈余或稳定可持续的财政赤字，债务与 GDP 之比都会自动下降。此外，我们还可以证明，在政府财政赤字存在上限（$p_t < p$）的情况下，满足跨期预算约束或非旁氏条件意味着政府的公共债务与 GDP 之比存在上限（$d_t < d$）。

为了识别影响公共债务与 GDP 之比变化的主要驱动因素，我们可对式（1-6）进行拆解变换后得到：

$$\Delta d_t = d_t - d_{t-1} = \frac{r_t}{1 + g_t} d_{t-1} - \frac{g_t}{1 + g_t} d_{t-1} - p_t \qquad (1-7)$$

从式（1-7）中，我们可以更为清晰地观察到，真实利率（r_t）、实际经济增速（g_t）和基本财政余额与 GDP 之比（p_t）是驱动公共债务与 GDP 之比变化的三大因素。真实利率越低、实际经济增速越快、基本财政余额在 GDP 中的占比越大,公共债务与 GDP 之比减小得越快。值得一提的是,通货膨胀率并没有直接对债务指标的变动产生影响。只有在通胀影响到真实利率的特殊情况下,[①] 债务指标的变动才与通胀有关。

对开放经济体而言,一般重点关注其外部债务负担指标的变动。除了上述提及的利率和经济增速以外,汇率波动、进出口和资本流动等因素也会对外债负担产生影响。假设所有外债以美元计价,r_t^f 为美元债的实际利率,ε_t^* 为本币对美元实际汇率,ab_t 为调整后的经常账户余额与 GDP 之比,[②] 那么外债与 GDP 之比变动(Δd_t)的数学表达式如下:

$$\Delta d_t = d_t^f - d_{t-1}^f = \left[\frac{(1+\varepsilon_t^*)(1+r_t^f)}{1+g_t} - 1\right] d_{t-1}^f - ab_t \quad (1-8)$$

由式 (1-8) 可知,经济增速增加、本币相对外币贬值幅度加大、外债利率水平降低等因素都会导致外债与 GDP 之比下降。此外,决定经常账户余额的因素也会影响外债与 GDP 之比,包括净出口额度、利息支付、资本净流入等。

从经济政策角度而言,主权债务可持续意味着一国政府无须对财政预算进行重大调整(如大幅提高税收或削减开支)。换言之,让债务比率维持稳定的财政余额应保持在政府可接受的范围之内。令 $\Delta d_t = 0$ 且 $d_t = d^*$,d^* 为稳态时的债务与 GDP 之比。对于封闭经济体,我们可以得到让债务比率保持平稳的基本财政余额规模 pb^* 为:

---

① 例如,过去发行的债务在计价时没有完全考虑到未来通货膨胀的情况。或者说,实际通胀变化超出了市场预期。

② 调整后的经常账户余额(ab)反映了该国的净资本流入规模,主要由经常账户余额、对外利息支付和非债务性融资三部分组成。因此,$ab_t = \frac{CA + INT + NDF}{GDP}$。其中 CA 是经常账户余额,INT 为对外利息支付,NDF 为非债务性净资金流入。

$$pb^* = \frac{r_t - g_t}{1 + g_t} d^* \qquad (1-9)$$

式(1-9)表明,在真实利率大于实际经济增速的情况下,要想让债务比率保持稳定,政府必须维持一定规模的基本财政盈余($pb \geq pb^*$)。同时,政府财政需要实现的盈余规模与当前债务比率成正比,与经济增速成反比。据此可以进一步推断,利率越高、经济增速越慢、初始债务比率越高,维持债务比率不变的政策挑战越大。

类似地,对于开放经济体,让债务比率保持平稳的经常账户余额规模ab^*如下:

$$ab^* = \frac{r_t - g_t + \varepsilon_t^* (1 + r_t)}{1 + g_t} d^* \qquad (1-10)$$

由式(1-10)可知,只要$ab > ab^*$,债务比率就能下降。反之,一旦$ab < ab^*$,债务比率就会上升。

实际债务风险评估中采用的债务可持续性定义往往更为复杂。例如,国际货币基金组织对债务可持续性的定义就综合了多方面考量:"公共债务可持续意味着一国公共部门能够实现该国当前和未来的偿债义务。无论是在基准情形还是在受到冲击的情形下,政府稳定债务水平的政策在政治上都是可行且能够被社会接受。[1] 同时,该国的经济增长能够保持在一个令人满意的水平,并且能够按照当局所制定的发展目标有序前行。"这一定义不仅要求政府能够同时满足流动性和偿付能力要求,而且无须对经济政策做出重大调整,还需要保证不至于因为债务负担过重而损害经济增长。

---

[1] IMF, "Review of the Debt Sustainability Framework for Low Income Countries: Proposed Reforms", *International Monetary Fund Policy Papers*, Vol. 17, 2017.

(四) 主权债务和经济发展的关系

主权债务与经济发展关系的研究一直是宏观经济领域的经典话题。很多研究都指出,债务是一把"双刃剑",既可以促进经济发展也可以抑制经济发展。[①] 从有利的方面来说,主权借贷是一国经济发展的重要融资来源,可以发挥填补融资缺口和促进资本形成等积极作用。讷克斯 (1966) 在其著作《不发达国家的资本形成问题》中指出,资本形成问题"是经济落后国家发展问题的核心",也是这些国家摆脱"贫困恶性循环论"的关键。[②] 由于实际收入水平低、储蓄能力小,不发达国家往往存在资本不足问题。资本的匮乏限制了这些国家生产率的提高。低生产率反过来又造成低收入,这样周而复始地形成了一个贫困的恶性循环。对这些国家而言,外商直接投资、官方发展援助和主权借贷都是重要的外部资金来源,但不同外部融资方式与其发展阶段的适配性和对经济增长的影响可能存在显著差异。[③] 由于投资环境不完善和国内市场容量太小,不发达国家往往难以吸引到足够的外商直接投资。[④] 赠款等外部援助没有还本付息压力,更有可能被直接或间接地用于消费,而非促进资本形成。[⑤] 与外商直接投资和外部援助相

[①] Pattillo, C., Poirson, H., Ricci, L., Kraay, A. and Rigobon, R., "Through What Channels Does External Debt Affect Growth?", *Brookings Trade Forum*, No. 1, 2003;刘洪钟、杨攻研、尹雷:《政府债务、经济增长与非线性效应》,《统计研究》2014 年第 4 期。Woo, J. and Kumar, M. S., "Public Debt and Growth", *Economica*, Vol. 82, No. 328, 2015;Greiner, A. and Fincke, B., *Public Debt Sustainability and Economic Growth*, Springer, 2015.

[②] [美] R. 讷克斯:《不发达国家的资本形成问题》,谨斋译,商务印书馆1966 年版。

[③] 杨长江、王宁远:《国家外部资本结构的动态演化特征:基于经济发展阶段的分析》,《经济研究》2022 年第 2 期。

[④] [美] R. 讷克斯:《不发达国家的资本形成问题》,谨斋译,商务印书馆1966 年版。

[⑤] Temple, J. and Van de Sijpe, N., "Foreign Aid and Domestic Absorption", *Journal of International Economics*, Vol. 108, No. 2017.

比，主权借贷可能更适应不发达国家的融资需求，因为主权借贷可能是一个同时满足资金供给方风险管理诉求和资金需求方初始资本积累诉求的平衡方案。主权借贷是在债务国公共当局的支持下向外国的借款，相比私人借贷能够以更低成本、更大规模融资，并按照统一的全面计划来建设和积累公共服务事业和社会经营资本，进而奠定国内经济发展的基础。[1] 对外部资金供给方而言，主权借贷比援助经济回报高，在出现风险事件时比股权投资风险小，因此也具有吸引力。

从不利的方面来说，对主权借贷的不恰当使用也可能导致债务过度积压，挤出国内消费与投资，[2] 甚至引发债务危机。[3] 一方面，如果外部借贷被用于非生产性或资本回报效率较低的领域，那么在未来就可能无法产生足够覆盖本金和利息的还款流量，最终引发主权债务危机、并导致重大且持久的产出损失。[4] 另一方面，高额的公共债务，尤其是以外币计价的债务，还会放大短期负面冲击的不利影响，进而导致糟糕的长期均衡和自我实现的债务危机。[5] 在

---

[1] Rajaram, A., Kaiser, K., Le, T. M., Kim, J. H. and Frank, J., *The Power of Public Investment Management: Transforming Resources Into Assets for Growth*, World Bank Publications, 2014.

[2] Krugman P., "Financing vs. Forgiving a Debt Overhang", *Journal of Development Economics*, Vol. 29, No. 3, 1988.

[3] Medas, P., Poghosyan, T., Xu, Y., Farah-Yacoub, J. and Gerling, K., "Fiscal Crises", *Journal of International Money and Finance*, Vol. 88, No. 2018.

[4] Panizza, U., Sturzenegger, F. and Zettelmeyer, J., "The Economics and Law of Sovereign Debt and Default", *Journal of Economic Literature*, Vol. 47, No. 3, 2009; Furceri, D. and Zdzienicka, A., "How Costly are Debt Crises?", *Journal of International Money and Finance*, Vol. 31, No. 4, 2012; Reinhart, C. M. and Trebesch, C., "Sovereign Debt Relief and its Aftermath", *Journal of the European Economic Association*, Vol. 14, No. 1, 2016; Asonuma, T., Chamon, M., Erce, A. and Sasahara, A., "Costs of Sovereign Defaults: Restructuring Strategies, Bank Distress and the Capital Inflow-Credit Channel", *IMF Working Papers*, Vol. 19, No. 69, 2019.

[5] Aguiar, M., Amador, M. and Gopinath, G., "Investment Cycles and Sovereign Debt Overhang", *The Review of Economic Studies*, Vol. 76, No. 1, 2009; Badia, M. M., Medas, P., Gupta, P. and Xiang, Y., "Debt Is Not Free", *Journal of International Money and Finance*, Vol. 127, No. 2022.

负面外部冲击的影响下,高债务国家的风险溢价可能突然飙升、利率—增长之差快速转正,债务积累进入自我实现的滚雪球模式,进而引发主权债务危机。① 如果债务大部分以外币计价,还可能引发对该国汇率的投机性攻击,导致货币危机。如果此时私人部门杠杆率也较高,那么快速上升的利率和大幅贬值的汇率还可能造成银行破产或企业违约。多种危机还可能相互叠加,导致经济状况更加恶化。即使没有爆发债务危机,也可能引发债务过剩问题,即国内生产和投资决策因为过度负债而产生扭曲,比如私人部门因为担心未来税收增加而减少投资等。②

已有大量文献致力于分析债务对经济增长影响在何种情况下会从促进转为抑制经济增长。其中非常有代表性的一类观点是 Reinhart & Rogoff(2010)提出的"债务阈值论",即一旦债务负担超过一个临界阈值(如公共债务与 GDP 之比超过 90%),债务积累就会从促进转为抑制经济增长、甚至引发危机。③ 其他研究对此提出了不同看法,包括采用其他债务指标作为临界阈值,④ 质疑债务阈

---

① Mauro, P. and Zhou, J., "R Minus G Negative: Can we Sleep More Soundly?", *IMF Working Papers*, Vol. 20, No. 052, 2020; Lian, W., Presbitero, A. and Wiriadinata, U., "Public Debt and r-g at Risk", *IMF Working Papers*, No. 20/137, 2020.

② Krugman P., "Financing vs. Forgiving a Debt Overhang", *Journal of Development Economics*, Vol. 29, No. 3, 1988; Furceri, D. and Zdzienicka, A., "How Costly are Debt Crises?", *Journal of International Money and Finance*, Vol. 31, No. 4, 2012.

③ Reinhart, C. M. and Rogoff, K. S., "Growth in a Time of Debt", *The American Economic Review*, Vol. 100, No. 2, 2010.

④ 胡翠、许召元:《对外负债与经济增长》,《经济研究》2011 年第 2 期;程宇丹、龚六堂:《外债的经济增长效应与影响渠道——发达国家和发展中国家比较》,《数量经济技术经济研究》2015 年第 10 期。Pattillo, C., Poirson, H., Ricci, L., Kraay, A. and Rigobon, R., "Through What Channels Does External Debt Affect Growth?", *Brookings Trade Forum*, No. 1, 2003; Caner, M., Grennes, T. J. and Köhler-Geib, F. F. N., "Finding the Tipping Point—When Sovereign Debt Turns Bad", *The World Bank Policy Research Working Papers*, 2010; Cordella, T., Ricci, L. A. and Ruiz-Arranz, M., "Debt Overhang Or Debt Irrelevance? Revisiting the Debt Growth Link", *IMF Working Papers*, Vol. 05, No. 223, 2005.

值的存在,① 或认为各国的实际债务阈值会受到一系列因素影响,包括所处发展阶段、② 债务的币种结构、③ 本国产业结构④以及治理水平与民主制度⑤等。

二 主权债务规则的分类

按照主权贷款的流程,主权债务治理的主要内容包括债务风险评估、贷款形成、贷后管理以及债务处置四个部分,相应国际规则的分类及子分类可见图1-2。

主权债务治理的第一部分内容是对主权债务可持续性进行评估和对债务风险进行识别。在这方面,国际货币基金组织、世界银行、欧盟委员会以及联合国等国际组织提出了不同债务可持续性评估和风险识别方法。债务可持续性分析的评估结果不仅被有关贷款机构作为贷款项目实施的辅助工具,也被作为监控债务国经济状况的重要参考,并且是债务国进行融资规划和债务管理战略

---

① Pescatori, A., D. Sandri and J. Simon, "Debt and Growth: Is there a Magic Threshold?", *IMF Working Papers*, Vol. 14, No. 34, 2014.

② Pienkowski, A., "Debt Limits and the Structure of Public Debt", *IMF Working Papers*, Vol. 17, No. 117, 2017. Clements, B., Bhattacharya, R. and Nguyen, T. Q., "External Debt, Public Investment, and Growth in Low-Income Countries", *IMF Working Papers*, Vol. 03, No. 249, 2003. 郭步超、王博:《政府债务与经济增长:基于资本回报率的门槛效应分析》,《世界经济》2014年第9期。

③ Poirson, H., L. A. Ricci and C. A. Pattillo, "External Debt and Growth", *IMF Working Papers*, Vol. 02, No. 69, 2002; Hébert, B., "Moral Hazard and the Optimality of Debt", *The Review of Economic Studies*, Vol. 85, No. 4, 2018; Pienkowski, A., "Debt Limits and the Structure of Public Debt", *IMF Working Papers*, Vol. 17, No. 117, 2017.

④ 张斌、何晓贝、邓欢:《不一样的杠杆——从国际比较看杠杆上升的现象、原因与影响》,《金融研究》2018年第2期。

⑤ Essl, S. M., Kilic Celik, S., Kirby, P. and Proite, A., "Debt in Low-Income Countries: Evolution, Implications, and Remedies", *World Bank Policy Research Working Paper*, No. 8794, 2019; Kourtellos, A., Stengos, T. and Tan, C. M., "The Effect of Public Debt On Growth in Multiple Regimes", *Journal of Macroeconomics*, Vol. 38, 2013.

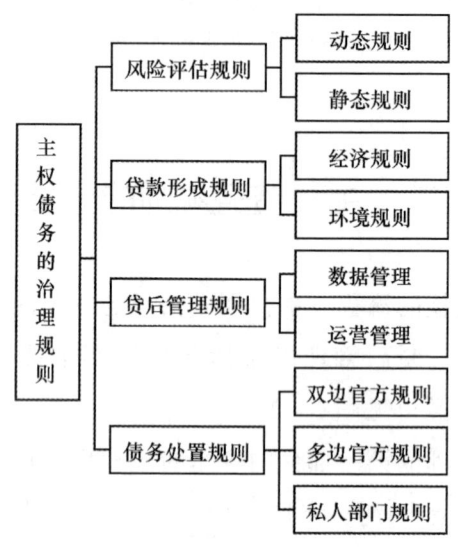

图 1-2 主权债务的规则分类

的重要基础。根据其所关注的债务国融资结构特征的差异，不同债务可持续性评估方法在债务指标的选择、预测周期的长短、经济情景的假设和风险来源识别等方面各有侧重。

主权债务治理的第二部分内容是在债务的形成过程中对贷款决策和融资行为进行规范。这部分规则侧重于对债权国行为的管理，目的是降低不恰当的贷款和融资决策对债务国社会、经济和环境等多方面的负面影响。在实践中，主权债务的形成规则既包括微观层面对贷款项目流程和资金使用方式的规范，也包括宏观层面对债务规模、优惠程度和经济运行状况的监督和限制要求。其中，多边债权人的债务形成规则包括国际货币基金组织的《公共债务限制政策》和国际发展协会的《可持续发展融资政策》。双边债权人的债务形成规则包括二十国集团的《可持续融资操作性指南和贷款国自检工具》和经济合作与发展组织的《官方支持出口信贷安排》等。

主权债务治理的第三部分内容是对已经形成的债务进行贷后管理，包括数据信息管理和债务运营管理两大方面。债务数据管理的目的是保证债务信息的准确、公开和透明。然而，受治理水平限制，很多低收入国家主权债务的信息透明度不足，关于这些国家所欠商业贷款和非巴黎俱乐部债权人债务的数据来源也十分有限。在债务信息不透明的情况下，部分国家可能因为隐藏债务而突然爆发债务危机。主权债务的数据管理主要包括债务数据的统计与债务信息公布的标准和原则制定两部分内容。国际货币基金组织、世界银行、经济合作与发展组织、国际金融协会等国际机构在有关治理制度的建设方面扮演了重要角色，为各国制定了不同类型的宏观经济和金融数据统计与信息公布标准，为全面规范且跨国可比的主权债务数据统计奠定了基础。

主权债务的运营管理主要针对债务国在债务用途、融资战略、风险控制和债务处置等有关方面的能力建设、监督和绩效评估。针对债务国的主权债务管理工具主要包括国际货币基金组织与世界银行的债务管理绩效评估工具，以及联合国贸易和发展会议的债务管理和金融分析系统。前者主要用于评估债务国政府管理债务的绩效和能力，后者主要用于帮助债务国政府提高债务管理的能力。值得注意的是，有学者指出，现有主权债务运营管理框架还不够完善，还应当补充"借后债务跟踪机制"和"贷款策略纠正机制"。[1]

主权债务治理的第四部分内容是出现危机后的债务处置方案，主要包括债务重组和债务减免两种手段。这两种手段的作用都是

---

[1] 黄梅波、朱丹丹：《主权债务的国际规则研究》，厦门大学出版社2017年版。

减轻债务国的偿债负担，前者侧重于对债务币种、期限结构、还款方式等具体条款的修改，后者侧重于对债务存量和偿债流量的彻底减免，一般后者对债权人资产负债表造成的损失更大。按照提出和主导规则的债权人类型，主权债务处置规则可分为多边官方规则、双边官方规则和私人部门规则三种。双边官方规则指的是主权政府作为债权人时所提出的债务处置规则，其中最有代表性的就是巴黎俱乐部规则、二十国集团框架下的《债务偿还暂停倡议》及《债务偿还暂停倡议后续债务处置共同框架》。多边官方规则包括国际货币基金组织和世界银行提出的《重债穷国倡议》《多边减债倡议》和国际货币基金组织提出的《主权债务重组机制》。私人部门规则是由商业银行、共同基金等私人部门机构发起的规则，如伦敦俱乐部规则、债券合同中的集体行动条款和国际金融协会所提出的《新兴市场稳定资本流动和公平债务重组原则》。

综上所述，在针对主权债务问题的全球治理方面，国际社会已经形成大量机制、制度和规范，以提高主权债务治理的效率。这些规则对中国构建和完善与"一带一路"沿线国家的主权债务治理体系有重要借鉴意义。

三　主权债务治理的目标与挑战

主权债务治理规则是国际社会为预防主权债务危机和应对债务清偿问题所建立的各类政策措施的集合。其核心在于构建一套服务于债务治理目标的利益协调机制和国际规则标准。主权债务治理的最终目标在于促进债务国的可持续发展。可持续发展意味着债务国可以在实现长期经济增长的同时不对后代需求造成损害。

实现可持续发展需要同时保障债务可持续和融资可持续。债务可持续性意味着债务国具备偿债能力，不至于出现债务违约或重大财政调整等困境。融资可持续性指的是债权人有意愿且有能力为债务国提供稳定的融资支持。

从参与主体来看，主权债务治理涉及的利益相关方主要包括债务国当局政府和享受政府信用担保的债务人，双边官方、多边官方和私人部门等不同类型的债权人，以及国际货币基金组织、联合国、巴黎俱乐部、国际金融协会等负责经济监测和谈判协调的国际组织。不同利益相关方之间的复杂竞争与博弈关系对主权债务治理提出了诸多挑战。各类主权债务治理规则主要从以下三个方面来应对有关挑战。

一是降低债务人和债权人之间的信息不对称。作为申请和使用资金的主体，债务人比债权人更为了解投资过程中面临的政治经济风险、自身的债务规模、偿债能力和偿债意愿等信息。因此，如果对债务人缺乏监督和约束，就很容易形成各类"道德风险"，比如"越减债、越赖账"，又比如"越贷款、越腐败"等。为了避免因为信息不对称而形成的道德困境，很多主权债务治理规则都有加深债权人对债务国情况了解程度的作用。例如，债务风险评估规则有助于加深债权人对可能面临的投资风险的了解。债务数据公布和管理规则有助于促进债务信息的透明化。此外，在债务处置过程中，债务人也无法确定债权人愿意提供多少债务减免援助。在这种情况下，以巴黎俱乐部为代表的各类既定债务重组和减免条款就有助于帮助债务人形成对减债标准和减债力度的预期。

二是在债务人的债务可持续性和债权人的融资可持续性之间寻求平衡。在理想状况下，债务可持续性和融资可持续性可以同时实现：借助债权人所提供的融资支持，债务国的经济增速大幅提高，债务国不仅可以偿还自身债务，还能够为债权人提供投资回报。然而，在经济发展初期阶段或经济增速不及预期的情况下，债务可持续性与融资可持续性往往难以同时得到保障。依赖外部债权人提供优惠性融资来进行可持续发展的投资方案虽然能够保障债务可持续性，但容易出现融资支持不足的困境。通过市场化手段进行外部融资的方案虽然能够提高融资可持续性，但也会增加融资成本，甚至提高债务风险。主权债务治理规则可以帮助债务国和债权人在二者之间取得平衡。一方面，很多贷款形成规则都强调债务人应在进行贷款决策时避免损害债务国的债务可持续性，典型代表如国际货币基金组织《公共债务限制政策》对高风险国家的非优惠性贷款规模的限制。另一方面，很多贷后管理规则有助于提高债务国的财政纪律、降低腐败和增强贷款使用规范，如世界银行的债务管理绩效评估工具等。这些规则对经济的促进作用可以提高债权人的融资可持续性。

三是加强不同债权人在应对债务危机时的协调与合作。迅速和有效的债务重组和减免对帮助债务国降低危机损失和走出衰退至关重要。然而，一旦出现偿付危机，债权人之间很容易出现利益冲突。当债务人无法按约定履行还款义务时，每一个债权人都希望获得优先偿付，从而减少自身损失。为了获得更大利益，少数债权人可能采用"拒不合作"策略，即让其他债权人先行做出减债承诺，然后要求债务国把因此释放出来的财政资金用于履行对自己的还款义务。债务危机处置规则的目标就是帮助债权人走出集体行动困境，促进不同债权人之间的合作。例如，巴黎俱乐部就是一个双边债权人联盟，通过遵循"信息共享""一致行动"等共同规则来实现不同双边官方债权人之间的合作。巴黎俱乐部的规则属于在危机发生后再进行重组和减免协商的事后处置规则。除此以外，还有在危机前就约定如何进行债务重组谈判的事前处置规则，如债券合同中所包含的集体行动条款。

第二章　主权债务治理的相关组织与协调机制

主权债务治理是全球治理中的重要议题，目前已形成多种国际协调机制。本章旨在介绍主要国际组织和机构在主权债务治理方面的职能和角色，并对有关机构在新冠疫情期间关于债务问题的特别应对措施进行了梳理。其中，国际货币基金组织和世界银行是多边债权人的代表，不仅为成员国提供了大量贷款援助，在主权债务风险评估、经济状况监测、债务管理能力培训、债务处置协商等方面也发挥了重要作用。巴黎俱乐部是一个由债权国组成的非正式组织，是传统发达债权国进行双边官方债务重组和减免有关协商与合作的主要平台。二十国集团是世界主要经济体就国际金融货币政策、国际金融体系改革、世界经济发展等问题交换看法和展开合作的重要平台，近年来在全球性危机应对和主权债务治理方面发挥了越来越重要的作用。经济合作与发展组织下属的发展援助委员会是国际社会援助发展中国家的核心机构，负责协调向发展中国家提供官方发展援助。联合国下属的贸易和发展会议是联合国方面负责主权债务治理、重组和减免等事项的协调仲裁机构。国际金融协会是私人部门债权人参与全球债务危机处置与治理的重要渠道，主要成员包括大型商业银行、投资银行、资产管理公司、保险公司、主权财富基金、对冲基金和开发银行等。

一 国际货币基金组织

国际货币基金组织（International Monetary Fund，IMF）在1944年的布雷顿森林会议上成立，于1945年开始运作。该组织的目标是通过支持和推广有助于金融稳定和货币合作的经济政策，以帮助所有成员国实现可持续增长和经济繁荣。国际货币基金组织的资金主要有三个来源，分别是成员配额资助、发行特别提款权、从官方或私人渠道借款、债务人还款和投资收益等。国际货币基金组织下属有多个附属基金和信托基金，如韧性与可持续信托、灾难遏制与纾困信托、减贫与增长信托等。

在主权债务治理方面，国际货币基金组织采用"多管齐下"的方法与债务国和债权人合作，有关职责包括在危机情况下为成员国提供资金支持，持续监督成员国的经济运行状况和债务可持续性风险，帮助成员国加强债务管理能力、开展有关债务危机预防和治理的前沿性研究、为陷入危机的成员国提供政策建议等。

（一）危机时为成员国提供资金支持

国际货币基金组织通过各种贷款机制为处于危机中的成员国提供资金援助，危机的形式包括但不限于主权债务危机。国际货币基金组织提供的资金援助可以为陷入危机的成员国创造喘息的空间，使他们有时间以有序的方式调整政策、改善国际收支状况、增强经济竞争力、加强金融监管、提高治理水平等。此外，由于全球化和金融市场的相互联系，一个国家的危机可能会对其他国家产生负面影响。通过向受影响的国家提供及时和充分的资金援助，国际货币基金组织可以帮助稳定投资者信心，防止区域性或全球性的金融动荡。除了自身出资以外，国际货币基金组织还可以通过协调其他债权人或捐助者的行动，为成员国提供更多的融资或债务减免援助。

当成员国遇到债务困境并希望从国际货币基金组织获得资金援助时，国际货币基金组织会对其债务可持续性进行评估。在判定为债务不可持续的情况下，国际货币基金组织一般不会提供贷款，而是转为支持和推动有关国家的债务重组。在判定为债务可持续的情况下，国际货币基金组织会为成员国提供资金支持，但成员国需要向国际货币基金组织展示其财政和经济计划的可行性，并且采取一系列有助于恢复宏观经济稳定和增长的政策措施，包括财政调整、货币和金融改革以及结构性改革等。此外，国际货币基金组织还可能要求借款国实施社会救助计划等措施，以确保这些调整不会对最贫困或最脆弱人群产生不利影响。在签署有关政策改革协议的前提下，国际货币基金组织将根据该国的具体需求和实际情况选择不同类型的贷款工具。例如：快速融资工具可以为所有成员国提供快速和低额度的资金援助，快速信贷工具可以为低收入国家提供快速和低成本的资金援助，扩展信贷工具可以为长期面临国际收支问题的低收入国家提供中期财政援助以支持其经济改革计划，灾难遏制与救济信托基金可以向受重大自然灾害或公共卫生灾难影响的最贫困和最脆弱的国家提供用于债务减免的资金。

总的来说，国际货币基金组织的贷款援助可以分为三种类型。①第一种类型是以世界主要货币的平均利率所决定的各类利率贷款，资金由一般资源账户提供。第二种类型是以低利率乃至零利率的优惠条件向低收入经济体提供贷款，资金由减贫与增长信托账户提供。第三种类型是为面临债务困境和金融动荡的重债低收入经济体提供的债务减免赠款，资金由灾难遏制和救济信托账户提供。国际货币基金组织的账户类型和贷款工具见表2-1。

表2-1　　　国际货币基金组织的账户类型和贷款工具

国际货币基金组织账户类型	国际货币基金组织的贷款/赠款工具
一般资源账户	备用信贷安排 扩展基金工具 快速融资工具 灵活信贷额度 短期流动性额度 预防性和流动性额度
减贫与增长信托	备用信贷工具 扩展信贷工具 快速信贷工具
韧性与可持续信托	韧性与可持续借款工具
灾难遏制与纾困信托	债务减免赠款

资料来源：Amin Mohseni-Cheraghlou, "Essential but unevenly distributed: IMF's response to sovereign debt and financial crises", Atlantic Council, March, 2023, https：//www.atlanticcouncil.org/blogs/econographics/essential-but-unevenly-distributed-imfs-response-to-sovereign-debt-and-financial-crises/，笔者整理。

---

① Amin Mohseni-Cheraghlou, "Essential but Unevenly Distributed: IMF's Response to Sovereign Debt and Financial Crises", *Atlantic Council*, March, 2023, https：//www.atlanticcouncil.org/blogs/econographics/essential-but-unevenly-distributed-imfs-response-to-sovereign-debt-and-financial-crises/.

(二) 经济状况和债务可持续性监督

为了促进国际经济和金融的稳定性,国际货币基金组织会定期对成员国的宏观经济和金融状况进行监测,以对潜在风险进行预警和向成员国提供政策建议,从而帮助成员国避免金融危机和实现可持续增长。国际货币基金组织的经济监测工作主要包括两种类型,一种是多边经济监测,另一种是双边经济监测。

多边经济监测是国际货币基金组织对全球性和区域性经济形势的监测。主要形式是定期发布一些特定主题的经济趋势报告,如《世界经济展望》《全球金融稳定报告》和《财政监测报告》等。这些报告中通常包含一些关于选定主题和热点问题的深入分析,如气候变化、数字化、不平等或贸易等。多边经济监测有助于国际货币基金组织识别影响全球经济的共同挑战和风险,并促进支持有序的全球金融条件和经济合作的政策。此外,通过考虑成员国政策对彼此的溢出效应和反馈效应,多边经济监测还有助于确保双边经济和多边经济监测之间的一致性和协调性。

双边经济监测是国际货币基金组织对特定成员国的经济监测。依据《国际货币基金组织协定》第四条款,国际货币基金组织工作人员会定期(通常每年一次)与成员国进行磋商,围绕该国的整体经济状况、经济金融和结构性政策以及气候变化或数字化等关键领域开展讨论,并最终形成一个报告,称为第四条款磋商报告。在此报告中,通常会包含一个对该成员国债务可持续性的简短分析。对于部分国家,国际货币基金组织还会与世界银行合作,定期发布更为深入的债务可持续性分析报告。

(三) 主权债务治理的基础架构完善

国际货币基金组织在构建和完善主权债务治理的基础架构方面

发挥了核心作用，为国际社会提供了大量知识性、工具性或规则性的公共产品。作为全球金融体系的重要参与者，国际货币基金组织一直注重分析、探索和提炼主权债务治理的最佳实践经验。根据这些经验，国际货币基金组织提出了大量有助于提高成员国主权债务治理能力、促进债务人和债权人合作、减少债务危机负面影响的管理工具和国际规范。总的来说，国际货币基金组织对主权债务治理国际架构的贡献集中于以下四个领域。

第一，推广债务透明度原则。国际货币基金组织认为，提高债务透明度有助于提高主权政府的债务可持续性、避免不透明的债务积累和减少不负责任的借贷行为。根据这一理念，国际货币基金组织与世界银行共同推出了《政府债务透明度原则》，推动各国政府公布债务统计数据、披露债务合同和制定债务管理战略。

第二，识别和推广主权债务管理的最佳实践。为了帮助各国优化其债务结构、降低其融资成本和风险敞口以及增强应对外部冲击的韧性，国际货币基金组织与世界银行合作，共同提出了《公共债务管理指导方针》，[①] 为各国提供了有关制定有效的公共债务管理战略和建立健全的公共债务管理机构的政策建议。

第三，创新和倡导公平有效的债务重组框架。在应对债务危机方面，国际货币基金组织在提高债务重组的效率和公平方面开展了大量工作，以实现促进各方协商、减少诉讼和搭便车行为和缩短债务重组时间等目标。在合同性条款方面，国际货币基金组织倡导在债务合同中加入加强型集体行动条款和修改平等待遇条款。在法定机制方面，国际货币基金组织也曾提出主权债务重组的法

---

① International Monetary Fund, "Revised Guidelines for Public Debt Management", *IMF Policy Paper*, April 2014, https://www.imf.org/en/Publications/Policy-Papers/Issues/2016/12/31/Revised-Guidelines-for-Public-Debt-Management-PP4855.

律方案。

第四,为成员国提供技术援助。一方面,国际货币基金组织为帮助成员国提供有关债务管理实践的各类培训,如债务可持续性分析、债务管理战略、债务记录和报告,以及市场发行实践等。另一方面,国际货币基金组织也为成员国提供了各类债务管理工具。例如,中期债务管理策略可以帮助成员国政府制订一个为期3—5年的主权借贷和债务管理计划,以满足该国政府的融资需求和支持其实现宏观经济目标。

(四) 与其他国际组织的债务治理合作

国际货币基金组织与世界银行、欧盟以及二十国集团等国际组织共同合作,携手预防和应对全球主权债务危机。

首先,国际货币基金组织与世界银行在债务方面的合作由来已久。例如,1999年国际货币基金组织和世界银行联合启动的金融部门评估规划是两大全球性国际组织为监督和评估世界各主要国家金融部门的稳定性而开展的颇具成效的合作实践。国际货币基金组织与世界银行召开的春季和秋季年会中也会讨论如何处理债务问题。国际货币基金组织和世界银行还共同提出了很多债务管理工具和债务危机应对机制。在新冠疫情暴发后,国际货币基金组织和世界银行都承诺将加大对其成员国的资金支持力度,并呼吁和支持暂停对最贫穷国家的债务偿还要求。

其次,国际货币基金组织与欧盟曾联合应对2010年欧元区主权债务危机。在危机发生时,国际货币基金组织曾与欧盟一道向爱尔兰、葡萄牙等国提供援助,帮助它们应对债务危机,并遏制危机进一步蔓延。国际货币基金组织还在2011年世界银行和国际货币基金组织年度会议上,呼吁各国采取协调一致的行动,帮助修复市场投资者信心,从而抑制欧洲主权债务危机的蔓延。

再次,国际货币基金组织与巴黎俱乐部在债务处置过程中也保持着密切合作。巴黎俱乐部是应对主权债务和开展有关债务处置的重要国际平台和协调机制。根据该机构的债务处置的条件性原则,债务国通常只有在与国际货币基金组织达成合适的经济改革和政策调整计划的情况下,才能向巴黎俱乐部提出债务处置申请。在债务处置执行的过程中,国际货币基金组织也会对债务国的改革进展和经济状况进行持续监督,并将其结果汇报给巴黎俱乐部国家。

最后,国际货币基金组织与二十国集团在主权债务治理方面保持密切合作关系。一方面,二十国集团成员国是国际货币基金组织的主要股东,也是后者的主要资金来源。例如,2009年4月,为了应对国际金融危机,二十国集团向国际货币基金组织注入大约5000亿美元的额外资金,以扩充其资金来源和增强其紧急贷款能力。另一方面,国际货币基金组织为二十国集团提供大量技术支持。例如,新冠疫情暴发后,二十国集团提出并签署了《债务偿还暂停倡议后续债务处置共同框架》,并开始在此框架下对有关国家的债务进行处置。在债务处置过程中,国际货币基金组织为债务国和债权人提供了大量技术支持,如使用债务可持续性方法来明确债务国所需要的债务减免幅度。

二 世界银行

世界银行成立于1945年,1946年6月开始营业,由国际复兴开发银行(International Bank for Reconstruction and Development, IBRD)、国际开发协会(International Development Agency, IDA)、

国际金融公司（International Finance Corporationm，IFC）、多边投资担保机构（Multilateral Investment Guarantee Agency，MIGA）和国际投资争端解决中心（International Center for Settlement of Investment Disputes，ICSID）五个成员机构组成。世界银行集团不仅是很多发展中国家的主要多边官方债权人，而且是全球债务治理规则的制定者和推动者，还是主权债务治理有关公共服务和产品的提供者。下文将分四个方面介绍世界银行在主权债务治理中发挥的主要作用。

（一）主权贷款和赠款业务

世界银行集团是主权国家最主要的多边官方债权人之一。截至2019年，世界银行对主权国家的债权规模高达4870亿美元，占其债务总额的14%。为帮助各国实现发展目标，世界银行通过贷款和赠款的形式为其成员国提供融资支持。其主权资金业务主要由国际开发协会和国际复兴开发银行两个机构完成。其中，国际复兴开发银行主要为中等收入国家和信用较好的低收入国家提供非优惠贷款、担保和咨询服务。国际复兴开发银行的资金来源主要包括两个部分。一是股东所提供的自有资本，二是以优惠借款人身份在国际资本市场发行债券来获得融资。国际开发协会主要为无法或几乎无法从国际金融市场获得融资的最贫困国家提供优惠贷款、赠款和债务减免。国际开发协会的资金来源主要包括三种类型。一是股东捐款，二是国际复兴开发银行和国际金融公司的转移支付，三是自身投资组合的资金回流。

与国际开发协会和国际复兴开发银行不同，世界银行下属的其他机构并不直接向主权政府提供贷款或赠款。国际金融公司的主要业务是为私营部门项目提供融资和咨询服务，多边投资担保机构主要为私营部门投资提供政治风险保险和信用增级服务，国际投资争端解决中心则为解决政府与外国投资者之间的投资争端提供仲裁和调解服务。

对债务国而言,来自世界银行集团的贷款和赠款不仅仅是一种重要外部融资来源,同时也是获得有关技术援助、管理知识和发展经验的重要途径。

(二) 主权债务管理工具开发

为了帮助公共债务管理者更好地评估、制定和改革本国债务管理战略,世界银行提供了一个一站式工具包,[①] 该工具包提供了与债务和财务风险管理有关的多种工具和服务。

第一是债务风险评估工具。2002年以来,世界银行和国际货币基金组织共同为低收入国家量身定制了主权债务风险的评估工具——《针对低收入国家的债务可持续性分析框架》。采用这一方法,世界银行和国际货币基金组织会定期对有关国家的债务可持续性风险进行评估并公开发布债务可持续性风险报告。

第二是债务管理绩效评估工具。该工具设计了一套涵盖所有政府债务管理职能的综合性指标,并根据这些指标对一国政府的债务管理实践和能力进行诊断,然后把评估结果和相应改革建议汇报给与债务管理能力建设有关的监督和执行机构。

第三是全球性债务统计数据库。世界银行与国际货币基金组织等国际机构合作建立了多个公共债务统计数据库,包括国际债务统计数据库、季度外债数据库、季度公共债务数据库等。这些债务数据可以为主权债务风险评估、主权借贷发放安排、债务重组和减免谈判等业务提供重要参考。

---

① The World Bank, "Debt & Fiscal Risks Toolkit", https://www.worldbank.org/en/programs/debt-toolkit.

(三) 组织债务管理培训和国际研讨

在债务管理培训方面,世界银行致力于提高债务国的债务评估和管理能力。其培训项目主要有两类,分别是政府债务和风险管理项目与债务管理基金项目。其中,政府债务和风险管理项目专门服务于中等收入国家,是以项目的方式向中等收入国家提供量身定制的债务管理方面的技术咨询,协助债务国制定可持续的债务管理框架,以减少遭受金融冲击的脆弱性。债务管理基金于2008年11月启动,由世界银行和国际货币基金组织共同管理,用于支持低收入国家的债务管理工作。2019年4月,世界银行启动了债务管理基金的第三期。在之后五年,第三期债务管理基金通过设计和应用债务分析工具、提供量身定制的咨询服务、培训、网络研讨会等方式,为债务国的主权债务管理提供针对性的建议,帮助债务国加强债务管理、减少与债务有关的脆弱性和提高债务透明度。

在国际研讨方面,世界银行每隔两年会举办一次主权债务管理论坛。来自世界各国的公共债务管理者会聚到一起,讨论最近全球主权债务的发展趋势以及各国在管理公共债务方面面临的挑战。例如,2014年的主权债务管理论坛展望和评估了主权借款国未来的债务发展前景,[1] 2016年的主权债务管理论坛讨论了新兴市场经济国家的主权债务管理问题,[2] 2018年的主权债务管理论坛则讨论了新时代的债务管理策略。[3] 此外,世界银行还会不定期地举办各

---

[1] The World Bank, "Sovereign Debt Management Forum 2014: What is the Current Outlook for Sovereign Borr-owers?", (Dec 2014), https://www.worldbank.org/en/events/2014/12/03/sovereign-debt-management-forum-2014-what-is-the-current-outlook-for-sovereign-borrowers.

[2] The World Bank, "8th Sovereign Debt Management Forum", (Oct 2016), https://www.worldbank.org/en/events/2016/09/26/8th-sovereign-debt-management-forum.

[3] The World Bank, "Sovereign Debt Management Forum 2018: 'Is There Life After Debt?'", (Oct 2018), https://www.worldbank.org/en/events/2018/10/29/sovereign-debt-management-forum-2018-is-there-life-after-debt.

种级别的研讨会，为各国的债务管理人员、经济政策制定者、学者、国际组织等市场参与者提供债务问题交流的平台和机会。

（四）提供债务重组和减免援助

世界银行减债的主要目的是帮助发展中国家减轻债务负担，从而实现可持续发展目标。在过去20年的减债行动中，世界银行已经形成了相对成熟的债务重组和减免机制。在未来，债务减免将与抗击贫困目标形成更为深度的绑定。

从历史经验看，世界银行过去的减债行动主要包括两部分内容。[1] 一部分是与国际货币基金组织合作展开的针对官方债务的减免行动，另一部分是世界银行集团及其下属国际发展协会展开的针对私人债务的减免行动。在官方债务减免行动中，世界银行与国际货币基金组织共同提出了《重债穷国倡议》和《多边减债倡议》等多边减债行动。除了世界银行和国际货币基金组织以外，以巴黎俱乐部为代表的双边债权人和非洲发展基金、泛美洲发展银行等多边发展银行也参与了这两个减债行动。这两个倡议为发展中国家提供了约990亿美元的债务减免。在私人债务减免行动中，世界银行为所有具备国际发展协会资助条件的国家[2]设立了债务减少融资工具。该设施为债务国提供赠款以极低的折扣向其他私人债权人回购外部商业债务。截至2020年11月，债务减少设施已帮助22个国家完成了25起回购，减免的外部商业债务本金超过103亿美元，减免的利息、欠款和违约金达35亿美元。

---

[1] The World Bank, "Debt Relief", https://www.worldbank.org/en/topic/debt-relief.
[2] 目前有74个国家符合国际发展协会资助条件。国际发展协会主要资助人均GNI低于一定标准的国家（2021年的标准是1185美元）。具体国家列表可见 The International Development Association (IDA), "Borrowing Countries", https://ida.worldbank.org/about/borrowing-countries。

三 巴黎俱乐部

巴黎俱乐部（Club de Paris）是双边官方债权人的非正式组织，也被称为"无机构"的机构。由于严格保持非正式性，巴黎俱乐部不具备任何独立的法律地位，因此也无明确该组织的正式成立的时间。1956年阿根廷与其官方债权人在巴黎进行会晤是巴黎俱乐部的第一次活动。在主权债务治理方面，巴黎俱乐部在协调债权国的债务重组和减免行动、帮助债务国避免债务危机方面发挥了重要作用。此外，巴黎俱乐部所提出的债务处置工具、框架和规则也得到了国际社会的广泛认可。下文将具体介绍巴黎俱乐部的运作机制和主要贡献。

（一）运作机制

巴黎俱乐部原则上只与向它提出减债申请的国家进行债务处置谈判。债务处置的主要方式是修改原有的贷款协议，包括延长债务偿还期或减少债务净现值。巴黎俱乐部的协调范围仅限于债务处置谈判，不涉及新增贷款和结构性改革援助。巴黎俱乐部的债务处置流程主要有四个步骤：

一是债务国提出减债申请。在出现债务偿还困难时，债务国可向巴黎俱乐部提出债务重组和减免申请，并提交关于其债务和经济状况的详细数据和信息，以便巴黎俱乐部成员可以更好地了解其经济状况和所需的减债措施。此外，债务国通常还需要与国际货币基金组织达成一个恰当的经济改革和政策调整计划，以向巴黎俱乐部展示其改善债务可持续性的决心和承诺。

二是开展债务谈判。接到申请后，巴黎俱乐部成员国将在法国财政部秘书处的协调下,讨论债务国的具体情况,并决定是否举行债务谈判。在满足一定条件的情况下,巴黎俱乐部将组织债务国和债权国共同召开关于如何开展债务处置的协商会议。会议的参与者根据债务国和债权国的具体情况而定。巴黎俱乐部的永久成员国原则上可以参加所有协商会议。任何提供了官方贷款并接到重组申请的债权国都可以参加协商会议。在永久成员和债务国同意的情况下,其他非巴黎俱乐部的官方债权人也可特别列席协商会议,并作为巴黎俱乐部的临时成员。在协商会议中,债务国代表通常是财政部部长或央行行长。国际货币基金组织、世界银行等国际金融机构也会派出观察员出席会议。

三是签署谅解备忘录。参加协商会议的债权人将签署一份备忘录,作为债务重组的基本参照方案。备忘录中会列出债务处置的主要条款,如重组期限、利率、宽限期、减免比例等。这份备忘录需要得到所有巴黎俱乐部成员国和债务国的一致同意。一般情况下,备忘录会为双边协议提供三种确定利率的原则性方法。第一种是恰当的市场利率,即在标准利率的基础上加上管理费,利率可以固定也可浮动,但不包括国家风险溢价。第二种是迟延利率,即参照市场上的最高罚息率。第三种是比原来利率更低或至少相同的优惠利率。

四是签署双边协议。值得注意的是,谅解备忘录本身不具备法律约束力,只有在此基础上债务国和债权国的双边协议才是约束双方权利义务的有效法律文件。双边协议中一般会包含以下内容:债务处置的范围、债务处置的具体方式、债务处置的先决条件和监督机制、债务处置的法律效力和争议解决方式。其中,债务处理的先决条件通常包括与国际货币基金组织达成协议、支付到期的利息等。

五是按照协议实施债务处置。在这个过程中，国际货币基金组织会监督债务国履行其与巴黎俱乐部达成的债务处理协议中所规定的义务，并向巴黎俱乐部报告具体执行情况。如果债务国没有遵守国际货币基金组织的政策条件，或者没有按时偿还重组后的债务，巴黎俱乐部成员国可以暂停或取消债务处置。

（二）主要贡献

自 1965 年至 2021 年，巴黎俱乐部已经与 90 多个债务国达成了 434 项债务重组协议，在其协议框架内处理的债务达 5860 亿美元。巴黎俱乐部的本质是一个债权人联盟，主要职责是帮助协调债权国政府和债务国政府关于双边官方债务重组和减免问题的谈判和协商。巴黎俱乐部对主权债务治理的贡献主要包括两个方面。

一方面，巴黎俱乐部为双边官方债务处置构建了较为完善的谈判和协调机制。为了维系其运作，巴黎俱乐部制定了六个债务谈判时需要遵守的原则（详见第六章）。这些原则不仅有助于促进不同债权人之间的协调，也可以降低债务国恶意赖账的道德风险。具体而言，由于政府间贷款更多地受到政治等非经济因素的影响，即便某个债务国存在滥用债务重组的现象，但出于政治、外交等其他因素考虑，部分债权人可能会继续提供贷款，进而加剧债务国通过债务重组"赖账"的倾向。为了抑制这一系列问题，巴黎俱乐部要求债务国在向巴黎俱乐部请求援助时必须以强有力的证据证明其确有进行债务重组和减免的必要，从而避免对减债援助的滥用。此外，巴黎俱乐部还把债务国实施以解决其支付困难的改革作为其提供减债援助的前提条件，从而降低债务国继续采取不审慎的经济政策的风险。

另一方面，巴黎俱乐部提高了主权债务处置的效率，并促进了债务处置工具的多元化。针对经济发展水平和债务困境程度不同的国家，巴黎俱乐部预设了四个等级的债务重组标准条款，即经典条款、休斯敦条款、那不勒斯条款和科隆条款。这四个条款的优惠程度依次递增，综合采用了债务减免、期限调整和利率调整、债务互换等减债手段。在标准条款的基础上，巴黎俱乐部还针对非重债穷国和重债穷国分别制定了与其国情更为匹配的债务处置条款，并为不同类型的外生冲击设计了额外的重组方案，以提升债务国债务重组的有效性和可持续性。借助这些预先设置的减债条款，巴黎俱乐部为债务国提供了高效、快速且多元化的减债方案。

四 二十国集团

二十国集团（Group of 20，G20）由七国集团财长会议于1999年倡议成立，其成员共包括二十个国家和国际组织，即阿根廷、澳大利亚、巴西、加拿大、中国、法国、德国、印度、印度尼西亚、意大利、日本、韩国、墨西哥、俄罗斯、沙特阿拉伯、南非、土耳其、英国、美国和欧盟。

2008年国际金融危机爆发前，二十国集团举行财长和央行行长会议，就国际金融货币政策、国际金融体系改革、世界经济发展等问题交换看法。2008年国际金融危机爆发后，在美国的倡议下，二十国集团提升为领导人峰会。2009年9月举行的匹兹堡峰会将二十国集团确定为国际经济合作的主要论坛，标志着全球经济治理改革取得重要进展。目前二十国集团已形成以峰会为引领、协调人和财金渠道"双轨机制"为支撑、部长级会议和工作组为辅助的架构。

二十国集团在解决发展中国家日益增加的债务脆弱性问题中扮演着至关重要的角色。作为发展中国家的主要债权人集团之一，二十国集团有责任支持改善发展中国家公共债务管理的措施，并且应该在考虑到足够的贷款期限、利率、本币和外币比率的情况下，为发展中国家的可持续债务结构做出贡献。鉴于发展中国家债务脆弱性加剧，二十国集团需要立即采取行动，防止再次发生债务危机。确保这些国家的债务可持续性是借贷双方的共同责任。

二十国集团成员国在全球债务治理领域的活动需要与多边机构制定的债务管理措施充分协调，其中包括世界银行和国际货币基金组织的债务管理机制以及联合国贸易和发展会议的债务管理和财务分析系统方案。作为一个整体，二十国集团致力于共同推进可持续融资工具的发展。在2017年德国担任主席国期间，二十国集团制定了关于主权贷款的《可持续融资操作性指南和债权国自检工具》。在2020年新冠疫情冲击下，二十国集团领导人共同签署了《债务偿还暂停倡议》（以下简称《缓债倡议》）和《缓债倡议后续债务处理共同框架》，既为最贫困国家提供了暂停偿还债务本金和利息的紧急援助，也为陷入债务困境的国家提供了一个多边债务处置平台。

五 经济合作与发展组织

经济合作与发展组织（Organisation for Economic Co-operation and Development, OECD）成立于1961年，其前身是欧洲经济合作组织。该机构成立的初衷是管理美国和加拿大根据马歇尔计划对第二次世界大战后欧洲重建的援助资金。截至2020年，经济合作与发展组织共有38个成员国,这些国家大部分被认为是发达经济体。经济合作与发展组织的职责包括为成员国提供经济政策分析和建议、收集和分析有关数据、制定国际标准和在全球治理方面发挥引领作用。该组织致力于成为一个总结发展经验、推广良好做法和寻求共同解决方案的政策讨论平台和知识分享中心。在主权债务治理方面,经济合作与发展组织也扮演了债务风险监督、国际规则制定与推广和债务管理能力建设等重要角色。

在主权债务风险监督方面,经济合作与发展组织会定期出版《经济合作与发展组织经济展望》和《主权借款展望》。《经济合作与发展组织经济展望》是对经济合作与发展组织成员国及其他主要经济体宏观经济形势的经济监测与预测,其中部分内容也会涉及有关主权债务风险的讨论。该报告每半年公布一次。《主权借款展望》是针对经济合作与发展组织成员国政府借款和债务管理问题的专项报告,每年公布一次。《主权借款展望》不仅会持续追踪和深入分析主权借款需求、融资策略、市场基础设施和政府债务水平变化趋势,而且会为公共债务管理者提供应对有关风险与挑战的政策建议。

在主权债务有关的国际规则制定与推广方面,经济合作与发展组织也做出了诸多努力。比如,在债务透明度方面,经济合作与发展组织于2021年提出了《债务透明度倡议》。[①] 在该倡议下,经济合作与发展组织还与英国政府和国际金融协会合作成立了一个数字平台,用于收集、分析和发布私营部门对低收入国家和新兴市场国家的贷款数据,从而帮助感兴趣的利益相关者了解这些国家的债务规模和贷款条件。又如,在主权借贷行为规范方面,经

---

① OECD, Budget Transparency Toolkit, https://www.oecd.org/governance/budget-transparency-toolkit/.

济合作与发展组织向成员国提出了《向低收入国家提供官方出口信贷的可持续借贷实践原则和指导》①等倡议并得到了成员国的认可与支持。这些倡议的目的是确保官方出口信贷机构提供的贷款符合可持续发展目标,避免债务国在获得债务减免后重新积累过多债务。

在债务管理能力建设方面,经济合作与发展组织不断总结和分享成员国在政策实践中的成功经验,并且打造了有关知识分享平台和定期举办有关公共债务管理的全球论坛。比如,经济合作与发展组织与世界银行和意大利政府于 2002 年共同发起了公共债务管理网络,旨在构建一个知识创新和知识分享的公众平台。② 又如,为了分享和推广预算管理中的成功经验,经济合作与发展组织设计了预算透明度工具箱,帮助各国政府提高预算透明度的参考方案。自 2015 年以来,最佳做法在《预算治理建议书》中得到体现和更新,该建议书就预算编制、管理及其与良好公共治理其他方面的联系提供了一套全面、综合的指导。

六　联合国贸易和发展会议

联合国贸易和发展会议(United Nation Conference on Trade and Development,UNCTAD)成立于 1964 年,是联合国下属的一个独立机构,致力于促进可持续发展、经济增长和全球化的包容性。自 20 世纪 70 年代初起,联合国贸易和发展会议就开始持续关注全

---

① OECD, "Principles and Guidelines to Promote Sustainable Lending Practices in the Provision of Official Export Credits to Lower Income Countries", Nov. 2016, https://one.oecd.org/document/tad/ecg(2016)14/En/pdf.

② OECD, OECD-Italian Treasury-World Bank Public Debt Management Network, https://www.publicdebtnet.org.

球主权债务治理问题，在制定和推广主权债务治理的国际规则、帮助各国政府提高债务管理能力等方面扮演了重要角色。

在主权债务治理的国际规则制定方面，联合国贸易和发展会议主要有两方面的贡献。一是提出了规范主权借贷行为的倡议性准则。2009年年底，联合国贸易和发展会议发起了一项名为"促进负责任的主权借贷"的倡议，旨在形成一套国际公认的原则和惯例，以明确主权借贷双方的责任和约束过度借贷行为。为此，联合国贸易和发展会议于2010年成立了由世界知名的债务和发展金融领域的专家和学者构成的专家组，经过联合国贸易和发展会议与专家组两年多的合作与努力，2012年联合国贸易和发展会议正式推出《促进负责任的主权借贷原则》，其中包括7项适用于贷款人的原则和8项适用于借款人的原则。该原则得到很多成员国、多边金融机构、巴黎俱乐部和民间社会团体等利益攸关方的普遍支持，并被认为是主权债务治理领域的软性法律。

二是制定了关于主权债务重组机制的路线图。自1986年根据《美国破产法》第11章建议构建主权债务重组程序以来，联合国贸易和发展会议一直致力于完善国际主权债务重组机制。2012—2014年，联合国贸易和发展会议每年都会牵头组织联合国大会第二委员会特别活动，就主权债务危机和债务重组机制等相关问题开展讨论。2015年2月，联合国成立主权债务重组进程特设委员会，联合国贸易和发展会议参加了该委员会第一届会议，并讨论了主权债务重组进程的法律框架。2015年4月，联合国贸易和发展会议发布了《主权债务解决机制的路线图和指南》，将国际法中的基本原则和规范应用于主权债务重组过程，如透明、公正和合法等，并提出了一系列具体的建议和措施，以提高主权债务重组的一致性、公平性和高效性。此外，联合国贸易和发展会议也正式担任联合国主权债务重组进程特设委员会的秘书处，专门负责主权债务重组进程中的争端调解和仲裁。

在债务管理能力建设方面，联合国贸易和发展会议主要发挥了两方面作用。一是通过其债务管理和财务分析系统项目为发展中国家提供技术援助，帮助他们构建和优化债务管理机制，提高债务数据的统计质量、完整性和透明度，协助开展债务可持续性分析和制定债务管理战略。债务管理和财务分析系统项目是联合国贸易和发展会议最成功的技术援助项目之一，自1981年以来已为超过100个国家提供服务。二是为债务管理专家和从业者提供一个交流经验、分享最佳实践、讨论新挑战和机遇的平台。联合国贸易和发展会议每两年举办一次债务管理会议，吸引了来自各国政府、国际组织、非政府组织和学术界的众多参与者。

七　国际金融协会

国际金融协会（Institute of International Finance，IIF）是金融业的全球协会。截至2020年，国际金融协会已拥有来自70个国家的450多名成员，包括全球大多数最大的商业银行和投资银行、资产管理公司、保险公司、主权财富基金、对冲基金、中央银行和开发银行等。国际金融协会成立于1983年，由38家主要工业化国家的银行发起，成立的初衷是应对20世纪80年代初的国际债务危机。国际金融协会的使命是支持金融业审慎地管理风险，建立健全行业标准，倡导符合成员广泛利益和促进全球金融稳定和可持续经济增长的监管、金融和经济政策。

国际金融协会是一个非营利的全球性金融组织，通过收集、分析相关国家的经济和财务状况、发展计划和经济政策等信息，为协会会员提供进行投资和信贷扩展的参考。此外，国际金融协会致力于建立以市场为基础的自愿性危机预防和管理方法，并与政策制定者、监管者和多边组织密切合作，从而增强全球金融体系的效率、透明度和稳定性。

国际金融协会的主要职能包括四个方面。一是就重要国家、区域、全球经济发展情况进行分析并提供报告给全球会员。二是就主要资本市场和经济政策发展情况向会员发布报告，并与政府部门进行沟通。三是在全球主要监管和监督领域代表金融业发布观点、与主要监管机构进行对话。四是通过举办大会和研讨会，搭建金融界与政府之间的交流平台。

国际金融协会在国际金融活动中大多充当"中间人"的角色。它通过与国际金融机构、多边金融组织之间广泛的合作，为决策者、监管者和私营部门提供进行有效对话的平台。此外，在一些全球问题上，国际金融协会还负责寻求解决方案、发展和推动代表意见和建设性提案，以帮助金融行业加强风险管理和实施最佳做法。

在全球主权债务治理机制中，国际金融协会是私人部门参与债务危机处置的重要渠道，在多次债务危机处置中均扮演了重要角色。2012年希腊债务危机期间，国际金融协会作为私营部门的代表与希腊就债务置换问题开展谈判。在国际金融协会的协助下，10多家银行决定共同参与希腊债务置换计划，双方之间的协议为希腊抵消超过1000亿欧元的债务，对希腊乃至欧洲的经济发展影响深远，避免了更大债务危机的出现。2020年新冠疫情引发的发展中国家债务危机期间，国际金融协会是私人部门参与二十国集团《缓债倡议》的平台和代表。最后，在参与主权债务危机处置和协商的过程中，国际金融协会也形成了自己倡导的债务治理规则,如《新兴市场稳定资本流动和公平债务重组原则》和《债务透明的自愿性原则》等。

八 新冠疫情冲击有关主权债务风险的政策应对

2020年,新冠疫情席卷全球,对世界各国经济造成重创。在此影响下,很多国家的债务风险都显著上升。作为应对,国际货币基金组织、二十国集团、联合国、国际金融协会等国际组织都推出了旨在缓解主权债务风险的债务治理和协调方案。

(一)国际货币基金组织的紧急救助

国际货币基金组织在2020年3月27日召开国际货币与金融委员会特别会议,讨论各国对新冠疫情的政策应对以及国际货币基金组织在其中发挥的作用。国际货币基金组织大约具备1万亿美元的贷款能力为189个成员国提供服务。此外,国际货币基金组织的技术专家还帮助各国的债务管理者修改和更新其新冠疫情期间的债务记录、管理战略和体系,从而为评估危机和相关融资需求提供关键信息。

为了扩大快速提供资金的能力,国际货币基金组织采取了若干应对疫情的非常措施。一是把紧急快速拨款能力提高一倍,以满足预期约1000亿美元的资金需求。二是对灾难遏制和纾困信托进行改革,加快有关审批和资金援助,向29个最贫穷和最脆弱的成员国提供5亿美元的援助,资金由英国、日本、德国、荷兰、新加坡和中国提供。国际货币基金组织还在与援助方合作,争取将用于债务减免的资金进一步提高。三是改革减贫与增长信托,把对最脆弱国家的优惠贷款能力扩大至原规模的三倍,并积极寻求新增贷款资源。四是协助二十国集团达成《缓债倡议》。五是设立一项新的短期流动性额度安排,以帮助有关国家加强经济稳定性并提振信心。

截至 2020 年 7 月,国际货币基金组织已为 70 个国家提供紧急资金,并为 29 个国家提供立即债务减免。但是,现有的快速信贷便利和快速融资工具等紧急融资工具不能满足成员国需求。根据国际货币基金组织测算,在经济下行情景下,成员国对基金组织资金的总需求将超过 2 万亿美元,超过基金组织 1 万亿美元的现有资源。为了给全球经济体系补充流动性,中国人民银行行长易纲、[①] 国际货币基金组织总裁格奥尔基耶娃[②]等纷纷呼吁增加对特别提款权的使用,为有关国家提供特别提款权的普遍分配。此外,国际货币基金组织还需要决定是否将获取《缓债倡议》援助支持作为申请新增贷款的前提条件。这一条件的设置将会决定债务国能否使用国际货币基金组织援助资金偿还其他债权人债务。

(二) 二十国集团的《缓债倡议》

在世界银行、国际货币基金组织和其他机构的鼓励下,二十国集团领导人在 2020 年 4 月 15 日召开的财长和央行行长会议中共同签署了《缓债倡议》,允许世界上最贫穷的国家在 2020 年 5 月至 2021 年 12 月内暂停偿还官方双边债务的本金和利息,以帮助这些国家应对新冠疫情大流行的严重影响。在该倡议中,二十国集团

---

① 中国人民银行:《国际货币基金组织应利用 SDR 应对新冠疫情》,(Jul 2020),http://www.pbc.gov.cn/hanglingdao/128697/128728/128835/4057988/index.html。
② Kristalina Georgieva, "The Next Phase of the Crisis: Further Action Needed for a Resilient Recovery", (July 2020), https://blogs.imf.org/2020/07/15/the-next-phase-of-the-crisis-further-action-needed-for-a-resilient-recovery/.

也呼吁私人债权人以可比待遇参与缓债行动。作为技术支持，国际货币基金组织和世界银行通过监测财政支出、提高公共债务透明度和确保审慎借款来支持《缓债倡议》的实施。

《缓债倡议》主要针对低收入国家，即具备国际开发协会贷款资格的国家或联合国定义下的最不发达国家。在此基础上，希望获得缓债援助的债务国还需要做出以下承诺。一是要利用《缓债倡议》所创造的财政空间来增加对社会、卫生或经济等方面的支出，从而应对新冠疫情危机。二是要在尊重商业敏感信息的同时，披露公共部门涉及债务和类似债务融资工具的所有财务承诺。这一要求的目的在于增强债务信息的透明度和数据的可靠性，从而提高债务可持续性和融资需求评估的准确性，进而帮助各国做出更明智的借款和投资决策。三是在债务偿还暂停期间不得增加任何新的非优惠性债务，在此倡议下的协议以及遵守国际货币基金组织公共债务限制政策和世界银行非优惠贷款政策限制的协议除外。

总的来说，《缓债倡议》是国际社会帮助高债务且低收入的脆弱国家应对新冠疫情危机的重要举措，但其整体援助效果仍然较为有限，原因主要有三点。第一，该倡议只能缓解债务国流动性压力，不改变债务现值。接受《缓债倡议》援助的国家仍需要在4年内偿还延期债务。从2020年5月至2024年期间，具备该倡议申请资格的国家的总债务偿还额将超过1894亿美元。

第二，《缓债倡议》只承诺双边官方债务的延期，私人部门债权人和多边官方债权人的参与度有限。经济合作与发展组织预计，[①]

---

① The Organization for Economic Co-operation and Development (OECD), "A 'Eebt Standstill' for the Poorest Countries: How Much is at Stake?", (May 2020), http://www.oecd.org/coronavirus/policy-responses/a-debt-standstill-for-the-poorest-countries-how-much-is-at-stake-462eabd8/.

《缓债倡议》中的协议国家在 2020 年需偿还 345 亿美元债务,其中超过一半是对私人部门和多边银行的负债。一方面,现有机制对私人部门债权人和债务国都缺乏吸引力。对私人债权人而言,参与《缓债倡议》既不是法定义务,还会带来经济上的损失,因此大部分私人部门债权人都没有动力参与缓债行动。对债务国而言,多数债务国也不愿意接受私人部门债权人的债务延期援助,原因在于暂停偿债不改变债务现值,反而会导致其主权信用降级和失去国际金融市场融资渠道。另一方面,多边官方债权人在参与缓债和减债行动时也面临诸多挑战。对以世界银行为代表的多边官方债权人而言,参与缓债和减债行动可能损害这些机构在国际市场上的信用等级,导致其融资成本上升,进而限制其在危机期间提供紧急援助的能力。

第三,《缓债倡议》只针对低收入国家,其他不在《缓债倡议》覆盖范围内的发展中国家也面临债务困境。根据欧洲智库测算,[①] 非《缓债倡议》覆盖的发展中国家 2020 年需偿还 2730 亿美元债务,《缓债倡议》提供的债务延期援助只覆盖了所有发展中国家 2020 年偿债总额的 3.65%。

(三) 国际金融协会的《私营部门参考条款》

国际金融协会是协助私人债权人与受援国进行沟通的主要平台,扮演了主要联络点、知识合作伙伴和信息交流中心的角色。国际金融协会对二十国集团的《缓债倡议》表示支持,认为这一计划对缓解一些国家的短期危机是十分必要的,可以增强脆弱的主权国家在新冠疫情大流行带来的挑战中偿还债务的能力。为了

---

① Daniel Munevar, "G20 Debt Service Suspension: A Response Not Fit for Purpose", (Apr 2020), https://www.eurodad.org/g20_debt1.

协助和促进私人部门债权人和参与《缓债倡议》的债务国之间的债务谈判，国际金融协会主要开展了两方面的协调工作。

一方面，为了帮助和推动私人部门参与《缓债倡议》，国际金融协会发布了《私营部门参与二十国集团/巴黎俱乐部债务暂停偿还倡议的参考条款》（Terms of Reference for Voluntary Private Sector Participation in the G20/Paris Club DSSI，以下简称《参考条款》）。①《参考条款》详细阐述了私营部门参与二十国集团《缓债倡议》的原则。《参考条款》强调，要确保受援国的流动性，避免出现真正意义上的偿付能力危机。私人部门债权人将在不损害自身任何权利的前提下，考虑受援国所请求的暂停偿债。因为参与该倡议是自愿的，受援国依旧对债权人承担偿债义务。为了确保受援国将资金用于应对新冠疫情危机而非其他用途，参与《缓债倡议》的私人债权人要求相关国际金融机构对受援国进行监督。由于主权债务人的经济状况和信用等级不尽相同，对私人债权人参与《缓债倡议》规定统一的方式不切实际，因此采用逐案处理的方式。此外，《参考条款》还为符合《缓债倡议》资格的债务国和私人债权人提供了灵活的谈判模板，以便双方进一步推进对话并实现自愿暂停偿债。

另一方面，为了保护受援国的利益，国际金融协会还联合其他机构共同协助受援国制定与私人债权人有关的违约责任豁免书，从而达到规范和简化整个豁免申请程序的目的。2020年6月，联合国非洲委员会要求国际金融协会协助制定违约责任豁免书，以声明主权借款人在暂缓履行债务偿还义务时不会构成违约事件。

---

① The Institute of International Finance（IIF），"Terms of Reference for Voluntary Private Sector Participation in the G20/Paris Club DSSI"，（May 2020），https：//www.iif.com/Publications/ID/3920/Terms-of-Reference-for-Voluntary-Private-Sector-Participation-in-the-G20-Paris-Club-DSSI.

国际金融协会在与借款国、国际货币基金组织和世界银行法律小组等深入讨论后，于 2020 年 7 月 10 日发布了债务豁免协议书模板。该模板可以用于解决官方债权人的意外违约或交叉违约问题，主权借款人可以根据自身需要提出豁免申请。虽然相关债务合同所依据的法律文件并不支持全面豁免，但私人债权人可以借助这个模板来声明其对主权借款人违约责任的豁免支持。

（四）联合国贸易和发展会议的债务解决机制

虽然《缓债倡议》提供了宝贵的喘息空间，但它本身不足以防止许多发展中国家出现债务危机。对许多重债国家来说，暂停偿付是不够的，国际社会还需要采取更全面的行动。为了应对有关挑战，联合国提出了一系列政策建议以扩大《缓债倡议》的适用范围，从而使中等收入国家也有资格申请减债援助，以及鼓励多边和商业债权人的广泛参与。

具体而言，为减轻发展中国家的债务负担，联合国贸易和发展会议提议实施"三步走"战略。[1] 第一，通过债务偿还暂停方案，为遭受疫情冲击的发展中国家提供宏观经济发展所需的"喘息之机"。第二，实施债务减免和重组方案，减免总计约 1 万亿美元的发展中国家债务。第三，设立一家处理发展中国家债务问题的国际管理机构，为今后架设指导主权债务重组的国际框架奠定基础，监督债务暂停偿还的执行情况，以及更新债务可持续性评估。此外，联合国贸易和发展会议也呼吁立即停止所有债权人的强制执行行动，尤其是针对新兴市场主权债券违约的诉讼。

---

[1] United Nations Conference on Trade and Development, "COVID-19 is a Matter of Life and Debt, Global Deal Needed", (Apr 2020), https://unctad.org/news/covid-19-matter-life-and-debt-global-deal-needed.

（五）其他机构提出的债务治理方案

1. 禧年债务运动的债券法律修改倡议

禧年债务运动（Jublee Debt Campaign）是一个关注债务处置的英国慈善机构。该机构呼吁永久性减免 2020 年到期的主权外债的所有本金、利息和费用。鉴于相关国家约有 90% 的债券受英国法律管辖，该组织正在游说英国政府通过立法，阻止债权人起诉因新冠疫情危机而无法偿还债务的国家。这一提案类似于 2010 年英国议会通过的《债务减免（发展中国家）法案》。[①] 该法案禁止债权人就 2004 年以前的主权债务拖欠或违约问题起诉任何一个具备《重债穷国倡议》申请资格的国家。

禧年债务运动认为新的立法措施应包括以下内容：

（1）禁止诉讼。在二十国集团《缓债倡议》实行期间，任何债权人都不应对债务国政府提起诉讼。

（2）扩大债务国范围。二十国集团《缓债倡议》只覆盖了 73 个低收入国家，还有许多中等收入国家可能需要暂停向私人债权人偿还债务，新的法案也应涵盖这些国家。

（3）防止反对者起诉。为了获得更多赔偿，小部分债权人可能拒绝参加一个其他大多数债权人同意的债务重组方案，进而导致债务重组方案的失败。对于这些反对债务重组的债权人，应当阻止他们对债务国政府提起诉讼。

2. 多家智库联合提出的《支持绿色和包容性复苏的债务减免倡议》

《支持绿色和包容性复苏的债务减免倡议》（Debt Relief for

[①] Jubilee Debt Campaign, "The UK's Role in Supporting the G20 Debt Suspension", (Apr 2020), https://jubileedebt.org.uk/wp-content/uploads/2020/04/The-UKs-role-in-supporting-the-G20-debt-suspension_ 04.20.pdf.

Green and Inclusive Recovery)是一个由波士顿大学全球发展政策中心、海因里希·波尔基金会和伦敦大学亚非学院可持续金融中心联合发起的项目。① 该项目旨在推动创新型的债务处置方案和系统性解决方法,从而达到应对迫在眉睫的主权债务危机和促进有关国家向可持续和低碳经济转型的双重目标。

该方案主要包括四个步骤。一是向所有国家提供债务减免的机会,跳出对债务国收入水平或债务可持续性评估的限制。二是开展增强型的债务可持续性分析,考虑气候风险和气候行动对债务负担和支付能力的影响。三是建立公共担保机制,为私人债权人参与债务减免提供激励。四是明确绿色和包容复苏的改革路径,确保节省的资金用于支持气候行动和可持续发展目标。

总的来说,该方案的核心思想是将债务减免与绿色和包容性复苏战略相挂钩,把制定和实施绿色和包容性复苏战略计划作为债务国获得债务减免的前提。

---

① Volz, U. et al., "Proposal: Debt Relief for a Green and Inclusive Recovery-Debt Relief for Green and Inclusive Recovery", (Nov 2020), https://drgr.org/our-proposal/proposal-debt-relief-for-a-green-and-inclusive-recovery/.

第三章　主权债务的风险评估规则

　　主权债务的风险评估是主权债务治理的重要环节。主权债务风险评估报告一般有两方面的作用。第一是用于监测债务国的经济运行状况，对该国政府未来财政压力和债务风险进行预警。第二是为危机期间的政策选择提供参考，判断债务国是否具备接受援助或债务重组和减免的资格。本章介绍了国际货币基金组织、世界银行、欧盟委员会和联合国所提出的主权债务风险评估方法。国际货币基金组织和世界银行在债务风险评估方面具有密切合作关系，二者联合发布了《低收入国家债务可持续性分析框架》，并且定期发布针对其成员国的债务可持续性分析报告。此外，国际货币基金组织还提出了《市场准入国家的债务可持续性分析》方法及有关报告。这些报告为国际货币基金组织和世界银行制定贷款决策、选择危机处置方案和提供经济改革建议提供了重要参考。欧盟委员会也提出了评估其成员国公共债务风险的分析方法，并定期发布债务可持续性监测报告。其分析框架主要基于欧盟委员会对未来的经济预测，与国际货币基金组织和世界银行的债务可持续性分析方法基本类似，但也存在一些差异。联合国下属的亚洲及太平洋经济社会理事会提出了《有效债务管理手册》。该手册对债务管理包括风险管理、债务可持续性分析和债务重组等重要领域进行了深入的观察和分析，并强调了一些优秀的债务管理经验，是债务问题分析、政策制定和知识管理的重要工具。

一 国际货币基金组织和世界银行的债务可持续性评估方法

(一) 主要内容

债务可持续性分析（Debt Sustainability Analysis，DSA）方法首次提出于2002年，是由国际货币基金组织和世界银行共同开发和使用的评估国家公共和外部债务风险大小和识别脆弱性来源的前瞻性分析工具。[①] 其中，债务可持续性被定义为一个国家在给定融资状况不变和不进行大幅度收入和支出调整的情况下偿还主权债务的能力。债务脆弱性是指在特定条件下出现流动性或违约性债务危机的风险。

债务可持续性分析方法是目前国际上最为广泛应用的主权债务风险评估工具，其分析结果不仅被国际货币基金组织和世界银行用于辅助监控成员国状况和实施贷款限制性政策，而且可能影响债务国的融资计划和债权方的贷款决策（见表3-1）。在对多个国家数年的债务可持续性分析的基础上，国际货币基金组织和世界银行会对债务可持续性分析方法进行定期回顾并加以修订，从而保证该方法能够与时俱进。

---

① IMF,"Debt Sustainability Analysis",（Jul 2017），http：//www.imf.org/external/pubs/ft/dsa/index.htm.

表 3–1　　债务可持续性分析方法的用途与实例

用途	实例
国际货币基金组织和世界银行：监控成员国经济状况项目和实施贷款限制性政策的辅助工具	债务可持续性分析报告是国际货币基金组织第四条款磋商报告的组成部分，而后者是国际货币基金组织对成员国经济状况监控的重要项目之一； 国际货币基金组织根据债务可持续性分析报告的结果来执行其公共贷款限制政策； 国际开发协会的非优惠放贷政策会根据债务可持续性分析评级结果来设定对曾参与《多边减债倡议》国家的非优惠贷款的额度限制
债务方：规划融资方案和制定中期债务管理战略的指导	债务国可根据债务可持续性分析报告中指出的脆弱性风险来制定中期债务管理战略
债权方：贷款、赠款和减债决策的参考	国际开发协会根据债务可持续性分析对债务国的外部债务风险评级结果，决定其所提供资金中赠款和贷款的比例； 区域发展银行，如非洲发展银行、亚洲发展银行、美洲开发银行和国际农业发展基金会，也采用类似债务可持续性分析的方法对赠款和贷款进行比例分配； 巴黎俱乐部会使用债务可持续性分析来确定债务国是否具有接受债务减免和重组的资格和所需要的债务重组和减免方案； 经济合作与发展组织出口信贷和信贷担保工作组在提供官方出口信贷时会参考债务可持续性分析的评级结果

注：笔者根据文献资料整理。

债务可持续性分析是一种前瞻性分析，其根本逻辑在于对债务国未来债务变动的可能轨迹做出预测，并且将这些轨迹与预设的警戒线进行比较，从而评估影响该国债务可持续性的风险大小以及脆弱性来源。债务可持续性分析中假设了多种可能发生的经济情景，从而保证对债务变动轨迹预测的真实性和对债务风险来源分析的全面性。同时，考虑到国情差异，债务可持续性分析会根据债务国的政策制定水平等因素对国家分类，并据此分类设置不同的警戒线阈值。图3–1展示了债务可持续性分析方法分析结果的一个示例。

第三章 主权债务的风险评估规则

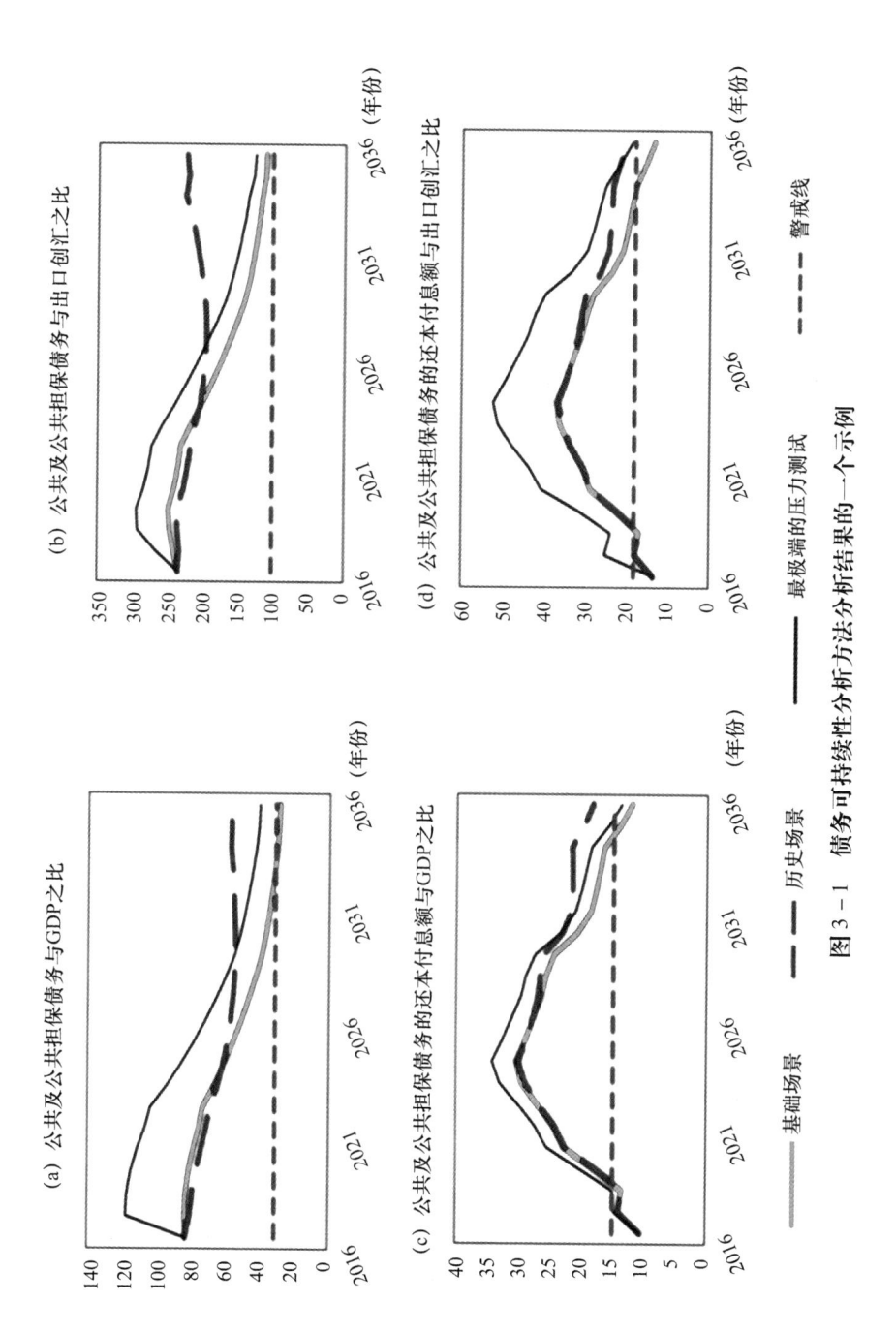

(a) 公共及公共担保债务与GDP之比

(b) 公共及公共担保债务与出口创汇之比

(c) 公共及公共担保债务的还本付息额与GDP之比

(d) 公共及公共担保债务的还本付息额与出口创汇之比

图 3-1 债务可持续性分析方法分析结果的一个示例

—— 基础场景　—— 历史场景　—— 最极端的压力测试　---- 警戒线

为了对目标国家进行更有针对性的分析，国际货币基金组织制定了两套债务可持续性分析方法框架，分别是《低收入国家债务可持续性分析框架》（Debt Sustainability Framework for Low Income Countries, LIC-DSF）和《市场准入国家的债务可持续性分析》（Debt Sustainability Analysis for Market Access Countries, MAC-DSA）。其中，市场准入国家主要指能够从国际资本市场获得持久且充分融资的国家，而低收入国家则主要指收入水平较低，难以从国际资本市场进行直接融资，且往往需要依赖双边或者多边优惠贷款的国家。与低收入国家相比，市场准入国家一般具有较低的外部债务和更高的内部债务水平，且债务中的优惠成分更低（见图3－2）。由于这些经济特征差异，《低收入国家债务可持续性分析框架》和《市场准入国家的债务可持续性分析》在所关注的债务类型、债务风险指标的选择、指导性阈值的大小、评估时间尺度以及分析方法和报告内容模块上均有差异。其中，一个最为主要的差别在于《低收入国家债务可持续性分析框架》更为关注债务国的外部债务风险，而《市场准入国家的债务可持续性分析》更侧重于债务国公共部门的整体债务风险。另外一个重要的差别在于《市场准入国家的债务可持续性分析》不会像《低收入国家债务可持续性分析框架》一样给出一个单一的风险评级，而是会给出一个包含多维度评估标准的风险热度图。此外，考虑到市场准入国家和低收入国家在债务期限结构方面的差异，《市场准入国家的债务可持续性分析》在预测债务变动轨迹时采用的时间范围为5年，而《低收入国家债务可持续性分析框架》的范围是20年。此外，不同国家的《市场准入国家的债务可持续性分析》报告仅由国际货币基金组织完成，而《低收入国家债务可持续性分析框架》的报告则由国际货币基金组织和世界银行共同完成。

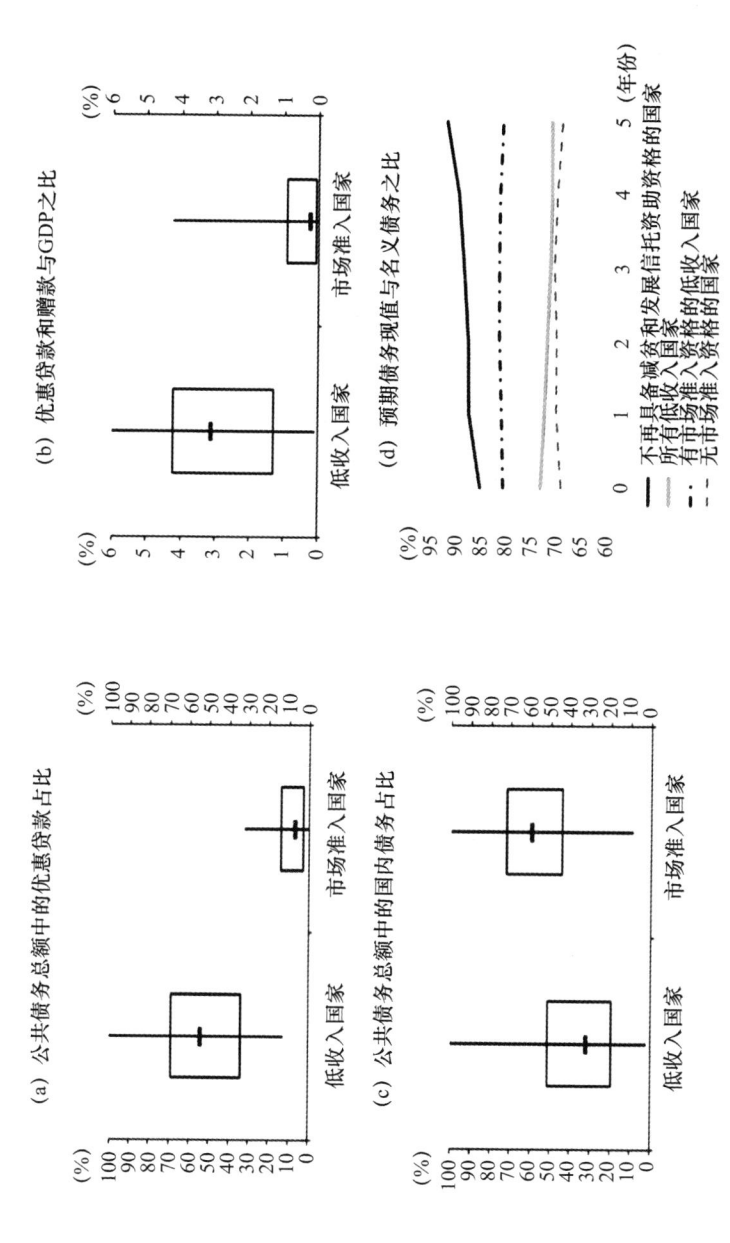

图 3-2 低收入国家和市场准入国家的债务特征对比

注：图 (a—c) 为箱线图，方框中的短横线代表中位数，上下两端分别代表第 25 和第 75 分位数。图 (d) 为折线图，其中第 0 年是可得数据的最新年份，第 1 年是预测期的第 1 年。

资料来源：International Monetary Fund, "Guidance Note on the Bank-Fund Debt Sustainability Framework for Low Income Countries", (Feb 2018), https://www.imf.org/en/Publications/Policy-Papers/Issues/2018/02/14/pp122617guidance-note-on-lic-dsf.

(二) 适用范围

《市场准入国家的债务可持续性分析》适用于能够从国际金融市场持续性获取大量融资的新兴经济体和发达经济体。判断是否属于市场准入国家有两种方法,其一是可以根据既定规则来评估目标国家的实际市场融资规模和持续性,其二是视国家具体情况评估该国通过市场融资的潜在能力。在第一种方法中,符合市场准入标准的国家在国际金融市场中所发行的由该国政府直接发行或担保发行的债券累计量或商业贷款发放累计量在过去的五年中至少有三年应超过或等于其在国际货币基金组织限额的50%。在第二种方法中,如果目标国家的实际融资水平没有达到市场准入标准,但是如果有充分证据可以证明该国在国际市场上能够获得持久且大量的融资,那么也应被归类为市场准入国家。对于潜在市场融资能力的评估一般考虑该国的主权信用评级以及来源于其他机构的实际融资数据。

《低收入国家债务可持续性分析框架》适用于所有有资格获取减贫与发展信托[①]和国际开发协会资助的国家。减贫与发展信托和国际开发协会的资金分别来源于国际货币基金组织和世界银行。二者的差异主要在于前者更倾向于提供临时性的资助,而后者侧重于提供稳定的长期发展援助。在资助国家方面,减贫与发展信托和国际开发协会的准入标准十分相似,所覆盖的国家范围也大致相同。一般而言,符合资助标准的国家都是收入水平较低、缺乏市场化融资途径的国家。

减贫与发展信托资助资格的准入条件与具体标准可见表3-2,

---

① IMF, "Eligibility To Use The Fund's Facilities For Concessional Financing", (Mar 2013), http://www.imf.org/external/np/pp/eng/2013/031813a.pdf.

一个国家只有同时满足收入和市场准入条件时,才能获得减贫与发展信托资助资格。减贫与发展信托资助资格的退出条件和具体标准可见表3-3。当一个国家满足不存在短期脆弱性,且满足收入条件或市场准入条件中任意一个条件时,就可以退出减贫与发展信托资助。

表3-2　　减贫与发展信托资助资格的准入条件与具体标准

准入条件	具体标准
收入条件	基于最新可得且质量符合条件的数据计算,该国年度人均国民总收入应满足以下条件之一: (1) 低于国际开发协会资助标准; (2) 低于国际开发协会对小型国家(人口少于150万但不少于20万)资助标准的两倍; (3) 少于国际开发协会对微型国家(人口少于20万)资助标准的五倍
市场准入条件	根据市场准入条件,该国不能长期且可持续地进入国际金融市场获取融资。其判断方法与减贫与发展信托资助退出标准(详见表3-3)基本一致。差异在于,采用第一种检测方法时,如果该国政府在最近五年内的至少两年中所直接发行或担保的债券累计量或商业贷款发放累计量低于其在国际货币基金组织限额的25%,则认为该国不具有市场准入能力

注:一个国家只有同时满足收入和市场准入条件时,才能获得减贫与发展信托资助资格。

资料来源:笔者根据文献资料整理。

表3-3　　减贫与发展信托资助资格的退出条件与具体标准

退出条件	具体标准
收入条件	该国年度人均国民总收入应满足以下条件之一: (1) 至少在最近五年中高于国际开发协会资助标准(在拥有符合条件的数据的情况下); (2) 同期内不存在下降趋势(对比第一年和最后一年相关年度数据); (3) 当前水平至少是国际开发协会资助标准的两倍,或至少是国际开发协会小型国家资助标准的三倍,或至少是国际开发协会微型国家资助标准的六倍

续表

退出条件	具体标准
市场准入条件	判断一国是否具有国际金融市场获取融资能力的检测方法有两种。如果满足以下条件之一，则认为该国存在进入市场的能力： （1）最近五年内的至少三年中，该国公共部门或具有公共部门担保的私人部门在国际金融市场发行的外部债券或贷款发放量的累积额或超过了该国在当前评估期内在国际货币基金组织限额的50%； （2）存在令人信服的证据表明该国可以长期且可持续地利用国际市场进行融资
短期脆弱性条件	对一个当期年度人均国民总收入超过收入退出标准的50%国家，判断其是否应退出减贫与发展信托资助资格时无须评估其短期脆弱性。否则，退出时需要评估该国是否满足具有短期脆弱性。只有在该国没有严重短期脆弱性问题时，才可以具备退出资格。没有严重短期脆弱性问题指该国在短期内没有收入急剧下降的风险，不会失去市场准入能力。在具体操作时，需要根据最近一次债务可持续性分析报告的预测，确定其债务脆弱性有限并且债务风险在报告发布之后仍然可控

注：当一个国家满足不存在短期脆弱性，且满足收入条件或市场准入条件中任意一个条件时，就可以退出减贫与发展信托资助资格。

资料来源：笔者根据文献资料整理。

表3-4介绍了获得国际开发协会资助资格的准入条件与具体标准。当一个国家同时满足收入和市场准入条件时，则可获取国际开发协会资助资格。否则，可以参照例外条件来判定其资助资格。国际开发协会资助资格的退出过程往往需要几年时间。一般而言，一个国家会经历四个阶段。

表3-4　　国际开发协会资助的准入条件与具体标准

准入条件	具体标准
收入条件	属于相对贫困国家，具体定义为人均国民收入低于国际开发协会公布的截断标准（每年更新，如2017财年的截断标准值为1185美元）
市场准入条件	该国信用不足以支持它按照市场标准进行借贷，因此需要依赖优惠融资来为其发展计划融资

续表

准入条件	具体标准
例外条件	对于小规模经济体，根据它的脆弱性程度，判断其国际开发协会资助准入资格时可不满足人均国民收入低于截断标准的条件。对于其他国家，国际开发协会也会考虑除了硬性人均国民收入标准外的其他特定情况，如宏观经济脆弱性、贫困和发展水平等

注：当一个国家同时满足收入和市场准入条件时，则可获取国际开发协会资助资格。否则，可以参照例外条件来判定其资助资格。

资料来源：笔者根据文献资料整理。

一是从"仅受国际开发协会资助且不处于间隔期"转向"仅受国际开发协会资助且处于间隔期"。具体而言，"仅受国际开发协会资助且不处于间隔期"的国家主要包括三种类型。其一是被评估为处于债务危机或高风险状态的国家，国际开发协会仅以赠款形式给予其资金支持。其二是评估为中等债务风险的国家，国际开发协会以贷款和赠款的组合形式给予其资金支持。其三是评估为低债务风险的国家，国际开发协会以一般贷款的形式给予其资金支持。完成从"仅受国际开发协会资助且不处于间隔期"转向"仅受国际开发协会资助且处于间隔期"的转变需要该国收入水平达到国际开发协会公布的临界值之上并保持超过两年，并且尚未被国际复兴开发银行视为可信国家。

二是从"仅受国际开发协会资助且处于间隔期"转向"同时受国际开发协会和国际复兴开发银行的混合资助"。被国际复兴开发银行评估为信誉积极的国家可以从"仅受国际开发协会资助且处于间隔期"转向"同时受国际开发协会和国际复兴开发银行的混合资助"。一旦一个国家变为混合状态，来自国际开发协会的融资支持将逐渐减少，来自国际复兴开发银行的融资支持将逐步增加。平均而言，"同时受国际开发协会和国际复兴开发银行的混合资助"的状态一般会持续约六年时间。

三是从"同时受国际开发协会和国际复兴开发银行的混合资助"转向"仅受国际复兴开发银行资助"。这是一个国家从国际开发协会毕业的最终步骤，完成这个步骤的国家将无法获得新的国际开发协会资助。

(三)《低收入国家债务可持续性分析框架》

《低收入国家债务可持续性分析框架》是针对低收入国家主权债务风险分析方法。《低收入国家债务可持续性分析框架》由国际货币基金组织和世界银行共同创立，首次提出于2005年4月，并在2006年、2009年、2012年和2017年进行了重新梳理与调整。《低收入国家债务可持续性分析框架》的主要目的是支持低收入国家的经济发展和降低这些国家的债务危机风险。该框架一方面可以为债务国的财政调整和融资计划提供信息和建议，另一方面也可以作为双边或多边债权人制定贷款政策的参考依据。

如图3-3所示，《低收入国家债务可持续性分析框架》包括三个主要模块：公共债务可持续性分析、外部债务风险可持续性分析和主权债务风险的总体评估。其中，外部债务指该经济体所有的外部债务（债务人包括公共部门和私人部门，债权人为非居民），而公共债务则涵盖了公共部门的所有债务（债务人为公共部门，债权人包括居民和非居民）。二者的共同部分是公共及公共担保外债。在外部债务风险评估中，对于低收入国家外部债务风险的评级共有四种，分别是低风险、中风险、高风险和危机中。因为公共及公共担保外债是低收入国家债务最重要的组成部分并反映了其主要风险来源，所以确认外部债务风险评级时仅考虑公共及公共担保外部债务。对其他相关私人外部债务或者公共内部债

第三章 主权债务的风险评估规则

务风险的分析则作为补充分析,被包含在对债务危机整体风险评估之中。

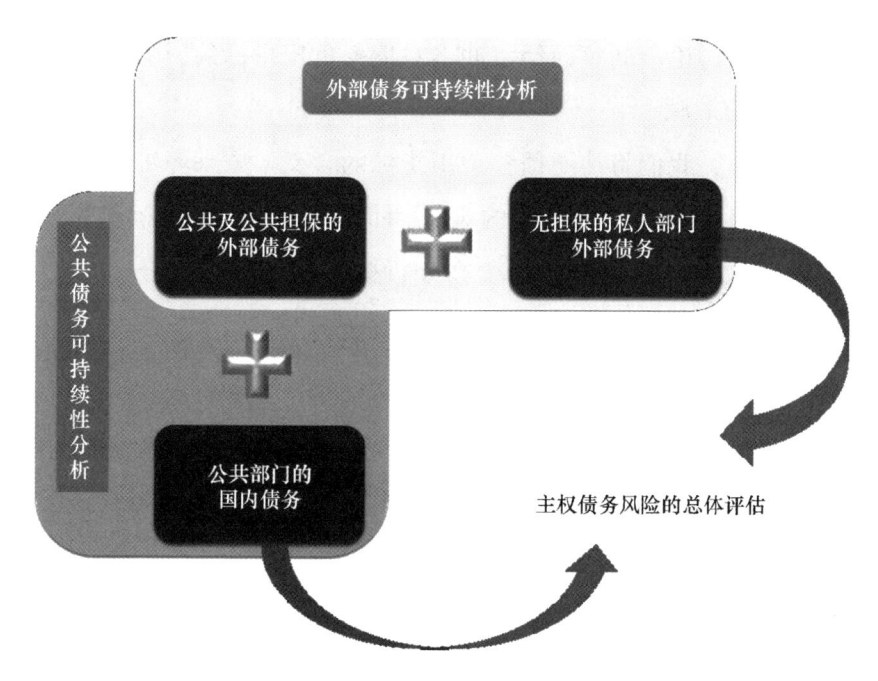

图 3-3 《低收入国家债务可持续性分析框架》的主要模块

资料来源:笔者整理。

在《低收入国家债务可持续性分析框架》中,分析人员将采用债务可持续性分析方法,分别对外部债务和公共债务相关可持续性指标的变化轨迹进行分析和预测。无论是分析公共债务还是分析外部债务,完成一个债务可持续性分析一般包括以下步骤:

第一,基于债务国的经济特征和历史数据,设计多种未来可能发生的经济情景,对相关债务负担指标未来可能的变化路径进行预测;

第二,根据债务国的政策制度水平、外汇储备、经济增长状况

等经济特征对债务国进行分类并确定债务负担指标的警示性阈值;

第三,通过比较债务负担指标在不同情况下的变化轨迹是否超过警示性阈值对债务风险进行评级;

第四,讨论不同负面经济冲击对债务负担指标的影响,识别债务脆弱性的来源。

接下来,我们将按照债务负担指标的含义、未来经济情景和压力测试的设计、预设警戒线的定义和最终风险评级的确定四个方面对《低收入国家债务可持续性分析框架》进行详细介绍,并且在最后给出一个完整的分析流程。

1. 债务负担指标的含义

《低收入国家债务可持续性分析框架》用一国债务水平和其还款能力的比例作为衡量债务负担大小的指标。衡量债务水平的变量(分子)包括债务存量指标和债务流量指标两类,前者主要指各类债务的未偿还存量、后者主要指各类债务的还本付息额。衡量还款能力的变量(分母)包括国民生产总值、商品与服务出口以及财政收入三种。在存在大量海外汇款时,海外汇款也应被纳入还款能力的计算。① 根据分子变量的类型,可将所有指标分为存量指标和流量指标两种,分别反映长期违约风险和短期流动性风险。

如表3-5所示,《低收入国家债务可持续性分析框架》中衡量债务负担大小的指标共有8种,其中有3种指标在2018年版《低收入国家债务可持续性分析框架》中已不再使用。不同指标各有优势和劣势。例如,公共及公共担保外债现值与国民生产总值之比是最为常用的债务负担指标,但也存在对流动性风险不敏感

---

① 海外汇款指本国居民收到的外部汇款,如海外务工人员对本国的劳务汇款。

的问题。换言之，国民生产总值较高，但出口创汇能力较差的国家也有可能陷入债务危机。相比之下，公共及公共担保外债现值与出口创汇之比对外部风险的刻画更为准确，但也存在波动性大（考虑到出口价格波动性）的问题。

表 3–5　《低收入国家债务可持续性分析框架》中的债务负担指标

对应模块	债务负担指标	备注
外部债务可持续性分析	公共及公共担保外债现值与国民生产总值之比	海外汇款金额较大时，分母应加上海外汇款额
	公共及公共担保外债现值与出口创汇之比	
	公共及公共担保外债还本付息额与出口创汇之比	
	公共及公共担保外债现值与财政收入之比	在2018年版《低收入国家债务可持续性分析框架》中已不再使用
	公共及公共担保外债还本付息额与财政收入之比	
公共债务可持续性分析	公共债务现值与国民生产总值之比	海外汇款金额较大时，分母应加上海外汇款额
	公共债务现值与财政收入之比	在2018年版《低收入国家债务可持续性分析框架》中已不再使用
	公共债务还本付息额与财政收入之比	

资料来源：笔者整理。

此外，《低收入国家债务可持续性分析框架》在对债务存量进行统计时，有以下几个特点：

（1）计算债务现值而非面值。其计算方法是将未来所有的债务还本付息额进行贴现和加总，即

$$PV_t = \frac{DS_{t+1}}{(1+\beta)^1} + \frac{DS_{t+2}}{(1+\beta)^2} + \frac{DS_{t+3}}{(1+\beta)^3} + \cdots。 \quad (3-1)$$

其中，PV 是债务现值，DS 是债务还本付息额，β 是贴现率。

目前《低收入国家债务可持续性分析框架》在计算时统一采用5%的贴现率，该值的选取与6个月平均美元商业利率有关，并且会在美元商业利率连续6个月偏离基础值1%以上时进行调整。一方面，由于债务现值会受到利率和还款期限等因素影响，因此能够比贷款面值更好地反映贷款的结构特征与优惠程度。另一方面，债务的现值也可以看作是债务国为了保证未来还款应当进行的无风险投资额。此外，《低收入国家债务可持续性分析框架》假设国内债务的现值等于其面值。

（2）计算债务总额而非净值。尽管充足的流动性资产在很多情况下能够帮助债务国缓解还款压力，但是并不能完全抵销债务风险（如存在期限错配、货币错配时），因此《低收入国家债务可持续性分析框架》仅在最终风险评级时考虑流动性资产对债务风险的缓解作用，而非直接计算债务净值（即债务总额与流动性资产之间的差额）。

（3）计算债务的实际支付而非承诺总额。在实际情况中，债务的承诺总额和实际支付之间可能存在较大差异。债务的实际支付往往取决于项目的实施状况或需要在达成特殊条款的前提下执行。因此，在计算当期债务存量时应考虑未偿但已支付的贷款，并在预测债务存量和流量变化时应考虑债权国和债务国中长期的投资和融资计划，从而得出对债务支付额的最佳预测。

2. 未来经济情景和压力测试的设计

债务可持续性分析方法是一种前瞻性分析工具，需要对债务负担指标未来变动轨迹进行预测。为了尽可能全面地涵盖未来可能出现的经济情景，分析时需要对反映债务国宏观经济和融资状况的变量的取值进行不同假设，将其作为计算债务负担指标预测值的基础。表3-6展示了《低收入国家债务可持续性分析框架》中需要宏观经济形势和融资状况相关变量。将这些变量的历史数据（前10年）以及未来假设（后20年）作为输入，根据相关公式，即可计算出相应债务负担指标在未来20年内的变动轨迹。

表3-6　　　　　　　宏观经济形势和融资状况相关变量

变量	币种	是否需要输入历史数据	是否需要输入预测数据
国际收支			
经常账户余额	美元	是	是
商品与服务出口	美元	是	是
其中属于非能源商品	美元	是	否
商品与服务进口	美元	是	是
经常转移，总净值	美元	是	是
经常转移，官方数据	美元	是	是
总劳务汇款	美元	是	是
净国外直接投资（不包括债务工具）	美元	是	是
特殊融资	美元	是	是
总准备金	美元	是	是
公共部门			
公共部门收入（包括赠款）	本币	是	是
公共部门赠款	本币	是	是
私有化收入	本币	是	是
公共部门支出	本币	是	是
公共部门资产（现存流动性资产）	本币	是	是

续表

变量	币种	是否需要输入历史数据	是否需要输入预测数据
或有负债	本币	是	是
其他创造或减少债务的流量	本币	是	是
债务减免	本币	是	是
债务			
公共及公共担保外债存量（中长期）	美元	是	否
公共及公共担保外债存量（短期）	美元	是	是
私人部门外部债务存量	美元	是	是
公共部门国内债务存量	本币	是	是
现存公共及公共担保外债的到期利息	美元	是	否
现存私人部门外部债务的到期利息	美元	是	是
现存国内债务的到期利息	本币	是	是
公共及公共担保外债的到期本金	美元	是	是
现存私人部门外部债务的到期本金	美元	是	是
现存国内债务的到期本金	本币	是	否
公共及公共担保债务的欠款量	美元	是	是
融资			
新增公共及公共担保外债支付	美元	否	是
其中属于多边官方债务	美元	否	是
其中属于双边官方债务	美元	否	否
其中属于商业债务	美元	否	是
新增国内债务支付	本币	否	是
其中属于多边官方债务	本币	否	是
其中属于官方双边债务	本币	否	是
其他			
GDP，现价	本币	是	是
GDP，不变价	本币	是	是
美国 GDP 平减指数	无	是	是
美元汇率，期末	本币	是	是
美元汇率，平均	本币	是	是

续表

变量	币种	是否需要输入历史数据	是否需要输入预测数据
总投资	本币	是	是
其中属于政府投资	本币	是	是

具体而言，名义 GDP 的计算公式为 $GDP_{t+1} = (1+g_{t+1}) \times (1+\pi_{t+1}^d) \times GDP_t$。其中，$g_{t+1}$ 是实际经济增速，π_{t+1}^d 是通胀率。公共及公共担保外债还本付息额的计算公式为 $DS_t^{PPGexternal} = INT_t^{PPGexternal} + AMT_t^{PPGexternal}$。其中，$INT$ 和 AMT 分别代表利息额和还本额。公共及公共担保外债存量现值的计算公式为 $PV_t^{PPGexternal} = \frac{DS_{t+1}^{PPGexternal}}{(1+\beta)^1} + \frac{DS_{t+2}^{PPGexternal}}{(1+\beta)^2} + \frac{DS_{t+3}^{PPGexternal}}{(1+\beta)^3} + \cdots$。

债务可持续性分析方法中每个经济情景的设计都包括对多个变量的取值设定。在设定这些变量的取值时需参考其历史数据，并需要对部分变量的未来取值进行预测。历史数据一般为过去 10 年，主要用于计算各变量的平均值和方差，以作为基准分析和冲击规模取值的参考基准。同时，《低收入国家债务可持续性分析框架》的预测周期为未来 20 年，目的是反映低收入国家投资回报和贷款期限长的经济特征。

《低收入国家债务可持续性分析框架》中考虑的经济情景可分为基础情景、历史情景以及压力测试三类。其中，基础情景是分析人员认为最为可能出现的经济发展路径，其真实性是保证预测准确性的基础。为了保证基础情景中经济假设的可靠性，2017 年版《低收入国家债务可持续性分析框架》提供了 4 种真实性检验工具帮助分析人员判断所采用的假设是否过于悲观/乐观，从而对其进行进一步调整。这些工具分别是：债务动态驱动因素检验、计划财政调整可行性检验、财政调整和经济增长关系检验以及公共投资和经济增长关系检验。这些工具的具体内容见表 3-7。

表 3-7　《低收入国家债务可持续性分析框架》中的真实性检验工具

真实性检验工具	内容	判断假设可能过于悲观/乐观的信号
债务动态驱动因素检验	比较历史数据和预测数据中债务变化的驱动因素（如公共预算赤字、实际利率、实际 GDP 增速率、实际汇率贬值等）的差异，从而判断各个驱动因素的预测值的合理性	过去和预测结果中创造债务的流量差异很大；过去 5 年中公共债务的变化超出预期
计划财政调整可行性检验	比较对债务国财政调整的预期和其他国家的历史经验，从而判断预期中所假设的财政调整方案的可行性	预期的财政调整额位于对照国家财政赤字历史数据分布的上四分位
财政调整和经济增长关系检验	比较基础情景下对 GDP 增长的预测（考虑财政调整在内的多种因素）和不同财政乘数下对 GDP 增长率的预测（仅考虑财政调整对 GDP 的影响），从而检验所假设的财政调整方案与经济增速之间的一致性	基础情景下预测的经济增长路径显著偏离仅考虑财政调整对 GDP 影响的经济增长路径（主要指财政乘数为 0.4 的路径）
公共投资和经济增长关系检验	区分公共投资所导致的政府资本存量变化和其他因素对预期经济增速的贡献，并将最新预测的结果和过去债务可持续性分析报告的预测以及历史数据的结果相比较	关于公共投资和经济增长之间关系的最新预测和过去债务可持续性分析报告中的预测差异很大；关于公共投资和经济增长之间关系的最新预测和历史数据差异很大

注：笔者根据文献资料整理。

与基础情景不同，历史情景将关键变量的取值设为历史平均值，目的是反映所分析国家的结构性经济特征，并作为检验基础情景真实性的关键参照之一。压力测试是在基础情景的假设之上对特定变量的取值进行暂时性冲击，以研究不同负面经济冲击对债务负担指标轨迹的影响。在所有压力测试中导致债务负担指标恶化最严重的压力测试被称为最极端的压力测试，对应的是对债务国影响最大的负面经济冲击。《低收入国家债务可持续性分析框架》针对低收入国家的经济特征，设计了一系列标准化或半标准化的压力测试，部分测试的具体内容可参见表3-8。

表3-8 《低收入国家债务可持续性分析框架》中的历史情景和标准化压力测试

冲击及持续时间	冲击与其他变量的交互
其他经济情景（持久性冲击）	
A1. 历史情景 实际GDP增速、基本财政收支与GDP之比、GDP平减指数、经常账户余额和净外国直接投资额均设定为过去十年的历史平均值	
标准化压力测试（暂时性冲击）	
B1. 实际GDP增速率下降 实际GDP增速为过去十年历史平均值减去一个标准差，或者基础预测值减去一个标准差；计算中取二者在预测期的第二年和第三年的较小值	每当实际GDP增速下降1%，通货膨胀率上升0.6%； 由于财政收入与GDP之比和财政支出水平与基准情景相同，一旦经济增速下降，基本财政赤字与GDP之比就会扩大；
B2. 基础财政余额减少 基础财政收支与GDP之比为历史平均值减去一个标准差，或者基础情景取值减去一个标准差；计算中取二者在预测期的第二和第三年中的较低值	对于依赖国内市场融资的低收入国家，每当基础财政余额与GDP之比下降1%，国内借贷成本增加25个百分点； 对于具有国际金融市场准入资格的国家，每当基础财政收支与GDP之比下降1%，外部商业借贷成本增加100个百分点，上限为400个百分点
B3. 出口下降 名义出口增长（美元计价）为历史平均值减去一个标准差，或者基础预测值减去一个标准差；计算中取二者在预测期的第二和第三年中的较低值	每当出口减少1%，实际GDP增速下降0.8%

续表

冲击及持续时间	冲击与其他变量的交互
B4. 其他影响债务变动的流量发生变化 经常项目转移/GDP 和 FDI/GDP 分别设定为历史平均值减去一个标准差，或者基础预测值减去一个标准差（取二者中较低值）；计算中取二者在预测期的第二和第三年中的较低值	
B5. 汇率贬值 在预测期的第二年，对本国货币进行一次性 30% 的名义贬值，或者贬值到消除实际汇率高估的幅度；计算中取二者中贬值幅度的较大值	实际净出口与 GDP 之比从受到汇率贬值冲击后的第二年开始增长，每当汇率贬值 1%，实际净出口与 GDP 之比提高 0.15%； 在受到汇率冲击当年，实际货币每贬值 1%，通货膨胀率提高 0.3%
B6. 综合 B1 至 B5 将 B1 至 B5 的暂时性冲击调整至其强度的一半	叠加 B1 到 B5 的所有交互作用

在对未来宏观经济状况进行预测时，《低收入国家债务可持续性分析框架》一般采用较为审慎和保守的假设。很多批评认为，国际货币基金组织分析人员在预测债务国还款能力变化轨迹时，没有充分考虑外部融资和公共投资对经济增长的促进作用，进而导致较为悲观的债务风险预期。对此，国际货币基金组织的解释如下：第一，历史经验和相关实证工作发现，持续的经济增长是少见的；第二，单个项目的高回报不代表整个宏观经济的高回报；第三，债务国的政策和制度水平对公共投资的宏观回报有着极大影响。

关于未来融资行为的假设，在中短期（小于 5 年）应参考债务国的公开发布的中期借贷计划以及债权人的贷款提供计划和类型（赠予、优惠或非优惠）。在长期（5—20 年）应考虑外部融资逐渐由赠予转为优惠，或由优惠转为非优惠，以及内部债务由央行和其他短期融资途径提供转为市场化债券提供。此外，在制定有关赠予贷款的假设时应考虑相关债权人计划（如国际发展协会和其他多边发展银行），而有关债务减免的假设应考虑《重债穷国倡议》和《多边减债倡议》的相关条款。这些关于未来融资行为的假设会体现在分析人员对债务还本付息额的预测之中，进而影响债务现值的计算。

3. 债务负担指标的计算步骤

为了展示如何在给定的宏观经济和融资状况假设下预测债务负担指标的变动轨迹，下文以外部债务现值与GDP之比为例对具体计算步骤进行说明：①

（1）确定债务国的未偿债务存量及相关条款，并计算这些债务在未来每年到期的还本付息额

假设预测期开始前一年末的未偿外部债务存量为 D_0，这些债务的宽限期（仅还利息）为 t_g，利率为 i，总还款期限（包括宽限期）为 t_r，则这些债务在预测的第 t 年到期的还本付息额（以 DS_t^0 表示）的计算公式如下：

$$DS_t^0 = \begin{cases} i \cdot DS_{t-1}^0 & t \leq t_g \\ i \cdot DS_{t-1}^0 + \dfrac{D_0}{t_r - t_g} & t_g < t \leq t_r \\ 0 & t > t_r \end{cases} \quad (3-2)$$

不难看出，宽限期越长、总还款期限越长、利率越低，每年到期的还本付息额越低。

（2）预测债务国未来的新增债务融资额，并计算这些债务在

---

① 在步骤（1）—步骤（3）中，与债务相关变量的单位均为美元。IMF为《低收入国家债务可持续性分析框架》提供了基于Excel的计算模型，能够在输入相关宏观经济和融资状况变量的历史值和预测值后，自动完成对各个债务负担指标在不同经济情景下取值的计算。此处提供的计算步骤是对DSA方法计算过程的一个示例，部分细节有所简化。

未来每年到期的还本付息额。

令 N_τ 表示债务国在预测的第 τ 年的新增债务融资额,对其取值进行预测时需参考债务国未来的外部融资计划安排,影响国际收支平衡的经济冲击,以及非债务性融资额的大小。具体而言,在基础经济情景中,N_τ 的取值可参考债务国及其债权方所公布的融资计划安排。在压力测试中,N_τ 的取值则在基础经济情景所假设的取值的基础上,根据所受负面经济冲击对国际收支平衡的影响对其进行调整。例如,当出口受到负面冲击导致国际收支赤字增加时,债务国就需要获取更多的外部融资。假设外部直接投资等非债务融资额不变,那么该国的新增债务融资的取值应该增加。

假设新增债务融资额 N_τ 的利率为 i',宽限期为 t_g',总还款期限为 t_r',可以计算第 τ 年的新增债务在第 t 年($\tau \leqslant t$)到期的还本付息额(以 DS_t^τ 表示):

$$DS_t^\tau = \begin{cases} i' \cdot DS_{t-1}^\tau & \tau \leqslant t \leqslant \tau + t_g' \\ i' \cdot DS_{t-1}^\tau + \dfrac{N_\tau}{t_r' - t_g'} & \tau + t_g' < t \leqslant \tau + t_r' \\ 0 & t > \tau + t_r' \end{cases} \quad (3-3)$$

在此基础上,可进一步计算第 t 年以前所有新增债务在第 t 年到期的还本付息总额:

$$DS_t^1 = \sum_{t'=1}^{t} DS_t^{t'} \quad (3-4)$$

(3) 计算预测债务现值

令 PV_t 表示预测期中第 t 年的债务现值,其计算方法为第 t 年后所有还本付息额到第 t 年的贴现值的加总,公式如下:

$$PV_t = \sum_{s=t}^{\infty} \frac{DS_s^0 + DS_s^1}{(1+\beta)^{s-t}} \quad (3-5)$$

(4) 预测债务国的名义 GDP 变化

在分析外部债务风险时需要考虑以美元计价的名义 GDP 变化，其取值会受到汇率贬值、真实 GDP 增长和通胀率等因素影响。具体而言，令 GDP_t 表示以美元计价的名义 GDP 在预测第 t 年的取值，其计算公式如下：

$$GDP_t = \frac{(1+g_t) \times (1+\pi_t^d) \times GDP_{t-1}}{1+\varepsilon} \quad (3-6)$$

其中，g_t 是实际经济增速，π_t^d 是通胀率，ε 是真实汇率贬值。

(5) 预测债务国的债务负担指标的变动轨迹

将式（3-5）所得出的外债现值（PV_t）和式（3-6）所得出的名义 GDP 取值（GDP_t）相除，即可以得到各期的公共及公共担保外债现值与 GDP 之比。

4. 警示性阈值

历史经验和实证分析表明，一国发生债务危机的可能性与该国的债务负担水平呈正相关，并与该国的制度和政策水平、经济增速、外汇储备、海外汇款等经济特征呈负相关。因此国际货币基金组织分析人员基于 80 个低收入国家 1970—2014 年的历史数据，采用 Probit 回归模型和信噪比预警法，为所有债务负担指标设计了一套警示性阈值。这些阈值反映了一国承担债务的能力大小。一旦债务国的债务负担指标（实际债务负担）超过其对应的警示性阈值（承担债务能力），那么该国有较大可能发生债务危机。

为了反映国家经济特征的差异，债务可持续性分析根据国家的制度和政策水平、经济增速、外汇储备、海外汇款、全球经济增长等指标制定了一个复合指标（称为 CI 值），并根据这个指标对国家的承债能力进行分类，为其设定不同的警戒性阈值。

具体而言，复合指标 CI 的表达式如下：

$$CI = \beta_1 \times CPIA + \beta_2 \times g + \beta_3 \times \frac{Remittances}{GDP} + \beta_4 \times \frac{Reserves}{GDP} +$$

$$\beta_5 \times \left(\frac{Remittances}{GDP}\right)^2 + \beta_6 g_w \quad (3-7)$$

其中，$\beta_1 = 0.385$，$\beta_2 = 2.719$，$\beta_3 = 2.022$，$\beta_4 = 4.052$，$\beta_5 = -3.990$，$\beta_6 = 13.520$。g 和 g_w 分别是本国实际经济增速和世界实际经济增速。CPIA 为反映该国制度和政策水平的指标。除 CPIA 值以外，所有变量的单位均为%，并且其取值应为 10 年平均值，包括过去 5 年的历史数据和未来 5 年的预测数据。

国家承债能力的分类包括强中弱三种，各分类与 CI 值以及各债务负担指标的警示性阈值之间对应关系见表 3-9。

表 3-9　《低收入国家债务可持续性分析框架》中债务负担指标的警示性阈值

CI 值	承债能力	PPG 外债现值占比（%）		PPG 外债还本付息额占比（%）		公共债务现值占比（%）
		GDP	出口	出口	财政收入	GDP
CI < 2.69	低	30	140	10	14	35
2.69 ≤ CI ≤ 3.05	中	40	180	15	18	55
CI > 3.05	高	55	240	21	23	70

5. 外部债务风险评级

通过比较基础情景和压力测试下所预测的债务负担指标的变动轨迹和相应警戒线的差异，《低收入国家债务可持续性分析框架》会给出一国的外部公共债务风险评级（低风险、中风险、高风险或危机中）。

表 3-10 展示了风险评级的具体标准。此外，由于被评级为中

风险的国家一般数量比较多且往往差异较大,《低收入国家债务可持续性分析框架》根据债务国吸收负面经济冲击的空间,对中风险评级进行了进一步细分,具体评级标准见表3-11。

表3-10　　　　　　外部公共债务风险评级标准

外部债务风险	基础情景	压力测试中最为极端的情景①
低风险	所有公共及公共担保外债负担指标均低于警戒线	所有公共及公共担保外债负担指标均低于警戒线
中风险	所有公共及公共担保外债负担指标均低于警戒线	至少一个公共及公共担保外债负担指标超过警戒线
高风险	任何一个公共及公共担保外债负担指标超过警戒线	
危机中	正在进行债务重组谈判或者存在外部债务拖欠	

表3-11　　　　　　外部债务中风险评级的进一步细分

吸收负面冲击的能力	判断标准
吸收冲击的空间很大	在基础情景中,所有债务负担指标均远低于警戒线,只有大规模②的冲击会导致风险评级由中降低至高
吸收冲击的空间有限	在基础情景中,至少一种债务负担指标低于但接近警戒线,且中等规模的冲击会导致风险评级由中降低至高
吸收冲击的空间中等	其他所有评级为中的情景

① 最为极端的情景定义为所有压力测试中未来10年内债务水平最高的情景。
② 冲击规模定义为债务负担指标在受到冲击后的变化量(即相应指标在冲击前和冲击后的最大值之间的差异)占相应警戒线的比例,其计算公式为 $Shock_{i,t} = \frac{d_{i,t} - d_{i,t-1}}{threshold_i}$。其中,$d_i$ 代表四个债务负担指标中的任意一个,$threshold_i$ 代表相应警戒阈值,$Shock_{i,t}$ 表示对应第 i 个债务负担指标的第 t 个冲击的规模。一般情况下,对债务现值与GDP之比和债务现值占出口比率指标而言,当 $Shock_{i,t} \approx 20\%$ 为中等冲击规模,$Shock_{i,t} \geq 40\%$ 为大规模冲击;对债务还本付息额占财政收入和出口比率指标而言,当 $Shock_{i,t} \approx 12\%$ 为中等冲击规模,$Shock_{i,t} \geq 35\%$ 为大规模冲击。

(四)《市场准入国家的债务可持续性分析》

《市场准入国家的债务可持续性分析》是分析发达国家和新兴市场国家公共债务可持续性的工具。《市场准入国家的债务可持续性分析》由国际货币基金组织于2002年首次提出，分别在2003年、2005年、2011年进行了回顾和改进，并于2013年出台了最新版指导手册和国家评估模板。

《市场准入国家的债务可持续性分析》将公共债务的可持续性定义为在不同经济情景下（包括基础情景和冲击情景），国家可以通过切实可行的财政调整对债务水平进行调控，并将展期风险和潜在经济增长维持在可接受的范围之内。类似地，如果一国政府无法偿还债务，则可认为它的财政政策是不可持续的。一般而言，公共债务水平越高，财政政策和公共债务的可持续性越低。

和《低收入国家债务可持续性分析框架》一样，《市场准入国家的债务可持续性分析》要求分析人员在判断市场准入国家的公共债务是否可持续时对未来债务变动轨迹、融资情况和经济发展状态进行假设。具体而言，分析时需考虑以下四个问题：

第一，在考虑到经济周期和不同潜在冲击的情况下，债务负担指标的预测变动是否能够维持在一个合理范围，使得展期风险较低并维持令人满意的潜在经济增长速度？

第二，在预测债务负担指标的未来变动时，对财政调整的假设是否合理？

第三，对其他关键宏观经济变量（如经济增长速度和利率）的假设是否合理？

第四，债务结构（包括期限结构、币种组成和投资人组成等）

是否合理且有助于维持该国的市场准入资格?

1. 《市场准入国家的债务可持续性分析》的国家分类

由于市场准入国家所面临的债务风险程度差异较大,《市场准入国家的债务可持续性分析》将所有国家分为低监督标准和高监督标准两种,并为其分别设计了基础版和完整版两种债务可持续性分析方案。与基础版债务可持续性分析方案相比,完整版债务可持续性分析方案更为全面和深入。二者的使用情景具体可见图 3-4,主要内容的差异可见表 3-12。总的来说,需要进行完整债务可持续性分析的高监督类型国家往往是债务水平较高、融资需求较高或者需要申请国际货币基金组织特殊资助的国家。

```
┌─────────────────────────────────────────┐
│ 对新兴市场国家(发达国家),当前或预测的公共债务与 │
│            GDP之比是否超过的50%(60%)?      │
│                                         │
│ 对新兴市场国家(发达国家),当前或预测的公共总融资需求与│
│            GDP之比是否超过10%(15%)?       │
└─────────────────────────────────────────┘
```

所有条件均不满足 ↓   满足任意一个条件 ↓

```
┌──────────────────┐      ┌──────────────────┐
│    国家分类      │      │    国家分类      │
│  低监督类型国家   │      │  高监督类型国家   │
│    分析使用      │      │    分析使用      │
│基础版债务可持续性分析│      │完整版债务可持续性分析│
└──────────────────┘      └──────────────────┘
```

图 3-4 基础版和完整版债务可持续性分析报告的使用情景

对于符合低监督标准的国家,在出现特定情况时应进行更多压力测试。例如:大规模财政调整、经济增长波动较大、外部融资需求较高、非本国债权人比例较高、短期债务激增、外币计价债务比例较高等。上述情形的具体判断标准可见表 3-13。

表 3-12　基础版和完整版债务可持续性分析报告的主要内容

主要内容	基础版债务可持续性分析	完整版债务可持续性分析
基础经济情景	包括	包括
其他经济情景	包括	包括
多种压力测试	取决于触发条件（见表 3-13）	包括
真实性检验	对宏观经济假设进行文字解释	应用三种标准化的真实性检验工具
风险分析与汇报	简要文字报告	除了文字，还包括热度图、扇形图等

表 3-13　对低监督类型国家进行更多压力测试的触发条件

指标	发达国家	新兴市场国家
三年累积财政收支调整与 GDP 之比（%）	2	2
经济增长波动的方差	1	1
对发达国家：债券利差（百分点）[1] 对新兴市场国家：EMBI 利差（百分点）[2]	600	600
外部融资需求[3]与 GDP 之比（%）	25	15
公共债务总额中非居民持有债务的占比（%）	45	45
公共债务总额中外币计价债务的占比（%）	无	60
公共债务总额中短期债务占比的年度变化量（百分点）	1.5	1

注［1］：指本国债券与类似期限的美国或德国国债之间的利差。

注［2］：指本国债券与 EMBI 指数之间的利差。

注［3］：定义为经常账户收支加短期外部债务还本付息总额（按剩余期限）。

2. 债务负担指标和债务结构风险指标

《市场准入国家的债务可持续性分析》中所考虑的债务风险可

分为三种类型：违约风险、流动性风险和结构风险。反映违约风险的债务负担指标是名义总公共债务存量与 GDP 之比。与《低收入国家债务可持续性分析框架》使用债务现值计算债务存量不同，《市场准入国家的债务可持续性分析》在评估债务水平时计算的是债务的名义总量。债务现值是未来所有期的还本付息额在当期的贴现的加总值，因此可以反映不同优惠程度（期限结构、利率、宽限期等）对债务负担的影响，所以更适合用来测度优惠贷款占比高的低收入国家的债务负担水平。债务名义值则主要取决于债券发行数量和债券价格，能够更好地反映市场预期对融资成本的影响，因而更适合用来测度市场融资占比高的市场准入国家的债务水平。

反映流动性风险的债务负担指标是政府总融资需求与 GDP 之比。政府总融资需求等于政府基本财政赤字、利息和本金支付以及其他政府收支（如银行资本重组、国企私有化收入、债务减免、债务拖欠）的加总。与《低收入国家债务可持续性分析框架》中采用债务还本付息额作为短期流动性指标相比，政府总融资需求反映了政府在金融市场重新融资的压力大小，因而更适合用来测度市场准入国家短期公共债务流动性压力。

反映债务结构风险的指标有多个，包括公共债务中的短期债务占比、外部融资需求与 GDP 之比。这些指标反映了债务的期限结构、币种组成以及债权人组成等结构特征。根据历史经验，在债务危机发生前，一般会出现短期债务占比上升、外币债务占比和外部债权人占比较高、外部融资需求增加、债券利率差价变大等现象。一般而言，短期债务占比高可能意味该国难以发行长期债券，非本国债权人比例高对应了更高的展期和利率风险，而外币债务比例高对应更高的汇率风险。

3. 未来经济情景和压力测试

和《低收入国家债务可持续性分析框架》一样,《市场准入国家的债务可持续性分析》需要对债务负担指标的未来变动轨迹进行预测。《市场准入国家的债务可持续性分析》通过多种未来经济情景的假设和压力测试,从而尽可能全面地展示所有可能出现的结果,以及评估不同冲击的潜在影响。

基础版债务可持续性分析中的标准经济情景假设共有三种:基础情景、历史情景和恒定财政收支情景。与《低收入国家债务可持续性分析框架》类似,基础情景对应的是分析人员认为未来最为可能出现的经济情景,需要假设的相关变量包括实际GDP增速、通胀率、政府收入和赠款、非利息的政府支出、当前债务存量、未来还本付息额、平均还款期限、债务结构、新增贷款的相关条款、汇率以及其他债务相关流量。在历史情景的假设中,除了实际GDP增速、财政收支和实际利率假设为历史平均值以外,其余变量取值和基础情景相同。在恒定财政收支情景中,除财政收支被假设为等于当年取值外,其余变量的取值和基础情景相同。

与基础版债务可持续性分析相比,完整版债务可持续性分析考虑了更多可能出现的宏观或财政冲击,并设计了更多相应的压力测试情景。标准化压力测试的具体内容可见表3-14,所涉及的负面冲击分别对应财政收支风险、经济增长风险、利率风险和汇率风险。除了这些测试以外,国际货币基金组织还强调,分析人员应充分考虑各国特殊性,为其设计定制化的压力测试,并将经济波动中的非线性关系纳入考量。

表 3-14　　完整版债务可持续性分析中的压力测试

风险	冲击强度及其持续时间	默认的变量交互设计
财政收支风险	冲击的最小值等于计划累积调整的50%，或者基础情景中的水平减去10年历史数据的标准差的一半；计算中取二者中较大值	财政赤字与GDP之比每恶化1%，额外的借款会造成利率上升25个基本点；基本财政收支恶化（财政收入与GDP之比维持不变，若支出水平不变，非利息政府支出与GDP之比会上升）；
经济增长风险	实际GDP增速减去过去两年数据的标准差	基本财政收支的恶化会导致利率增高（如上）；经济增长下降导致较低的通货膨胀（经济增长每放缓1个百分点，通货膨胀下降0.25个百分点）；冲击大小可根据风险大小进行调整
利率风险	名义利率增长为实际利率历史最高值（过去十年）与预测期内实际利率平均值之差，或200bp；计算中取二者中较大值	
汇率风险	对真实汇率的预测值，或真实汇率在过去十年中历史峰值；计算中取二者中的较高值	汇率冲击会导致通货膨胀率变化，汇率和通货膨胀之间的弹性假设为0.25（新兴市场国家）或0.03（发达国家）

此外，鉴于2008年国际金融危机中出现了政府或有债务激增（如为银行或地方政府提供直接或间接担保）的现象，《市场准入国家的债务可持续性分析》还设计了与或有债务冲击相关的压力测试。针对银行危机所导致的或有债务风险，国际货币基金组织给出了可能触发银行危机的参考条件，具体见表3-15。当表3-15的触发条件被满足时，分析人员应当开展或有债务冲击测试。此外，除了表3-15给出的触发条件以外，当国际货币基金组织自有的金融系统稳定评估报告给出金融系统脆弱的结果时，分析人员也应开展也应或有债务冲击测试。具体而言，《市场准入国家的债务可持续性分析》中所给出的标准或有债务冲击为：增加一次性政府非利息支出（规模按该国金融系统总资产的

10%计算），并且伴随实际 GDP 增速下降（同表 3-14 中的经济增长风险）。除了由于银行危机所导致的或有债务风险，国际货币基金组织还鼓励分析人员根据各国具体情况对其他类型的或有债务风险进行分析，并定制相应压力测试，如自然灾害、公私合营项目失败、对国有企业的紧急援助等原因所导致的或有债务冲击。

表 3-15　　　　　　　　触发或有债务压力测试的参考条件

	新兴市场国家	发达国家
私人部门信贷与 GDP 之比（三年累计变化）	超过 15%	超过 30%
贷款与存款之比	超过 1.5 个百分点	超过 1.5 个百分点
房价的年度名义涨幅（过去五年）	超过 7.5%	无

除上述经济情景和压力测试以外，《市场准入国家的债务可持续性分析》还引入了基于随机模拟的冲击分析方法，对债务负担指标可能取值的分布的变化轨迹进行预测，从而更好地刻画债务负担预测的不确定性，并以扇形图的形式进行展示（如图 3-5 所示）。由于植根于历史数据，这种对债务负担指标取值的概率分布进行预测的随机模拟冲击方法能够很好地反映不同国家的历史随机波动特征。

随机模拟方法的基本思路是根据历史数据（一般为前 10 年）来计算相关宏观指标（包括实际 GDP 增速率 g、实际利率 r、实际汇率变动 ξ、财政收支与 GDP 之比 pb）的历史均值、方差以及协方差矩阵，并以此定义这些变量的联合正态分布，进而利用该分布生成这些变量的多个随机取值组合，并将这些取值代入式（3-8）计算名义公共债务总额与 GDP 之比（d）：

(a) 对称分布

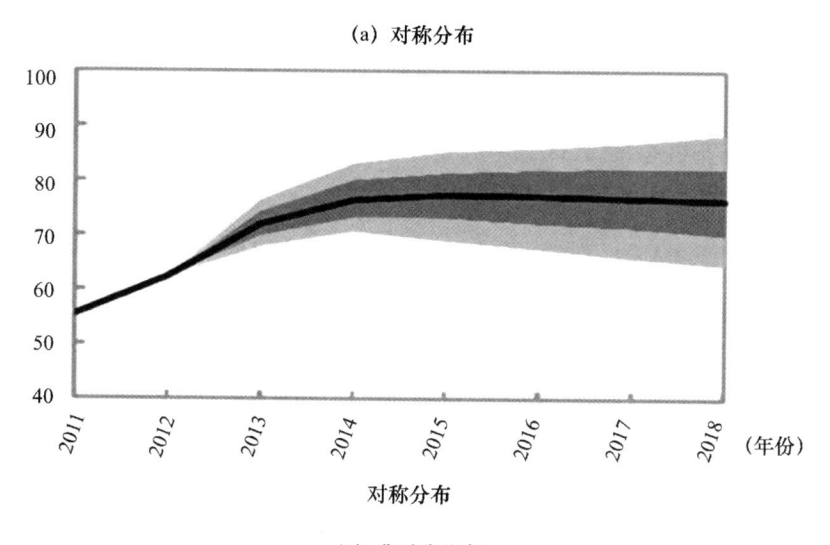

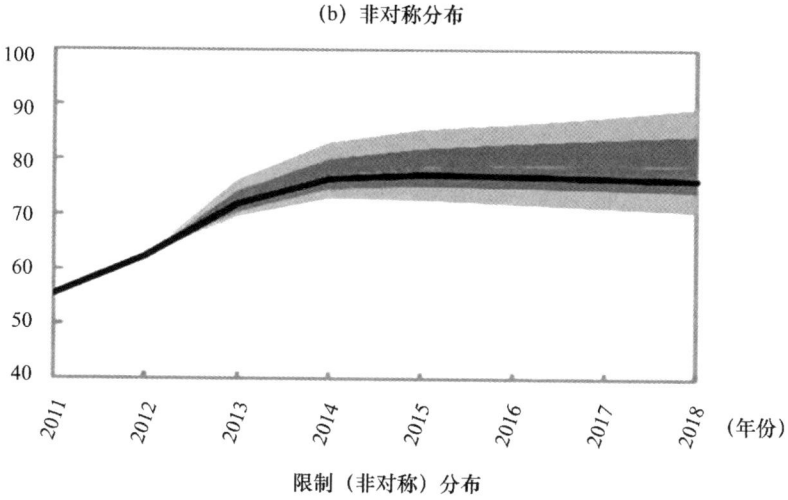

对称分布

(b) 非对称分布

限制（非对称）分布

图 3-5　基础情景下债务存量与 GDP 之比变动轨迹的扇形图示例

注：图中黑色实线表示债务与 GDP 之比的中位数，不同深浅的着色区域反映的是债务存量与 GDP 之比取值的概率分布情况。

$$d_{t+1} = d_t \cdot (1 + r_{t+1}) \times \frac{d_t^f \cdot (1 + \xi_{t+1}) + d_t^d}{d_t} \cdot \frac{1}{1 + g_t} - pb_{t+1} \tag{3-8}$$

其中，d_t^f 和 d_t^d 分别代表外部公共债务与 GDP 之比和国内公共债务与 GDP 之比。

4. 真实性检验工具

与《低收入国家债务可持续性分析框架》一样，《市场准入国家的债务可持续性分析》对于债务风险评估的准确性取决于其宏观经济假设的合理性和真实性。为了帮助分析人员进行更为合理和真实的假设，《市场准入国家的债务可持续性分析》中还提供了三种真实性检验工具：

一是将目标国家历年债务可持续性分析报告的预测偏差（真实值与预测值之差）和对其他市场准入国家历年债务可持续性分析报告的预测偏差进行比较，从而判断对该国宏观经济变量的假设是否存在乐观/悲观性偏差。

二是将当前分析中所假设的财政调整方案与其他国家的历史记录进行对比，从而判断预测财政调整的可行性。

三是判断当前国家所处的经济周期（繁荣或是衰退），从而对该国经济增长速度做出更为合理的假设，并作为设计定制化经济情景的辅助参考。

5. 风险识别与汇报

与《低收入国家债务可持续性分析框架》不同，《市场准入国家的债务可持续性分析》不会给出单一的风险评级，而是以热度图的形式来汇报不同经济情景下各种类型的债务风险的高低（见表 3-16）。具体而言，债务风险可分为三种类型：违约风险、流动性风险和结构风险。对于每种类型的风险，其程度大小分为高、中、低三个等级，分别以不同深浅的颜色进行标识。违约和流动性风险的等级取决于基础情景和压力测试情景下债务负担指标是否超过警戒线标准，对不同类型国家的警戒线标准可见表 3-17。

违约和流动性风险等级的具体判断标准可见表 3–18。评估债务结构风险的判断标准见表 3–19 和表 3–20。

表 3–16　　　　　　　　　风险热度图示例

债务水平	实际 GDP 增速冲击	财政收支冲击	实际利率冲击	汇率冲击	或有负债冲击
总融资需求	实际 GDP 增速冲击	财政收支冲击	实际利率冲击	汇率冲击	或有负债冲击
债务结构	市场感知	外部融资要求	短期债务比例变化	非本国居民债权人占比	外币计价债务占比

不同颜色所对应的风险等级

高风险	中风险	低风险	无数据

表 3–17　　　　　债务负担指标的参考警戒线

经济体类型	债务存量与 GDP 之比（%）	总融资需求与 GDP 之比（%）
新兴经济体	70	15
发达国家	85	20

表 3–18　　　违约风险和流动性风险等级的判断标准

风险等级	债务负担指标在基础情景下超过警戒线	债务负担指标在压力测试情景下超过警戒线
高风险	是	是
中风险	否	是
低风险	否	否

表 3–19　　债务结构风险指标和风险程度评估标准（新兴经济体）

债务结构风险指标	低风险	中等风险	高风险
EMBI 全球利差（百分点）	<200	200—600	>600
外部融资需求与 GDP 之比（%）	<5	5—15	>15

续表

债务结构风险指标	低风险	中等风险	高风险
公共债务总额中外币债务占比（%）	<20	20—60	>60
公共债务总额中短期债务占比的年度增量（百分点）	<0.5	0.5—1.0	>1.0
公共债券总额中非居民持有量的占比（%）	<15	15—45	>45

表3-20　债务结构风险指标和风险程度评估标准（发达国家）

债务结构风险指标	低风险	中等风险	高风险
债券利差（百分点）	<400	400—600	>600
外部融资需求与GDP之比（%）	<17	17—25	>25
公共债务总额中短期债务占比的年度增量（百分点）	<1.0	1.0—1.5	>1.5
公共债券总额中非居民持有量的占比（%）	<30	30—45	>45

（五）优势与劣势

1. 优势

总体而言，债务可持续性分析方法是一种较为科学和全面的债务风险评估方法，其主要优点可总结为以下四个方面：

第一，债务可持续性分析方法是一种前瞻性的动态评估工具，能够对未来债务危机风险进行预警。与其他静态方法相比，债务可持续性分析能够对债务负担指标进行动态预测，从而可以反映债务国在未来的一段时间而非当前时间点上所面临的风险。同时，为了保证对未来预测的全面性，债务可持续性分析方法设计了多种经济情景和压力测试。此外，债务可持续性分析方法还结合各种真实性检验工具来检验假设的真实性，以保障预测的准确性。

第二，债务可持续性分析方法能够识别不同类型的债务风险，进而可为应对和防范债务危机提供更为具体的建议。具体而言，债务可持续性分析方法识别风险类型的途径是构建不同类型的压力测试,从而观察不同类型的负面经济冲击(如汇率贬值、经济增速下降等)对债务负担指标变动轨迹的影响大小和持续时长。

第三,债务可持续性分析方法为各个债务负担指标设计的警示性阈值具有较强的科学性和参考价值。警示性阈值是判断债务负担指标多高才是太高的标准,也是保证风险评估准确性的基础。债务可持续性分析方法所采用的警示性阈值是由国际货币基金组织工作人员在广泛参考相关研究文献的基础上,使用多种前沿理论方法(如信号法、参数法等),利用国际货币基金组织和世界银行丰富的数据资源和其他宏观分析报告综合测算而得。其次,国际货币基金组织会定期考察债务可持续性分析方法所给出的历史预测和真实数据之间是否存在差异,并进行相应修订和调整,从而保证债务可持续性分析方法的长期适应性。截至2019年,国际货币基金组织和世界银行已经对《低收入国家债务可持续性分析框架》进行了4次调整和修订。

第四,债务可持续性分析方法具有较高透明度和一定的灵活性。其透明度体现在分析人员必须明确说明预测时所采用的经济假定条件,并且对这些假设的合理性进行解释(如必须解释对宏观经济预期乐观或悲观的原因)。同时,国际货币基金组织也强调,对未来债务变动进行预测时,分析人员应当和债务国相关部门以及债权人进行充分交流,进而更为准确地对新增债务额、债务减免、借贷条款等影响债务变动的因素进行估计。此外,除了通过比较债务变动轨迹和相应警戒线之间差异而确定债务评级的客观标准,债务可持续性分析方法也鼓励分析人员将债务国的特殊情况纳入考量(如拥有大量流动性资产能够抵御债务风险),进而对债务风险评级做出主观调整。

2. 劣势

尽管债务可持续性分析方法具备很多优势，但是本身比较复杂，因此在实际应用时仍然面临很多挑战。首先，使用债务可持续性分析方法进行预测时可能存在偏差，即所预测的债务负担指标的变动轨迹与现实并不相符。预测偏差的大小决定了风险评估和危机预警的可靠性。仅从国际货币基金组织对经济增长的预测经验来看，其在2003—2015年对163个成员国的经济增长预测有的表现为高估（正值），有的表现为低估（负值）。总体平均来看，国际货币基金组织在2003—2007年以及2010年低估了成员国的经济增长，在2008年以及2011—2015年则出现高估。一般而言，造成预测偏差的原因主要包括三种。第一个原因是所分析国家的数据质量问题。债务可持续性分析方法要求输入大量宏观经济和融资状况变量的历史数据和预测数据，但是不同国家的数据可得性和可靠性的差异很大。比如，有的国家的统计制度存在缺陷，导致很多信息无法获取。又或者由于存在腐败问题，有些政府存在故意虚报或瞒报经济数据的行为。第二个原因是国际货币基金组织本身的分析可能受到组织偏好和政治因素影响。例如，实证研究发现，接受国际货币基金组织贷款资助或与美国在联合国大会投票立场接近的国家更容易获得对其经济发展的乐观预测。[①] 第三个原因在于分析人员本身的主观性或预测经验差异造成分析结果具有不确定性。仅在国际货币基金组织内部，不同分析部门所采用的预测方法都存在差异，因此需要进行联合磋商和修改，但这一过程并不公开，缺乏透明性。

其次，将债务可持续性分析方法的警示性阈值看作债务上限或

[①] 熊爱宗：《什么影响了国际货币基金组织的预测误差——一个政治经济学分析》，《世界经济与政治》2018年第5期。

者必然发生债务危机的临界值是一种常见误解。事实上，即使债务负担指标超过警示性阈值并不意味债务危机一定会发生。一方面，警示性阈值设定的基础是对各国历年债务危机事件的发生频率与债务负担指标之间关系的实证分析，因此警示性阈值反映的是对特定类型国家承债能力的经验判断。基于历史经验来对未来的债务危机进行预警的问题在于未来并非对过去的完全重复，因此警示性阈值无法反映未来的不确定性和发展变化。例如，随着债务管理方法的进步和制度创新，相同类型国家的债务承担能力可能已经高于过去的水平。另一方面，债务可持续性分析方法在设定警示性阈值时采用的是信噪比方法，在以这些阈值来进行债务危机预警时，对发生第一类型错误（危机发生但是没有被识别出来）和第二类错误（危机没有发生但错误报警）的惩罚效应为2：1。换言之，该方法采取的预警原则是"宁可误报，不可漏报"，所以导致警示性阈值的设定较低。再加上对债务负担指标预测时也强调不应对未来经济增长过于乐观，因此债务可持续性分析方法对高债务负担比较敏感，倾向于提前预警，从而为危机预防留出空间。总而言之，债务可持续性分析方法中的警示性阈值本质上是一种较为审慎的报警指标，而非债务上限。

最后，债务可持续性分析方法常被用作实施限制性贷款政策的辅助工具，但其本身并不能说明这些政策能够有效促进被约束国家的债务可持续性。事实上，该方法能够回答的问题是"债务国在未来发生债务危机的风险有多大"以及"需要警惕的风险来源是什么"，而非"哪些政策能够有效降低债务危机风险和促进债务可持续性"。然而，无论是国际货币基金组织还是IDA，在其成员国向其申请贷款资助时，都会基于债务可持续性分析方法所给出的债务风险评级，来决定对这些贷款的附加条件，包括对公共债务或非优惠贷款设置上限、要求政府实施财政紧缩政策以及汇率改革等其他经济结构改革。尽管这些政策的出发点都是希望降低债务违约风险，但很多时候却事与愿违。例如，1998年印度尼西亚按照国际货币基金组织要求进行私有化改革，降低财政开支并保持本国货币自由浮动的汇率政策。然而，结果却是本国货币大幅贬值，失业率骤升。又比如，2010年希腊发生公共债务危机时，国际货币基金组织和欧盟共同为希腊提供了1100亿欧元的低息贷款援助，并要求希腊政府削减财政赤字和实施经济改革。由于这些政策对总需求的负面影响，希腊失业率上升且经济发生衰退，反而进一步加大了政府削减财政赤字的难度，导致了恶性债务循环。与此相对，美国应对次贷危机的经验表明，在经济下行期，依靠赤字融资的政府支出反而是向经济重新注入活力和避免陷入债务陷阱的有效工具。综合这些案例可以看出，在使用债务可持续性分析方法辅助限制贷款规模或财政紧缩政策实施的同时，我们必须意识到这些政策手段并非降低债务风险或应对债务危机的唯一途径，甚至可能导致债务问题的进一步恶化。

除了上述应用性问题，债务可持续性分析方法在机制设计上还存在欠缺，特别是没有从贷款来源和贷款用途的角度分析债务可持续性问题。从贷款来源的角度分析债务可持续性问题指的是明确和比较不同债权方对债务国的影响，这对鼓励债权方实现"负责任"的信贷以及促进债权方之间的国际协调都具有重要意义。尽管债务可持续性分析的结果已成为国际货币基金组织、国际开发协会、巴黎俱乐部成员国等众多债权方的贷款决策参考，并且使用该方法对债务负担指标进行预测时需要输入所有债权方的贷款金额以及条款，但在目前的方法框架下并没有单独分析各个债权方对债务国债务可持续性的影响，即不能回答"特定债权方是否会损害债务可持续性""特定债权方的不同贷款策略会给债务国带来什么影响"和"哪些债权方最应该率先调整对债务国的贷款策略"等问题。事实上,一国的债务可持续性不仅取决于债务国本身,也与债权方的行为息息相关。例如,债权方所给予贷款的优惠程度,包括利率和还款期限等特征,直接决定债务国还款压力的大小,而来自不同债权方的贷款在整体债务余额或还本付息额中的占比则决定了谁是债务国还款压力的最大来源。此外,债权方对贷款用途的干预以及监督也会对防止资金滥用和政治腐败产生积极或消极的影响,进而影响债务融资促进经济增长的效率。最后,债务危机对债务国所造成严重和长期的宏观经济影响也和债权方对债务展期、重组以及减免的态度密切相关。

从贷款用途角度分析债务可持续性问题意味着从微观层面理解债务融资和经济增长的关系,区分不同用途的贷款(如基础建设投资、偿还贷款、公共教育医疗建设等)的宏观经济影响差异,包括在长期和短期造成的不同影响以及对经济结构的不同作用等。当前的债务可持续性分析方法对经济增长的预测仅停留在宏观层面,虽然提出了针对公共投资与经济增长关系的真实性检验,但并没有区分与外部债务相关的公共投资的不同用途。然而,历史经验证明,不同用途的贷款对经济的影响可能完全不同。例如,中国自2004年起,为安哥拉提供了大量贷款,用于资助该国的基础建设。相关基础建设的完善使得安哥拉丰富的石油储备得以出口和利用,进而为实现经济腾飞的目标打下基础。作为对比,国际货币基金组织为出现债务问题的债务国所提供的特殊贷款主要用于偿还到期贷款。虽然能够实现缓解该国流动性压力的目的,但是并不直接作用于经济增长。二者对债务国未来还款能力的影响显然不能一概而论。因此,即使两个国家的借贷规模完全相同,但是贷款的用途不同，那么这两个国家未来的经济增长轨迹可能完全不同，所呈现的债务风险也会大相径庭。

（六）拓展与改进建议

综上所述，应用债务可持续性分析方法进行外部债务风险分析时通常存在五大问题。[①] 第一，债务可持续性分析方法复杂，预测难度大，容易存在偏差。第二，警示性阈值常被误当作债务上限或必然发生债务危机的临界值。第三，债务可持续性分析方法常被用来辅助贷款限制政策的实施，但其本身不能回答哪些政策能够有效促进债务可持续性。第四，缺乏从贷款来源的角度对不同债权方影响的分析，因此无法为债权方应当如何实现"负责任"的信贷以及如何进行多边协调等问题提供直接参考和建议。第五，缺乏从贷款用途的角度分析债务对经济增长的贡献，没有区分不同用途的贷款的长期和短期经济影响差异以及对经济结构的不同影响，因此容易导致对债务负担指标变动轨迹的预测偏差。

在这五个问题中，第一个问题是任何前瞻性分析都难以避免的通病，第二个问题是对方法本身的误解和滥用，而后三个问题的解决则需要对现有债务可持续性分析方法进行拓展和改进。其中，第三个问题的解决能够帮助债务国和债权国更好地识别哪些政策措施能够有效缓解债务风险，第四个问题的解决能够为债权方调整贷款策略和展开多边协调提供辅助工具，而第五个问题的解决则有助于进一步提高债务风险评估的准确性。从这三个问题出发，本章在现有债务可持续性分析方法理论框架的基础上提出两个拓展和一个改进建议。

---

① 熊婉婷、常殊昱、肖立晟：《IMF 债务可持续性框架：主要内容、问题及启示》，《国际经济评论》2019 年第 4 期。

第一个拓展是增加"政策有效性测试",以辨别和评估哪些政策能够有效促进债务国的债务可持续性。政策有效性测试的核心思想是分析不同政策措施对债务负担指标未来变动轨迹的影响,从而判断特定政策能否有效降低债务危机风险,或找到最为有效的政策或政策组合。其分析理念和目前债务可持续性分析方法中的压力测试类似,差别在于后者考虑的是各种负面经济冲击对债务负担指标的影响,而前者考虑的是各种政策措施能否有效降低各个债务负担指标。因此,与压力测试类似,分析人员可根据政策实施经验和历史数据,设计不同的正向经济冲击,并观察在这些冲击的影响下债务负担指标的变动轨迹是否能够低于基础情景中的水平,并比较不同政策冲击对应的降低幅度。

在设计这些政策冲击时需要注意,尽管限制性贷款政策是目前最为广泛应用的债务危机防范措施,但并非唯一能够有效降低债务负担指标的政策。事实上,降低债务负担指标的政策途径既包括控制债务总额,也包括优化债务结构,还包括提高还款能力。相比而言,控制债务总额是较为常见的手段,相关措施包括限制新增非优惠贷款、进行债务减免或债务重组等。优化债务结构的措施包括延长还款期限和宽限期、提高优惠贷款比例、降低利率等。这些措施常常能够起到显著降低短期流动性风险的效果。提高还款能力的措施往往生效时间较长,但却是脱离债务困境更为根本的途径,主要包括提高投资回报率、提高生产效率、减少失业率、加大出口等涉及经济结构调整的政策措施。此外,由于国情和风险环境差异,对不同债务国来说,同样的政策措施可能会起到不同效果。因此,只有在债务可持续性分析框架中增加"政策措施有效性测试",比较不同政策措施对债务负担指标未来变动轨迹的影响,并找到其中能够最为有效地降低债务负担指标的政策措施，才能真正为债务国提供适应国情状况的政策建议。这种政策措施测试与债务可持续性分析方法中原有的压力测试有着根本上的不同，是后者的重要补充。

第二个拓展是增加"债权方影响分析"模块，从而帮助债权方实现"负责任"的信贷，以及促进债权方之间的国际多边协调。"债权方影响分析"可以回答两类问题。其一是分析特定债权方是否会加剧或减少债务国的债务风险。其二是比较不同债权方对债务国债务可持续性的影响大小。通过回答这两个问题，各个债权方可以检验自己是否实现"负责任"的信贷，也可以在和其他债权方就债务国的债务问题进行国际协商时对各自责任进行划分。具体而言，"债权方影响分析"的基本思路①是比较债务国在获得来自特定债权方的贷款和没有获得这些贷款的情况下债务负担指标变动轨迹的差异，这个差异即可称为该债权方对债务国的影响。如果前者高于后者，这说明来自该债权方的贷款会增加债务国的债务风险。反之，这说明能够降低债务国的债务风险。通过对所有债权方进行上述分析，即可得到和进一步比较各个债权方对债务国债务风险影响的大小。

值得注意的是，这种债权方影响分析并非简单的分析和比较来自各个债权方的贷款在总债务中的占比，而是同时考虑债权方对债务国还款压力和还款能力的影响。由于债务负担指标是还款压力和还款能力的比值，因此仅考虑对还款压力的影响或仅考虑对还款能力的影响都是不全面的。债权方对还款压力的影响包括决

---

① 换而言之，假设在获得该债权方贷款的情况下，债务国面临的还款压力为 D_1，还款能力为 Y_1，相应债务负担指标为 d_1（$d_1 = D_1/Y_1$）。而没有获得该债权方贷款的情况下，债务国面临的还款压力为 D_0，还款能力为 Y_0，相应债务负担指标为 d_0（$d_0 = D_0/Y_0$）。那么，该债权方对债务国的影响可量化为两种情况下债务负担指标之差，即 $d_1 - d_0$。

定贷款的优惠程度、债务减免、贷款币种所对应的汇率风险等。对还款能力的影响包括对贷款用途的干预和监督、对债务国出口的促进作用、投资项目对整体经济的拉动等。

最后，现有方法可以通过区分不同贷款用途对债务国还款能力的影响，进一步提高预测的准确度和假设的真实性。以外部公共债务对还款能力的影响为例，如果来自该债权方的贷款全部用于偿还利息，那么与用于基础建设投资的贷款相比，这些贷款无法直接对债务国的总需求做出贡献，也无法实现后者增加固定资产、促进长期经济增长的效果。因此，在评估特定贷款对提升债务国还款能力的影响时，不能对不同用途的贷款一概而论。如果贷款用于支持公共部门投资基础设施建设，那么应认为其有助于债务国的短期和长期经济增长，可以根据相关理论模型和实证结论，对由于这些贷款所带来的还款能力的提升进行估算。此外，在讨论债权方对债务国还款能力的影响时，还可以进一步考虑相关贸易往来、直接投资以及技术转移对债务国经济增长的贡献。

二　欧盟委员会的《公共债务可持续性监测》

(一) 主要内容

欧盟委员会每年发布一次《公共债务可持续性监测》(Public Debt Sustainability Monitor)，每三年发布一次《财政可持续性报告》(Fiscal Sustainability Report)。[①]《财政可持续性报告》汇集了债务可持续性分析和财政可持续性指标的结果，并构建了一个综合的

---

① Carone, G. and Berti, K., "Assessing Public Debt Sustainability in EU Member States: A Guide", *MPRA Paper*, No. 62570, 2014. Sumner, S. P. and Berti, K., "A Complementary Tool to Monitor Fiscal Stress in European Economies", *European Economy Discussion Papers*, No. 2015 - 049, 2017.

横向框架来评估成员国在财政可持续性中面临的挑战。欧盟委员会系统地将其债务可持续性监测框架应用于所有欧盟国家。①

欧盟委员会的债务可持续性分析包括不同期限（短期、中期和长期）的债务风险识别，其风险指标包括短期、中期和长期三类。短期可持续性指标（标记为 S0）是早期监测指标，旨在捕捉来自经济体财政和宏观金融方面的财政压力的短期风险。中期和长期可持续性指标（分别标记为 S1 和 S2）反映了财政的可持续性，即偿付能力。这两个指标都基于政府的跨期预算约束，但在时间范围和达到特定债务目标的要求两个方面存在差异。

欧盟委员会的债务可持续性评估分为两种类型：一类是标准债务可持续性分析，另一类是增强型债务可持续性分析。完成标准债务可持续性分析主要包括七个步骤。一是对公共债务负担指标的确定性预测（如图 3-6 所示）。二是在确定性预测基础上的敏感性分析。三是对公共债务负担指标的随机性预测（如图 3-7 所示）。四是针对公共债务融资结构的风险分析。五是针对政府或有债务的风险分析。六是有关金融市场的风险分析。七是对指标预测的准确性分析。

增强型债务可持续性分析适用于债务状况更为脆弱的国家，在标准债务可持续性分析的基础上增加了特殊的敏感性测试。使用增强型债务可持续性分析的触发条件如下：

第一，S0 综合指标或 S0 财政分项指标是否超过阈值？

第二，当前或预期的公共债务总额是否达到或高于 GDP 的 90%？

---

① European Central Bank (ECB), "Analysing government debt sustainability in the euro area", (Apr 2012), http://www.publicdebtnet.org/pdm/ECONOMIC-ANALYSES-AND-POLICIES/Macroeconomic-Analysis-/Documents/DOCUMENT_ 20120522134539.html.

第三，当前或预期的公共债务总额相对于 GDP 的变化是否达到或超过的 5 个百分点？

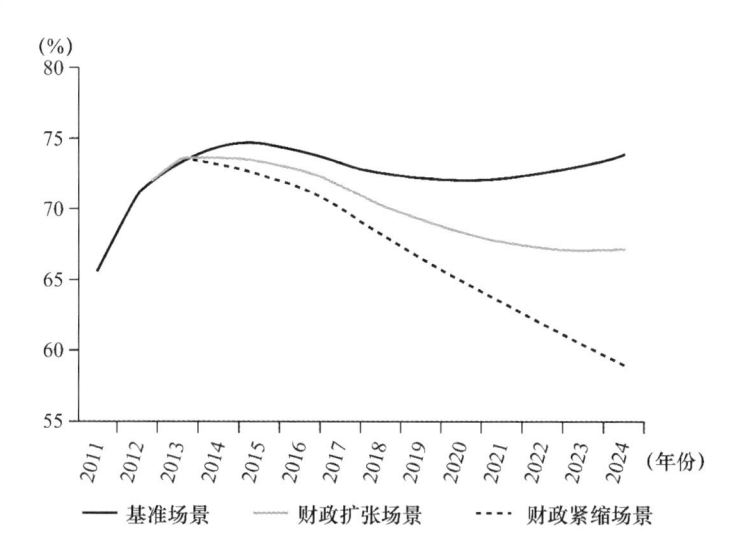

图 3-6 对债务负担指标的确定性预测的示例

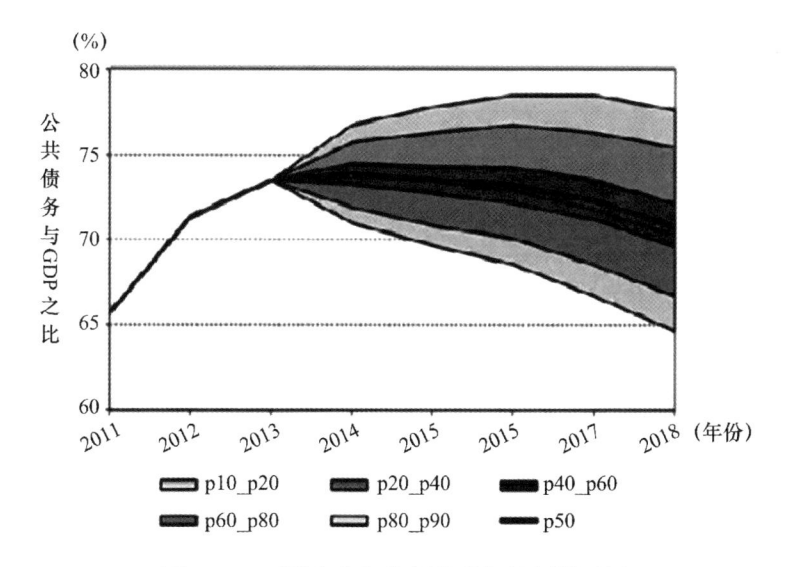

图 3-7 对债务负担指标的随机性预测示例

第四,总融资需求是否达到或超过 GDP 的 15%?

第五,处于宏观经济调整计划下的国家适用于计划前监督还是增强型监督?①

《债务可持续性监测报告》主要包括三方面内容。第一部分是对核心债务风险指标变动轨迹的分析,明确其波动主要由哪些结构性因素主导。如表 3-21 所示,主要因素包括基本财政预算、雪球效应和存量流量调整三类。决定基本财政预算变化的变量包括结构性基本财政预算、季节性因素、老龄化成本和财产性收入。雪球效应指与政府财政预算行为无关但会导致债务指标变化的自发性因素,包括利息支出、增长效应和通胀效应三个变量。存量流量调整因素包括债务拖欠、债务违约、债务减免、债务重组等直接影响未偿债务存量和偿债额等情形。

表 3-21　　　　　　　债务比率的动态分解示例

债务预测基准情景	2011	2012	2013	2014	…	2023	2024
总债务比率	65.7	71.3	73.5	73.8	…	67.1	67.2
比率变化	2.3	5.5	2.2	0.3	…	-0.2	0.1
(1) 基本财务余额	2.3	2.2	1.4	1	…	0.1	0.3
结构性基本财政余额(2015年以来保持稳定)	1.7	0.8	-0.5	-0.4	…	-0.9	-0.9
周期要素	0.6	1.4	1.9	1.5	…	0	0
老龄化成本	0	0	0	0	…	1	1.1
其他(税收和财产收入)	0	0	0	0	…	0	0.1
(2) 雪球效应	0.8	1.9	1.4	0	…	-0.3	-0.2
利息支出	2.1	1.9	1.8	1.7	…	2	2

---

① 欧盟法规 No.472/2013 的要求,旨在提高处于经济金融不稳定困境的成员国的经济和预算监测能力。

续表

债务预测基准情景	2011	2012	2013	2014	…	2023	2024
增长效应	-0.6	0.8	0.6	-0.8	…	-1	-0.9
通胀效应	-0.7	-0.9	-1	-0.9	…	-1.3	-1.3
（3）存量—流量调整和一次性措施	-0.7	1.5	-0.5	-0.8	…	0	0

第二部分是对公共债务融资结构有关风险的评估（示例见表3-22）。这部分主要考虑三个变量，分别是公共债务中短期债务的占比、公共债务中非居民持有公共债务的占比，以及公共债务中外币计价债务的占比。单元格的不同颜色反映了风险的大小。如果指标达到或高于警示性阈值，则为深色；如果低于警示性阈值，但等于或高于其80%则为浅色，表明存在中等财政风险；其他情况下为白色。欧盟委员会采用信号法得出在上述分析中所采用的警戒线阈值。表3-22、表3-23给出了各个变量警戒线的取值和可信度。

第三部分是不同经济情景和不同敏感性测试下的债务比率预测结果。这部分分析既包括确定性预测也包括随机模拟的结果。随机性模拟对不同债务模拟路径赋予了不同概率，可由此生成风险扇形图。

表3-22　欧盟委员会《公共债务可持续性监测》的警戒线阈值

变量	警戒线	可信度①
公共债务中外部债务占比（%）	49.02	0.35
公共债务中外币债务占比（%）	29.82	0.24

① 可信度指不出现第一类和第二类错误的概率，取值范围在0—1之间，取值越大，可信度越高。

续表

变量	警戒线	可信度
公共债务中短期债务占比的年度变化（%）	2.76	0.29
十年期国债收益率和美国/德国国债收益率的差异（0.01%）	231.00	0.38
两年期国债收益率和美国/德国国债收益率的差异（0.01%）	276.60	0.35
私人债务与GDP之比（%）	10.9	0.44
银行贷款占存款比率（%）	142.09	0.22
不良贷款占总贷款比率（%）	2.30	0.16
不良贷款占总贷款比率的变化（%）	0.30	0.28
名义房价指标同比年度变化	12.59	0.29

表3-23　　　　公共债务融资结构风险热力图示例

公共债务结构	短期公共债务份额变化（%）：-1.5	非居民持有公共债务份额（%）：52.9	以外币计价的公共债务份额（%）：2.5

不同颜色所对应的风险等级

高风险	中风险	低风险	无数据

在欧盟委员会《债务可持续性监测报告》中，预测各类债务指标时采用的假设具体如下：

1. 无财政政策调整的基准情景

预测期间假设无财政政策调整，即结构性基础财政收支平衡保持不变。对主要变量的假设基于欧盟委员会的预测，并假定真实利率、实际 GDP 增速和通胀率等基本宏观经济变量长期收敛。财政余额的周期性组成部分使用标准的国别半弹性参数[①]进行计算，

---

① 半弹性参数的估计经过经济政策委员会产出缺口工作组认可。

股票流量调整被设定为零。该情景包括与老龄化相关的隐性负债①（养老金、医疗保健和长期护理支出等）。

2. 无老龄化成本且无财政政策调整情景

这一情景与上述无财政政策调整基准情景的区别仅在于排除了与老龄化相关的隐性负债；

3. 包含老龄化成本的历史情景

（1）历史结构性财政平衡情景

假设结构性基础财政余额在3年内逐渐收敛到最近10年历史平均值的假设，其他宏观经济假设与基准情景一致。

（2）综合历史情景

假设主要宏观经济变量（结构性基础财政余额、利率、实际GDP增速等）在3年内逐渐收敛到最近10年历史平均值。

4. 遵循《稳定与增长公约》进行财政调整的情景

对于处于过度赤字程序中的国家而言，在过度赤字被纠正之前，债务国需要按照欧盟委员会的财政整顿建议对财政路径进行结构性调整。随后，在实现中期目标之前，每年的结构性财政整顿幅度需要达到GDP的0.5%（如果公共债务超过GDP的60%，则为0.6个百分点）。对于其他国家而言，在达到中期目标之前，债务国需要进行的结构性基础财政调整幅度需要达到GDP的0.5%—0.6%。这一情景考虑了财政整顿对GDP增长的反馈效应，即1个百分点的财政整顿将导致当年基准GDP增长率降低0.5个百分点。同时，这一情景也考虑了老龄化相关成本；

5. 遵循《稳定与收敛计划》进行财政调整的情景

主要宏观经济变量遵循稳定与收敛计划中的有关预测，预测期

---

① 基于欧盟委员会对年龄相关成本的长期预测。

间假设无财政政策变化,即结构性基础财政收支平衡与上一年相同。

除了不同经济情形,《公共债务可持续性监测》还给出了围绕无财政政策变化的基准情景进行的敏感性测试,具体内容和假设如下:

(1)"标准型"短期和长期利率敏感性测试

假设在未来 10 年的预测期内,新债和展期债务的短期和长期利率分别下降或上升 1 个百分点。

(2)"增强型"短期和长期利率敏感性测试

假设在预测期的前 3 年,新债和展期债务的短期和长期利率下降 1 个百分点或上升 2 个百分点,在剩余预测期内下降或上升 1 个百分点。

(3)"标准型"实际 GDP 增速敏感性测试

假设在未来 10 年预测期内,实际 GDP 增速率下降或上升 0.5 个百分点。

(4)"增强型"实际 GDP 增速敏感性测试

假设在预测期的前 2 年,实际 GDP 增速率下降或上升 1 个标准差,在剩余的预测期内下降或上升 0.5 个百分点。

(5)通胀敏感性测试

假设在未来 10 年的预测期内,通胀率下降或上升 0.5 个百分点。

(6)基本财政余额敏感性测试

假设在预测期前 2 年,对基本财政余额的负冲击相当于预测累计变化的 50%。在预测期剩余时间内,基本财政余额保持在上一预测年度的较低水平不变。

(7) 名义汇率敏感性测试

假设在预测期前 2 年，受到的冲击相当于过去 10 年汇率的最大变化。

(二) 与其他债务可持续性评估方法之间的异同

整体而言，欧盟委员会所提出的公共债务可持续性监测框架与国际货币基金组织和世界银行所提出的债务可持续性分析方法的设计思路大体相同（European Parliament，2018）。首先，两种方法都是针对具备市场准入资格的国家，提供了包含多种经济情景假设的前瞻性预测。其次，两种方法对低风险和高风险国家都分别设计了简单和复杂分析两种模板。再次，两种方法在预测过程中都同时采用了随机和确定性方法。最后，两种方法对不同结构性债务风险都进行了提示。

然而，两种方法在一些细节设计上也存在差异。第一个差异在于欧盟委员会对公共债务的预测周期更长，最长的期限达到 10 年，而国际货币基金组织的预测周期只有 5 年。欧盟委员会认为，更长的预测周期能够更为全面地讨论与老龄化相关的隐形负债和长期财政压力影响，对财政调整方案也可以采用更为耐心的假设。国际货币基金组织选择 5 年作为预测期的原因有两个。一是为了提供可信的债务可持续性评估结果。随着预测期限的拉长，对债务负担指标预测的不确定性会显著增加。因此，根据遥远未来的债务负担指标对可持续性进行的评估会影响结果的可信性。二是因为国际货币基金组织的贷款项目一般要求债务国在项目开始后的 3.25—4.5 年之间开始偿还债务。如果债务国的债务不可持续且该国无法通过市场融资偿还贷款，那么国际货币基金组织贷款的前景就会受到影响。

第二个差异在于两个机构的经济情景和压力测试设计不同,对宏观经济变量的预测值也略有差异。欧盟委员会的《公共债务可持续性监测》包含五类经济情景和七种敏感性测试,采用的宏观经济变量假设主要基于欧盟委员会预测。国际货币基金组织的《市场准入国家的债务可持续性分析》设计了四类压力测试,对宏观经济变量的预测一般基于国际货币基金组织下属的全球经济展望数据库。

第三个差异在于欧盟委员会与国际货币基金组织在对主权债券利率进行预测的过程中所采用的参数不同。主权债券利率是预测债务指标未来变动轨迹的核心变量之一,其取值等于无风险利率和风险溢价的总和。对于无风险利率,国际货币基金组织一般采用美国国债收益率或1999年以来法国和德国在欧元区的平均利率,同时最低利率不小于4.5%。而欧盟委员会采用各国政府债券利率或隔夜指数掉期。造成这种差异的原因在于国际货币基金组织的大多数贷款项目都是以美元计价。对于风险溢价,国际货币基金组织和欧盟委员会都假设风险溢价与债务与GDP之比的变化呈正相关关系。这一假设背后的经济逻辑在于一个国家的债务负担水平越高(低),新增每单位债务的融资成本越大(小)。两个机构预测方法的差别在于控制债务负担指标和风险溢价之间反馈关系的参数略有不同。因为这一反馈机制具有自我强化的特征,所以即使初始条件略有变化,结果也可能大相径庭。国际货币基金组织假设每当债务与GDP之比下降1%,风险溢价(相对于新发行政府债券,期限约为5年)就会下降4个百分点。如果债务比率上升至60%以上,就增加4个百分点的风险溢价。欧盟委员会假设,在债务与GDP之比在60%以上的情况下,债务与GDP之比每增加1%,风险溢价就会增加3个百分点。

此外，欧盟委员会与国际货币基金组织对债务国还款的态度也存在微妙不同。国际货币基金组织进行债务可持续性分析的重点在于判断一个国家能否在几年之后偿还贷款。欧盟委员会更侧重于探明什么样的融资方案（包括规模、期限和利率）才能保证各国能够继续维持当前债务负担水平。

虽然欧盟委员会的《公共债务可持续性监测》与国际货币基金组织的《市场准入国家的债务可持续性分析》的整体设计思路十分类似，但上述差异导致两种方法的评估结果在某些情况下可能大相径庭。以希腊为例，2017年夏季，欧盟委员会[①]和国际货币基金组织[②]均发布了针对希腊的债务可持续性分析报告。虽然这两份报告对主要宏观经济变量的假设十分类似，但所得出的债务负担指标变动轨迹却存在极大差别。国际货币基金组织认为希腊的债务负担指标会不断增加，但在欧盟委员会的预测下希腊的债务负担指标却呈现下降趋势（见图3-8）。造成两种方法判断结果差异的核心原因在于对主权债务利率的假设不同。国际货币基金组织假定希腊通过最终计划进入市场的初始利率为6%，这一假设反映了该国长期脱离市场、财政盈余表现不佳以及债务负担持续的经济困境。其随时间变化，每当债务与GDP之比下降/上升1个百分点，预计利率将下降/上升4个百分点，最终利率在6%的上限和4.5%的下限之间波动。相比之下，欧盟委员会预计希腊在市场融资的利率在2019年将达到5.1%，到2021年会增加至5.5%，

[①] Angerer, Duvillet, Hradiský et al., "Greece's financial assistance programme", (Oct 2017), http://www.europarl.europa.eu/RegData/etudes/IDAN/2017/602088/IPOL_IDA(2017)602088_EN.pdf.

[②] IMF, "Greece: Preliminary Debt Sustainability Analysis-Updated Estimates and Further Considerations", (May2016), https://www.imf.org/en/Publications/CR/Issues/2016/12/31/Greece-Preliminary-Debt-Sustainability-Analysis-Updated-Estimates-and-Further-Considerations-43915.

然后到2060年缓慢收敛至4.3%。根据预测,该项目结束后的平均市场再融资利率为4.9%。

(a) 公共债务与GDP之比

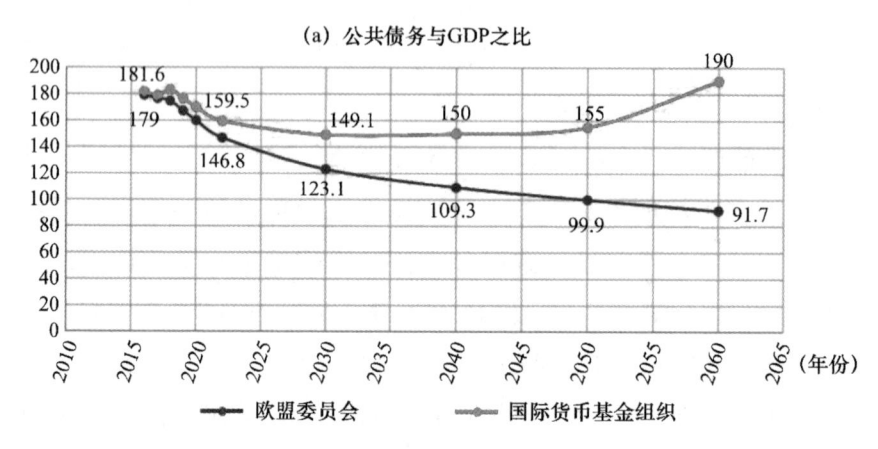

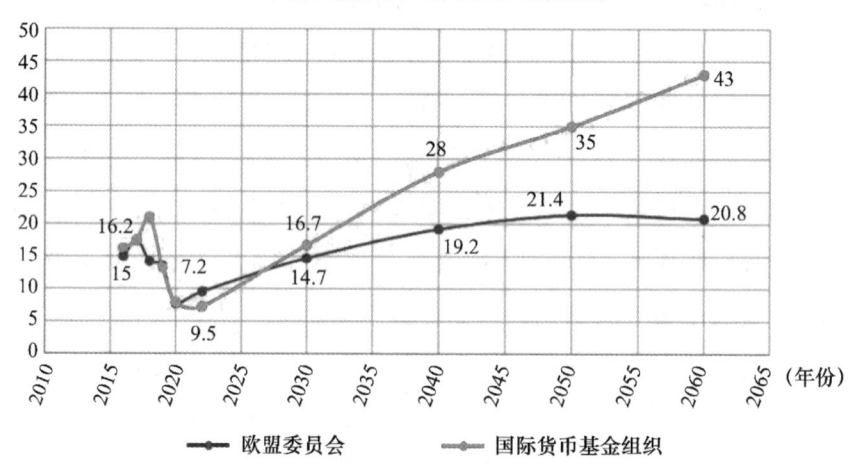

(b) 国内融资需求与国内生产总值之比

图3-8　国际货币基金组织和欧盟委员会2017年关于希腊债务负担指标的预测对比

资料来源:European Parliament, "Greece's financial assistance programme", (Sep 2017), http://www.europarl.europa.eu/RegData/etudes/IDAN/2017/602088/IPOL_IDA (2017) 602088_EN.pdf.

三 联合国的《有效债务管理手册》

(一) 主要内容

《有效债务管理手册》(Manual on Effective Debt Management,以下简称《手册》)是联合国2006年"外部债务管理能力建设"计划的重要成果。该计划是对《蒙特雷共识》的响应,《蒙特雷共识》的核心就是讨论发展中国家的债务问题。该手册对风险管理、债务可持续性分析和债务重组等重要领域进行了深入分析和全面总结,为债务问题分析、政策制定和知识管理提供了重要参考。

《手册》认为,债务可持续性意味着一国能够在不影响其长期发展目标的前提下偿还其公共及公共担保外债,包括短期债务和长期债务。《手册》中的指标体系总共分为六大类:

第一类是流动性指标,包括利息与出口创汇收入之比、短期债务与出口创汇收入之比(假设所有短期债务不进行滚续)、总偿债额与出口创汇收入之比(包括短期、中期和长期债务)。

第二类是债务负担指标,包括总外债存量与国民总收入之比、总外债存量与出口创汇收入之比、公共债务总额与国民总收入之比。

第三类是净现值指标,包括偿债额的净现值与出口创汇收入之比、偿债额的净现值与国民总收入之比。

第四类是债务结构指标,包括短期和长期债务的本金偿还额与债务发放额之比、总外债存量中的短期债务占比。

第五类是动态指标,包括贷款的平均利率与出口增速之差、贷款的平均利率与国民总收入增速之差。

第六类是财政指标,包括政府偿债额与政府收入之比、政府债务存量与政府收入之比、政府偿债额的净现值与政府收入之比、政府债务的平均利率与政府收入增速之差。

《手册》指标体系中的指标较多，不同债务国可根据本国国情和需要来选择指标，以评估本国债务的可持续性。对于最为常用的指标，《手册》给出了判断债务风险的阈值，将债务国分为高负债、中等负债和低负债三类，见表3－24。债务国可选取最合适的指标，将其实际取值与有关阈值相比较，就可对本国的债务状况进行评估。

表3－24　　　　《手册》的债务可持续性分析指标阈值　　　　（单位:%）

指标	高负债国	中等负债国	低负债国
DOD/GNI	>50	30—50	<30
DOD/XGS	>275	165—275	<165
TDS/XGS	>30	18—30	<18
INT/XGS	>20	12—20	<12
NPV/GNI	>80	48—80	<48
NPV/XGS	>220	132—220	<132

注：DOD为外债存量、GNI为国民总收入、XGS为出口创汇收入、TDS为债务还本付息额、NPV为债务净现值、INT为债务利息。

资料来源：世界银行《全球发展融资》2004年。

(二) 优势与劣势

《手册》在债务风险评估方面的优势主要有两点。一是债务风险指标体系的完整性强。与国际货币基金组织和世界银行的债务可持续性分析方法相比，《手册》指标体系更为全面，涵盖了流动性指标、债务负担指标、净现值指标、债务结构类指标、动态指标和财政指标六大门类，对风险来源的识别更为全面。二是分析框架更为完整性。《手册》不仅对债务国举债决策中的债务规模、债务结构给出指导性建议，也强调了债务营运管理的重要性，并且在法律、政策和机构设置方面为债务国提供了一般性的操作指导。

《手册》的劣势主要有两点。一是债务风险指标的针对性不强，技术支持力度不够。《手册》只提供了一套阈值判断标准，没有考虑国家政策绩效和债务承受能力的差异。对于某些政策绩效良好的国家，债务风险指标超过阈值并不代表其债务不可持续。所以《手册》指标阈值的设立并不完善。不仅如此，《手册》仅通过比对现实债务比率与阈值来确定债务国的可持续性，而没有系统模型和金融软件的支持，债务可持续判断的准确度和解释力不强。二是对债务管理指导不深入。《手册》最大的优势在于指导全面，但也存在分析深度不够的弱点。《手册》在进行债务可持续性判断时，认为国家可根据国别情况因地制宜地选择指标，但并未给出指标选择的建议。在债务结构管理方面，《手册》建议债务国在金融模型的基础上设置结构阈值，但并未阐述阈值的构建方法。

第四章　主权债务的贷款形成规则

在主权债务的形成过程中，对贷款决策和行为进行规范是避免新增贷款危害债务国经济、社会、环境可持续性发展的重要保障。从经济意义来说，新增贷款不仅要符合市场经济运行规律，而且不应影响债务国的债务可持续性。这类规则包括国际货币基金组织的《公共债务限制政策》、国际开发协会的《可持续融资政策》、二十国集团的《可持续融资操作性指南和债权国自检工具》和经济合作与发展组织的《官方支持出口信贷安排》。从社会和环境方面来讲，新增贷款不应对债务国当地的自然和人居环境、生物多样性、文化遗产等造成损害。这类规则包括世界银行下属国际金融公司的《环境和社会可持续性政策》和全球主要金融机构联合出台的《赤道原则》，前者主要针对国际金融公司自身的贷款项目，后者则由金融机构自愿参与。

一　国际货币基金组织的《公共债务限制政策》

（一）政策背景

国际货币基金组织只向面临实际或潜在国际收支困难的成员国

提供贷款，不为具体项目提供贷款，在某种程度上扮演了各国央行最后贷款人的角色。为了在贷款发放前即对借贷双方的行为进行事先约束和避免过度贷款损害债务国的可持续性发展，国际货币基金组织在 20 世纪 60 年代即出台了《公共债务限制政策》（Public Debt Limits Policy）。① 这一政策的目的在于确保由国际货币基金组织提供财政支持的援助项目符合成员国自身的市场经济规律和不影响其债务可持续性。②

国际货币基金组织的公共债务限制政策在出台后历经多次调整，并于 2014 年进行了最新一次改革。改革后的公共债务限制政策于 2015 年 6 月正式生效，就一系列指导其受援国公共债务项目的限制条件和适用情景做了进一步限定。其中，此次改革新确立的主要变化包括三个方面：一是将"公共债务"的定义由原先的"外部公共债务"扩大至"一切公共债务"；二是将优惠性外债和非优惠性外债进行统一处理；三是在公共债务限制条件的确定和运用中更多地考虑债务脆弱性因素。

在改革后的新政策下，国际货币基金组织认为其受援国在两种条件下应适用于债务限制条件：一是当该国面临明显的债务脆弱性时；二是当该国需要设定适当的债务目标（即债务限制条件）以补充或替代财政目标时。具体而言，某国适用的债务限制条件与该国的具体国情有关。其中的主要影响因素是看该国财政是否对优惠性外债存在常规性依赖。同时，公共债务限制条件又包含

---

① Laurence Allain et al., "Reform of the Policy on Public Debt Limits in Fund-Supported Programs", (Nov 2014), https：//www.imf.org/en/Publications/Policy-Papers/Issues/2016/12/31/Reform-of-the-Policy-on-Public-Debt-Limits-in-Fund-Supported-Programs-PP4926. IMF, "Public Debt Limits in IMF-Supported Programs", (Jun 2021), https：//www.imf.org/external/np/spr/2015/conc/index.htm.

② 肖连魁：《如何应对 IMF 公共债务限制政策改革》，《国际工程与劳务》2016 年第 6 期。

两类执行原则：一是业绩标准，二是指导目标。其中，业绩标准意味着如果受援国没有遵守国际货币基金组织的相关条款，那么国际货币基金组织将立即停止对相应的公共债务提供贷款支持。指导目标意味着即便受援国没有达到相应的目标要求，国际货币基金组织也未必会中断贷款。

（二）主要内容和适用范围

1. 针对不依赖优惠性外债的国家的债务限制政策

对那些不依赖于优惠性外债的国家来说，国际货币基金组织主要使用《市场准入国家的债务可持续性分析》对该国的财政现状及前景进行综合评估，并据此判断这些国家的债务脆弱性。基于《市场准入国家的债务可持续性分析》，国际货币基金组织可以对各国的债务可持续性进行评级。举例来说，若一国被《市场准入国家的债务可持续性分析》评级为"红色"，则意味着该国的相关指标（如债务或融资需求与 GDP 之比）超过了警戒水平，因而具备显著的债务脆弱性。在这种情况下，国际货币基金组织将基于债务脆弱性的形式及程度，结合受援国的具体国情，设定相应的公共债务总规模上限，以确保该国的债务可持续性。

2. 针对依赖优惠性外债的国家的债务限制政策

对于那些通常依赖于优惠性外债的国家而言，国际货币基金组织使用《低收入国家债务可持续性分析框架》进行相应的债务可持续性评估。利用这套分析工具，国际货币基金组织可综合判断受援国的外债风险及国内的总体债务水平，并将该国债务风险归入"低风险""中风险""高风险"和"危机中"的四档评级。在确定评级后，国际货币基金组织将使用一套函数来确定该国的外部债务上限，该函数主要考虑三个变量：一是该国的债务脆弱性及陷入债务危机的概率；二是该国公共部门经会计核算后的财务信息，如公共部门债务的质量及期限结构等；三是其他相关的宏观变量。

国际货币基金组织关于依赖优惠性外债国家的贷款限制政策的规定更为具体。国际货币基金组织就各情形下债务限制条件的适当形式给出了指导意见，表4-1对这些指导意见做了总结。举例来说，对那些债务危机风险较低的国家，国际货币基金组织的援助计划所附带的条件通常不对其公共债务规模进行限制。对面临中等债务风险的国家来说，国际货币基金组织通常会对该国的新增外债进行限制。对于具有高债务风险的国家，国际货币基金组织通常会对该国外部债务设定名义值上限。此外，国际货币基金组织对一些具体情况也做出了特别说明。第一，对于那些面临中等债务风险，但债务监测质量较差的国家，国际货币基金组织也会限制其债务的名义值水平。第二，对那些与国际资本市场存在密切联系的国家，国际货币基金组织将根据该国债务脆弱性的程度，就该国的公共债务或外币债务的总额设定上限。

表4-1　　国际货币基金组织对依赖优惠性贷款的国家设定债务上限的指导性原则

债务风险评级	债务监测质量较差的国家	债务监测质量较好的国家	
		外部融资渠道不足的国家	与国际资本市场存在充分联系的国家
高风险	对名义外部非优惠贷款采取业绩标准	对名义外部非优惠贷款采取业绩标准	对名义外币非优惠贷款采取业绩标准
	将名义外部优惠贷款纳入备忘录项目	对名义外部优惠贷款采取业绩标准或指导目标	对名义外币优惠贷款采取业绩标准或指导目标
	可对国内债务水平设定上限		

续表

债务风险评级	债务监测质量较差的国家	债务监测质量较好的国家	
		外部融资渠道不足的国家	与国际资本市场存在充分联系的国家
中风险	对名义外部非优惠贷款采取业绩标准	对新增外部债务现值采取业绩标准	对名义公共债务采取业绩标准
	将名义外部优惠贷款纳入备忘录项目		
	可对国内贷款水平设定上限	可对国内贷款水平设定上限	
低风险	结合具体国情设计债务限制条件		

3. 国际货币基金组织确定债务优惠度的原则

要衡量一笔贷款给债务国在多大程度上提供了"优惠度"（Concessionality），关键在于计算这笔贷款的"赠与成分"（Grant Element）。国际货币基金组织计算"赠与成分"的方式如下：一是计算一笔贷款所对应债务的名义值；二是计算该笔贷款所对应债务的现值，即债务国关于这笔贷款未来所有还本付息额的贴现值；三是计算这笔贷款所对应债务的名义值与现值之差；四是计算这一差值在债务名义值中的占比。

当一笔贷款所收取的名义利率低于市场执行的贴现率时，这笔贷款的现值就会小于其名义值（面值），而这其中的差值就等于这笔贷款的"赠与成分"（在这个例子里，赠与成分为正数）。因此，计算一笔贷款优惠度的关键在于采用怎样的标准确定贷款的贴现率水平。过去，国际货币基金组织曾使用"商业参考利率"体系来确定贴现率水平，这套体系会受到不同币种的影响。2013 年 10 月之后，国际货币基金组织执行董事会正式宣布将使用新的统一标准，即每年 5%，来确定贷款的贴现率。这个标准也被纳入了改革后的国际货币基金组织公共债务限制政策。

一般来说,若一笔贷款的"优惠度"大于等于35%,则该贷款将被认定为"优惠贷款"。在这一标准下,国际货币基金组织可根据具体情况,决定是否将某项融资工具组合认定为"满足优惠性要求"。其中,国际货币基金组织主要考虑的因素有三条:一是看融资的预期用途或目的是否相同;二是看这些融资项目的还款时间表是否相互关联;三是看融资项目的资金提供方是否相同。需要说明的是,国际货币基金组织将同时对上述三条因素进行综合考虑,对于那些同时满足多项标准的一揽子融资组合,国际货币基金组织会认定其具有更强的关联性,并倾向于将这些融资组合归为同一类债务。另外,国际货币基金组织还在其官网发布了贷款的"优惠度计算器",用于帮助计算某个贷款工具的"赠与成分"水平。[①]

二 国际开发协会的《可持续发展融资政策》

(一) 政策背景

与国际货币基金组织类似,世界银行下属的国际开发协会也制定了相应的债务可持续性融资政策,[②] 力图促使各成员国实现透明、可持续的融资格局。2006年,国际开发协会的执行董事会通过了《非优惠性贷款政策》(Non-Concessional Borrowing Policy,

---

[①] International Monetary Fund (IMF), "Calculation of Grant Element", (Jul, 2015), https://www.imf.org/en/GECalculator.

[②] International Development Association (IDA), "Sustainable Development Finance Policy Of The International Development Association", (Apr 2020), http://documents1.worldbank.org/curated/en/967661593111569878/pdf/Sustainable-Development-Finance-Policy-of-the-International-Development-Association.pdf.

NCBP）。在该政策的基础上，国际开发协会充分吸取了执行过程中的经验和教训，并于 2020 年 7 月 1 日起正式以新的《可持续发展融资政策》（Sustainable Development Finance Policy，SDFP）替代了既有的《非优惠性贷款政策》框架。

《可持续发展融资政策》改革的背景是全球范围内不容乐观的债务可持续性形势。近十几年来，国际开发协会的援助对象国为了应对更大的发展挑战，普遍增加了公共债务的规模。对这些国家来说，公共债务可帮助政府投入充足投资来发展基础设施、提高人力资本水平、增加财政收入、帮助私营部门纾困等。但是，如果政府对公共债务的管理不善，使其规模超过了一定限度，则过高的利息成本将挤出必要的公共开支，使债务水平趋于不可持续，并最终使来之不易的发展成果付诸东流。据世界银行集团评估，2020 年国际开发协会的低收入水平援助对象国里有近 50% 的国家存在高债务风险，这个比例与 2013 年相比已增加了一倍。此外，国际开发协会的受援国的公共债务的结构也发生了变化——与 2013 年相比，如今国际开发协会的 69 个受援国公共债务和政府担保债务中非优惠性贷款的比例提高了 2 个百分点，占总公共债务的 63%。可见，无论从规模还是结构来看，这些国家债务可持续性的变化趋势都不容乐观。

为了提高这些国家的债务可持续性，确保公共债务能够长期支持项目所在国的经济发展，国际社会的债权方理应采取措施来帮助这些国家提升债务透明度，并增强他们的债务管理能力。因此，国际开发协会于 2020 年推出了《可持续发展融资政策》改革计划，致力于协调全球范围内的债权方共同达成这一目标。

（二）主要内容

新的《可持续发展融资政策》框架将适用于国际开发协会的所有成员国。总的来说，《可持续发展融资政策》致力于实现三大任务：一是支持国际开发协会各受援国，帮助其强化政策、制度及执行能力，提高其实现本国公共债务的透明和可持续性；二是增强国际社会各债权方在发展中国家债务可持续领域的协同合作；三是设计一套更有效的债务监管和问责机制。

在新框架下，《可持续发展融资政策》进一步强调了受援国系统性强化债务可持续性的重要性。从结构上看，《可持续发展融资政策》由两大支柱组成。一是债务可持续性增强项目。该项目旨在加强受援国提升借贷及投资可持续性的激励，强调从需求侧加强对债务风险的管理。在这个项目下，受援国将以增强债务透明度、财政可持续性，和加强债务管理能力为目标，推行一系列因地制宜的政策及行动。此外，参与可持续性增强项目的国家还将得到世界银行集团在贷款、政策咨询和技术支持等方面的支持。同时，各成员国在可持续性增强项目中的表现也将影响国际开发协会对这些国家的贷款及援助决策。二是债权人联络拓展项目。该项目旨在发挥世界银行集团在业界的号召力和影响力，促使全球范围内的债权方共同行动，增强债务透明度，并减轻与债务相关的风险程度。其中，典型的债权方包括多边开发银行、国际金融机构、双边借贷机构和私营部门的借贷机构，他们之间的紧密合作将有助于从供给侧加强债务风险的管控。具体而言，国际开发协会将扩展并增强其与国际金融机构的合作，在发展及推广可持续性融资原则的问题上携手并进。同时，国际开发协会也将利用《可持续发展融资政策》的对话机制，增强各利益相关方对债务透明与信息共享原则的认同程度。

国际开发协会在设计本次《可持续发展融资政策》改革时，充分吸取了过去《非优惠性贷款政策》框架的经验和教训。表4-2总结了改革前后两大体系的异同。新的改革集中体现了《可持续发展融资政策》力图实现的两大目标支柱。一是从需求侧促使各债务国提升本国的债务透明度、管理能力和可持续性。二是从供给侧团结全球各债权方，加强金融机构之间的信息共享与交流协作。基于这两大支柱，《可持续发展融资政策》得以弥补《非优惠性贷款政策》在债务可持续性问题上所存在的一系列短板。《可持续发展融资政策》在政策上的亮点包括：覆盖国家更广；进一步加强了与债务可持续性分析框架的政策互动；提高了公众披露与项目透明度；加强了与其他债权方（特别是其他多边开发银行）在多个领域的沟通合作等。

表4-2　《非优惠性贷款政策》和《可持续发展融资政策》的对比

	《非优惠性贷款政策》	《可持续发展融资政策》
政策目标	政策目标较多，债务可持续性问题只是其中之一	目标更加清晰，重点关注债务透明度和可持续性问题
	覆盖国家较少，仅覆盖《多边减债倡议》成员国和已接受IDA贷款的国家	覆盖国家更广，SDFP框架将系统性地适用于IDA的所有成员国
对债务方的要求	事后补救为主；在债务可持续性恶化后，再采用总量限制等补救措施	事前预防为主，债务可持续性增强项目使债务国有动机在事前即通过政策、制度及执行能力的提高来优化本国债务可持续性
与债权方的合作	缺乏有效的合作机制	以债权人联络拓展项目为抓手，全面加强与其他债权方在信息、对话和协调上的合作

三 二十国集团的《可持续融资操作性指南和债权国自检工具》

2017年3月,在债务脆弱性不断上升的背景下,二十国集团国家通过并承诺推动《可持续融资操作性指南和债权国自检工具》(Operational Guidelines For Sustainable Financing Diagnostic Tool,以下简称《指南》)。[①] 这些指导方针的主要目的是促进债务国、债权国和国际金融机构之间的信息共享与合作,以及通过能力建设进行学习,在确保主权债务可持续发展的同时,提高债务国获得良好发展融资的机会。《指南》提出了五项指导原则。一是保证融资充分性,具体包括保障债务国的债务可持续性和为债务国提供多样化的融资选择两项实践。二是保持信息共享和透明度,具体包括加强债权人之间的信息共享,鼓励借款人加强财政透明和公共债务管理,以及促进过去重组信息的披露。三是保障资金支持的一致性,具体包括符合国际货币基金组织或世界银行债务限制政策,在必要时促进债务重组的进行,以及就债务问题提供技术援助。四是与利益相关者的协调,包括与利益相关者进行定期对话和促进国际金融机构之间的对话以提高政策协调性。五是促进合同和金融创新以减少诉讼问题,包括继续展开贷款金融创新工作以增强债务国应对冲击的能力,促进国际法体制下主权债券发行合同条款的强化保证信息共享和透明度,以及应对债权人诉讼挑战。

2018年年底,二十国集团呼吁国际货币基金组织和世界银行

[①] The World Bank, "G20 Operational Guidelines for Sustainable Financing Diagnostic Tool", (Nov 2019), https://www.imf.org/external/np/g20/pdf/2019/111519.pdf.

在实施该指南的过程中提供援助，协助债权人进行自愿诊断，并形成了一系列债权国贷款质量自检工具。该计划得到了包括二十国集团成员国在内的广泛支持。国际货币基金组织和世界银行为《指南》中所确定的五项指导原则制定了一系列实践检验工具，帮助包括机构在内的双边债权人通过使用标准化的诊断工具来评估自己的贷款表现和遵守指南的程度。参考国际惯例，每项实践的成分为三个等级，分别为高、中和低。一般来说，高评级的表现意味着债权人不仅满足了《指南》的要求，而且为实现贷款可持续性确立了高标准。中评级的表现意味着债权人的贷款行为满足了《指南》的基本要求，而低评级的表现意味着债权人的做法不符合《指南》的最低要求。需要说明的是，该诊断适用于一个国家内所有相关的贷款机构。在涉及多个机构的情况下，一般应由评估最低的机构指导整体评估，除非该机构并不提供实质性贷款。

具体而言，针对各项原则的自检工具的内容如下。

（一）融资充分性

1. 保障债务可持续性

债权人在决定提供贷款时，应该考虑到借款人的债务可持续性状况。因此，债权人需要一个内部治理结构，在向借款人提供资金时，将债务可持续性作为首要考虑的因素。

在自检评级的过程中，高评级的表现意味着债权人拥有评估债务可持续性的内部框架，并且以此来指导借贷金额和条款的有关决策。中评级的表现意味着债权人采用了某种债务可持续性框架来指导借贷金额和条款的有关决策。很多私营部门或国际金融机构也提供现成的债务可持续性框架，如国际信用评级机构的主权信用评级报告、国际货币基金组织和世界银行的债务可持续性分析报告等。低评级的表现意味着债权人没有采用任何债务可持续性框架来指导贷款决策。

2. 提供各种融资选择

（1）灵活的融资选择

债权人可以提供各种融资工具和贷款条件，使借款人能获得赠款或贷款，以减轻现有债务组合的成本和风险。在自检评级的过程中，高评级的表现意味着债权人提供了一系列融资条款，使得借款人能够以合理的成本减轻债务组合的风险；中评级的表现意味着债权人向借款人提供了有限的融资条款；低评级的表现意味着债权人没有向借款人提供足够的灵活性条款。

一般而言，融资条款大致可分为三类：赠款、优惠融资和非优惠性融资。中评级的表现指债权人至少提供三类融资条款中的两种。高评级的表现指债权人不仅提供了三种类型的融资条款，还为债务国在其中至少一类融资条款中提供了灵活选择（例如延长还款期、调整宽限期、提供不同货币的贷款等）。

（2）提供抵押贷款

抵押贷款是债权人向具有债务脆弱性的国家提供融资的一种手段。其本质是债权人要求借款人以资产或未来应收账款作为贷款的担保，从而保证借款人能到期偿还债务的一种手段。但是，抵押贷款也可能带来一系列不好的影响。这些影响包括传统信贷的借贷成本上升、债务可持续性与偿债能力脱钩带来的还款延迟和过度借贷风险，以及以未来收入进行抵押导致借款国未来政策灵活性下降等。

在自检评级的过程中，低评级的表现意味着债权人在不改善融资条款的情况下提供抵押贷款，同时不公开贷款信息。中评级的表现意味着债权人尽力确保抵押条款遵守反面抵押保证条款

(Negative Pledge Clause)，在抵押债务的合同条款（包括抵押结构）方面做到了完全透明。反面保证条款本质上是一种限制借款人将资产或未来收入流质押给债权人的合同条款。此处的完全透明指借贷双方会公布贷款的数量和条款、所使用的抵押品和抵押品数量。限制形式有直接禁止给予抵押物，或要求对原始债权人给予可比待遇。高评级的表现意味着债权人不仅确保抵押结构遵守反面保证抵押条款，而且在抵押债务的合同条款（包括抵押结构）方面做到完全透明，还利用抵押担保实现了融资条款的改善。改善融资条款意味着当债权人提供抵押选项时，包含抵押选项的条款（例如利率、到期日）应比无抵押选项更有利于借款人。反之，如果债权人不提供无抵押选项，抵押条款应比其他债权人提供的无抵押贷款的条款更有利。在所有情况下，在比较抵押条款和无抵押条款时都应考虑到抵押债务通常涉及的额外费用，如金融中介人的报酬和法律费用等。

（二）信息共享和透明度

1. 加强债权人信息共享，建立对宏观经济金融形势的共同认知

在贷款发放的过程中，贷款人需要获得有关借款人债务状况的准确信息，以便在新增贷款业务方面做出明智的决定。此外，债权人也应披露其现有的和新的贷款业务的全面信息，加强彼此之间以及与国际金融机构之间的信息共享。这一过程中，债权人提供的资料应足够详细，以便准确评估借款人的债务结构和潜在的债务脆弱性。贷款人也应避免限制披露数量、条款或其他条件的贷款合同条款，并且与借款人定期进行数据核对，以防止因操作错误或误解协议而损害债务数据的可靠性。

2. 共享现有最新贷款信息

自检评级中,高评级的表现意味着一国的政府机构应每年收集并于相应网站上发布该国官方债权人机构向借款人提供的每笔贷款的信息,包括融资条款等,并在三个月内发布新贷款的信息。中评级的表现意味着政府债权人机构应至少每年向国际货币基金组织和世界银行披露每笔贷款的信息,包括融资条款、借款人现有风险敞口和新增贷款情况。低评级的表现意味着债权国每年不提供或提供有限的关于风险敞口和新增贷款的信息。

评级过程中,债权人应提供的贷款信息需包括(但不应限于):贷款数量、受益人、收益的使用、利率、到期日及宽限期、抵押品的结构和提供的抵押品数量。中、高评级的差异可以简要总结为是否在官方或权威对应平台上进行信息披露。例如,中评级的表现意味着债权人只需提供在个人网站上发布信息等。高评级的表现意味着债权人在一个政府网站上公布相关贷款信息。

3. 贷款人及借款人与国际金融机构核对数据

准确的数据对于债务分析(包括中期债务管理战略和债务可持续性分析)来说至关重要。主要原因在于贷款人和借款人之间的数据差异会带来不确定性,这种差异会削弱债务分析的质量,甚至损害借贷双方间的关系。

在这一方面,高评级的表现意味着贷款人至少每年与借款人进行数据核对,并应要求与国际金融机构进行数据核对。中评级的表现意味着债权人每年与借款人进行数据核对。而低评级的表现意味着债权人完全不与借款人定期进行数据核对。

评级过程中,评定者应考虑债权人是否与债务人核对所有债务工具和抵押品,以确保它们以同样的方式记录在各自的债务监测系统中。因此,考虑到巴黎俱乐部定期进行数据核对,巴黎俱乐部的成员资格可能有助于一个国家达到高评级表现的要求。

4. 合同条款

评估过程中，要求保密的合同条款可能会给资本的有效配置带来问题。在缺乏全面信息的情况下，债权人和债务人在评估贷款时都会遇到问题。而公开的合同信息将为债务人带来更有利的融资条件。因此，高评级的表现意味着债权人使用公开的模板进行融资协议，并且避免使用保密条款；中评级的表现意味着债权人在与国际货币基金组织和世界银行分享信息时不使用保密条款；低评级的表现意味着债权人会选择使用全面的保密条款。

保密条款规定了借款人不能披露的信息。为保证债务风险评估的有效性，债权人应避免使用禁止借款人向国际货币基金组织和世界银行报告融资金额和条件以及收益用途的条款。其中，高评级表现中使用的公开贷款模板是标准化的贷款合同。例如在贷款机构的网站上，债权人会提供不同机构的标准条款和条件的细节。

5. 鼓励借款人加强财政透明度和公共债务管理

提高财政透明度和加强公共债务管理的责任主要在于借款当局。然而，债权人也可以在该方面做出贡献，即核查借款人签订新贷款合同的决定是否符合该国的法律框架和债务管理要求。具体来说，债权人应澄清这项业务是否经有关当局按照透明的决策程序批准，以及是否在国家债务统计中得到充分说明。

高评级的表现意味着债权人除了确保借款人符合其自身的法律要求之外，还要确认公共债务统计充分披露了贷款业务要求。中评级的表现意味着债权人要确保贷款业务符合借款国的主要和次要立法，以及融资金额能适当反映项目的价值。一旦融资金额与项目价值无法匹配，债权人就会中止业务。低评级的表现意味着债权人表现为在开展贷款业务时不询问贷款业务是否符合借款国的主要和次要立法，以及融资金额是否适当反映出项目的价值。

实践过程中，判断交易是否符合一国法律框架可以关注以下几点：借款实体或个人是否有权向该国承诺贷款、贷款是否符合该国可能拥有的债务上限以及该国是否遵守其规定的贷款订约程序。交易判断的过程中，债权人可以向当局书面要求核实该交易是否符合法律规定。此外，债权人还可以询问独立意见，例如法律顾问对交易的意见。如果债权人有书面程序要求进行充分披露（例如要求从有关当局获得公布的保证），则可以假定其对充分披露进行核实。

6. 加强对过去债务重组信息的披露

过去债务重组的全面信息对于促进债权人之间的合作和正确理解债务重组所涉问题至关重要。这些信息也是确保借款人的债务数据准确反映过去重组条款的关键。

（1）债务重组后的数据核对

在数据核对方面，高评级的表现意味着债权人会与借款人进行债务重组后的数据核对，确保在官方债务数据中准确反映且公开了变更后的条款。中评级的表现意味着债权人与借款人进行债务重组后的数据核对后，只确保在官方债务数据中准确反映了变更条款，但不进行信息公开。而低评级债权人则完全不与借款人进行债务重组后的数据核对。

在实践过程中，如本节第三部分（贷款人及借款人与国际金融机构核对数据）所述，数据核对指债权人和借款人关于贷款和抵押品的数据进行核对。然而与本节第三部分不同的是，本部分专门阐述评估债务重组后的数据核对工作。重组后的资料可通过公开报告、债权人机构网站、单一政府网站、国际金融机构和其他论坛披露等方式进行公开。

（2）公开披露参与债务重组情况

在该部分的评级中，高评级的表现意味着债权人会公布其参与债务重组的信息，以及其出资的具体情况（包括金额和条款变化）。中评级的表现意味着债权人只公开其参与债务重组的信息。低评级的表现意味着债权人不公开其参与债务重组的信息。

（三）资金支持的一致性

1. 提供符合国际货币基金组织或世界银行债务限制政策的融资

遵守国际货币基金组织或世界银行融资政策的责任完全在于借款国。然而，作为国际货币基金组织和世界银行的股东，官方双边债权人也应该尽力保证新融资符合相关政策。在此过程中，国际货币基金组织和世界银行也会向官方双边借款人和债权人提供技术支持。

评级认定中，高评级的表现意味着债权人会尽最大努力向借款国当局寻求保证，其新的融资将符合国际货币基金组织的《公共债务上限政策》、国际开发协会的《非优惠贷款政策》和《可持续发展融资政策》以及世界银行的反面保证条款。同时，在必要的情况下，债权人会向国际货币基金组织和世界银行澄清一些技术问题。中评级的表现意味着债权人会尽最大努力向借款国当局寻求保证，从而使其新增融资符合国际货币基金组织的《公共债务上限政策》、国际开发协会的《非优惠借款政策》和《可持续发展融资政策》以及世界银行的反面保证条款。低评级的表现意味着债权人在考虑新融资业务时不会尽力遵守国际货币基金组织和世界银行的有关政策。

在具体实践过程中，新增贷款是否符合上述相关政策可直接与有关当局核实，或由借款国财政部直接参与核实。作为参考，债权人在向国际货币基金组织和世界银行寻求澄清请求时，可以提供有关未来贷款或已签订贷款协议的资料，询问贷款是否优惠，以及债务国在某个计划下是否有债务限额等。

2. 必要时促进债务重组的顺利进行

在必要时，债务重组应以一种与恢复债务可持续性相一致的方式迅速且有效地完成。过于漫长的债务重组进程将进一步恶化借款人的经济状况，削弱其偿债能力，推迟其宏观经济活力的恢复。如果债务重组的力度达不到恢复可持续性所需的水平，那么在将来还可能继续出现支付困难和需要反复重组的问题。为此，当债务人寻求债务重组时，债权人应立即与债务人接洽，并在适当时寻求与其他债权人的合作。

具体而言，高评级的表现意味着债权人拥有债务重组框架，可以及时提供债务人所需的救济，并且会酌情与其他债权人开展合作。中评级的表现意味着债权人只拥有债务重组框架。低评级的表现意味着债权人则没有债务重组框架。

在评级过程中，一国的债务重组框架应具有多个特征，包括：拨备政策（或债权国政府以类似的方式向受重组影响的本国债权人提供资源）、一项关于何时以及如何对政府控股债权人进行重组的政策、对各自的董事会执行债务重组的授权、一个协调内部和外部债权人的框架与一个监督其债权人履行重组承诺的框架。同样地，参与债务重组的办法包括：加入现有的国际论坛（如巴黎俱乐部）和制定与其他债权人进行特别协调的程序等（例如与巴黎俱乐部临时协调，或雇用顾问促进其与其他债权人的协调）。

3. 就债务相关问题提供技术援助

如果缺乏足够的债务相关技术能力，各国政府可能就无法从成本/风险的角度就适当的贷款选择做出明智的决定。现代金融的复杂程度进一步增加了此类决策的复杂性。这些因素突出了向借款人提供技术援助的必要性，以缩小债权人和债务人在公共债务管理、融资选择和风险评估等方面的信息不对称。

在评级认定中，高评级的表现意味着债权人会在债务人对融资条款了解不足或能力有限时，与世界银行、国际货币基金组织或国际金融机构之间的协调，为债务人提供技术援助。中评级的表现意味着债权人会采取措施以确保借款人在每项贷款业务中都了解融资条款（包括相关成本和风险）。低评级的表现意味着债权人不会确保借款人了解融资条款（包括相关成本和风险）。

经验表明，借款人能力有限可能是由于债务管理职能资源不足，为其提供法律和金融顾问可能有所帮助。因此，确保借款人理解融资条款的措施包括：允许国家当局有足够时间审查文件，联合审查文件和法律、金融和经济风险的程序。

（四）利益相关者的协调

1. 与利益相关者进行定期对话

利益相关者之间的持续对话有助于加强债权人间的协调和保障债务的可持续性。贷款人、借款人和国际金融机构应充分利用有关主权债务治理的国际平台来解决他们共同关心的问题。

在评级标准中，高评级的表现意味着债权人除了通过债务相关的国际会议与其他利益相关者定期对话外，还会推动各国对相关特定方法或操作问题（如新出现的风险以及处理相应风险的办法，或为债务数据管理和报告制定方法、标准和指南等）进行讨论。中评级的表现意味着债权人只通过债务相关的国际会议与其他利益相关者进行对话，但并未在该领域提出或推进其他事务。低评级的表现意味着债权人完全不与其他利益相关者进行定期对话。

2. 促进国际金融机构之间的对话，以提高政策协调性

国际金融机构之间的合作对于制定有效的政策、促进债权人的表现和避免工作重复非常重要。作为这些机构执行委员会的成员，债权人应该鼓励国际金融机构加强彼此之间的合作并且积极推进该方面的活动。

其中，高评级的表现意味着债权人有能力采取措施以鼓励国际货币基金组织、世界银行和其他国际金融机构之间的互动，并且积极提高债务相关问题的协调性。中评级的表现意味着债权人采取措施鼓励国际货币基金组织、世界银行和其他国际金融机构之间的互动，但不推进协调性下的相关事务。而低评级的表现意味着债权人不能促进机构间的协调。

在具体实践的过程中，促进国际金融机构之间的对话指债权人采取措施鼓励国际货币基金组织、世界银行、区域开发银行和其他金融发展机构之间的互动。例如，在发现国际金融机构联合工作时存在缺陷时要求国际金融机构提供有关新政策协同的信息。此外，积极提高债务相关问题的协调性还意味着债权国愿意在财政上支持国际金融机构的联合工作和参与对后者的监督。

（五）促进合同和金融创新以尽量减少诉讼和增强抵抗力

1. 继续开展贷款金融创新工作并增强应对冲击的能力

在贷款金融创新工作中，二十国集团成员国可以广泛推进专门为提高债务国风险抵抗力而设计的新工具的使用，帮助借款人面对自然灾害或其他不利冲击（包括外部和国内），从而保障其债务可持续性。

其中，高评级的表现意味着债权人有能力支持或制定融资解决

方案，以增强债务国应对冲击的能力。在必要时，债权人还应提供和推广使债务国债务结构更具抵抗力的融资工具。中评级的表现意味着债权人会支持和积极探索新的融资解决方案。而低评级的债权人不积极探索新的创新融资方案。

在评定工作中，受到二十国集团支持的贷款金融创新举措包括：对增强抵抗力的工具进行研究或支持相关研究、支持制定合同模板/条款清单的努力、支持/补贴促进此类工具使用的区域性举措。能够帮助债务国提高风险抵抗力的融资工具可以包括（但不限于）以下几种：可延期的债务工具、与大宗商品价格或 GDP 指数挂钩的合同、提供针对气候变化/大流行病的保险等。

2. 促进国际法主权债券发行合同条款的强化

国际债券合同的精确设计是主权债券发行人在咨询其法律和金融顾问后做出的决定。改进的同等权益条款或强化集体行动条款等都属于增强型合同条款。这些条款可以使该国际债券的价值更不易受到延迟重组的影响，并且将拖延付款和昂贵诉讼的风险降到最低。国际货币基金组织和世界银行已经认可这种合同设计，并以此作为促进国际金融体系稳定的重要手段。

在评级过程中，高评级的表现意味着债权人除了支持债务国在发行国际主权债券时加入强化合同条款以外，还会为其提供技术援助以推进合同条款的优化。中评级的表现意味着债权人支持债务国在发行国际主权债券时加入增强型合同条款。低评级的表现意味着债权人不积极支持债务国在发行国际债券时加入增强型合同条款。

3. 应对一些诉讼债权人提出的挑战

不良债务投资基金可以在解决债务危机方面发挥一定作用，即在二级市场上为主权债券提供流动性。然而，有些基金以很大的折扣购买不良债务,并意图通过诉讼收回全部面值。这种做法使得债务重组变得极为困难。因此,有必要立法限制这类投资并在阻止进一步的破坏性行为和保持二级市场流动性之间取得恰当的平衡。许多发展中国家在解决诉讼挑战方面的技术能力十分有限。为应对这一问题,二十国集团建议成员国可以通过对债权人提起诉讼和向受影响国家提供必要的技术支持等方式来帮助发展中国家应对挑战。

在评级过程中,高评级的表现意味着债权人支持债务国对少数不合作的债权人提出诉讼,愿意加强监督和寻求以适当方式采取行动,并且向处理诉讼挑战能力有限的国家提供技术援助。加强监督和寻求以适当方式采取行动包括:观察不合作的债权人的诉讼行动以了解其行为何时具有破坏性,以及提供工具来协助债务重组顺利实施等。中评级的表现意味着债权人支持对少数不合作的债权人提出诉讼。低评级的表现意味着债权人不支持对少数不合作的债权人提出诉讼。

四 经济合作与发展组织的《官方支持出口信贷安排》

出口信贷是指一项特殊的保险、担保或融资安排,其目的是使国外买家可以延期支付。官方出口信贷是指一国政府为促进资本性货物出口、对外进行大型工程承包,通过该国出口信贷机构,提供直接的贷款支持或贷款担保。根据贷款接收方分类,官方出口信贷一般分出口卖方信贷和出口买方信贷。官方出口信贷的支持领域,除了上述支持本国商品出口的传统业务领域外,还包括进口、投资和援助等领域。官方出口信贷按照业务形式可以划分为三类，包括出口信用担保或保险、官方融资支持（包括直接信贷/融资和再融资或利率支持）以及上述业务的各类组合。

1978 年，经济合作与发展组织出口信贷担保工作组制定出台了《官方支持出口信贷安排》（Arrangement on Officially Supported Export Credits，以下简称《安排》）。该协定的目的是规范发达国家的官方支持性出口信贷行为，避免官方支持的恶性竞争，保障规范有序的对外贸易环境。由于《安排》的非强制性，在国际上也被称为"君子协定"。

自 1978 年以来，经济合作与发展组织每年都会根据最新的经济贸易形势和自身实践，对"君子协定"的内容进行不同程度的修改，2022 年 1 月 1 日生效的版本是该协定的最新版本。2008 年，经济合作与发展组织还出台了专门针对低收入国家官方出口信贷的规则——《促进对低收入国可持续官方出口信贷的指导意见》，该规则适用于低收入国家所有的商业贷款，旨在支持世界银行和国际货币基金组织的低收入国家债务可持续框架的运作。

由于《安排》的参与方主要是经济合作与发展组织成员国，几乎均为发达国家和地区，所以"君子协定"在实践中的影响和效力都很大，已经成为出口信贷的国际惯例。该协定还包括参与者之间的各种透明度规定，这些规定的目的是确保有关限制能够得到有效应用。《安排》中的规定适用于所有官方支持的还款期为两年或两年以上的出口信贷，但不适用于军事装备和农产品。

具体而言，2022 年最新版《安排》[①] 不仅对提供正式支持的出口信贷时所适用的融资条款和条件（偿还条款、最低保费率、

---

① OECD, "Trade And Agriculture Directorate Participants To The Arrangement On Officially Supported Export Credits", (Jan 2022), https：//www.oecd.org/officialdocuments/publicdisplaydocumentpdf/? cote = TAD/PG（2022）1&docLanguage = en.

最低利率等），而且对成员国使用"约束性援助"（Tied Aid）的行为做出了规定。此外，《安排》还详细说明了出口信贷的程序、与贸易相关的援助程序、约束性援助磋商的程序、《安排》审议的程序等一些程序性的问题。

（一）出口信贷的融资条件

《安排》详细规定了官方支持性出口信贷的融资/使用条件，包括预付款和官方支持的最大限度、最长还款期、本金偿还和利息支付方式、最低利率、信用风险的保费等。其中，比较重要的是关于预付款和商业参考利率的确定问题。关于预付款，《安排》强调买方（出口信贷的接收方）应支付不少于15%的预付款，加入国提供的官方出口信贷不能超过出口合同金额的85%。关于商业参考利率的确定，《安排》指出，加入国在提供出口信贷支持的时候应采用相关的商业参考利率作为最低利率。商业参考利率的确定方法有两种。一是对不同还款期限的贷款采用不同期限的政府债券收益率作为定价参考。例如，对还款期不超过5年（含5年）的贷款可采用3年政府债券收益率；对还款期5年以上、不超过8.5年（含8.5年）的贷款可采用5年期政府债券收益率；对于还款期超过8.5年的贷款可采用7年期政府债券收益率。二是对任何还款期的贷款都选择5年期政府债券收益率作为参考。加入《安排》协定的成员国可以任选上述两种方法中的一种来确定商业参考利率，如有例外情况，须得到所有成员国同意。经济合作与发展组织会定期公布主要发达国家的商业参考利率。

（二）关于"约束性援助"的规定

《安排》专门就与"约束性援助"有关的问题进行了详细的阐

释,包括一般原则、具体形式、有效期、受援国家和项目资格、最低优惠度标准及计算方法等。其中最为核心的是最低优惠度标准及其计算方法。

在一般原则中,《安排》明确规定,关于"约束性援助"的所有规定不适用于多边或区域性机构的援助方案。在具体形式中,《安排》规定了哪些融资方式才可以被视为"约束性援助"。《安排》规定的具体形式包括:官方发展援助、其他官方资金流、其他相关资助等。其中,其他官方资金流包括贷款和赠款,但不包括出口信贷。

关于受援国资格,《安排》规定,根据世界银行的数据,人均国民总收入高于中低收入水平国家上限的国家,没有资格获得"约束性援助"。关于受援项目资格,《安排》规定,对按照市场条件或《安排》中的条件进行融资且在商业上是可行的公共或私营项目,不应提供"约束性援助"。

关于最低优惠水平,《安排》规定,成员国提供的"约束性援助"的优惠水平不应低于35%;当受援国为最不发达国家时,优惠水平不应低于50%。"约束性援助"优惠水平的计算与经济合作与发展组织赠与成分的计算方法相同,核心是确定贴现率。在1995年以前,经济合作与发展组织确定的贴现率为10%,与国际货币基金组织和世界银行1995年之前的贴现率相同。1995年以后,经济合作与发展组织、国际货币基金组织、世界银行三大机构都选择了"商业参考利率+溢价"作为贴现率。2015年以后,经济合作与发展组织将贴现率修订为"5%+调整因素"。调整因素根据受援国的发展水平而不同,针对最不发达国家和低收入国家、中低收入国家、中高收入国家,分别为4%、2%、1%,因而对应的贴现率分别为9%、7%、6%。与此相对,国际货币基金组织和世界银行2013年后开始采用5%的固定贴现率。需要指出的是，基于统一的5%贴现率来计算优惠度的计算方法并未考虑不同国家的金融发展水平和融资成本，因此忽略了不同国家提供援助的能力差异。对中国、巴西、印度等新兴经济体而言，是一种不公正、不准确的计算方式。

除了贴现率外，"约束性援助"的优惠度还与贷款的利率、贷款期限、还款频率次数甚至贷款货币币种等密切相关。利率越高，"约束性援助"的优惠度越低。贷款期和宽限期越长，意味着总的还款期或实际使用期越长，优惠度越高。还款频率越高，意味着还款期间隔越短，对债务国的还款压力越大，优惠度越低。优惠度还和贷款国提供贷款时所采用的货币币种有关，尤其是汇率波动比较大时。例如，一笔人民币贷款，如果在还款期内人民币大幅升值（相对于美元或债务国货币），那么债务国就需要用更多的美元或本币购买等额的人民币偿还贷款，因此借款人在还款时实际偿还的人民币增加，贷款的优惠度实际上降低了。反之，如果人民币在还款期内贬值，则贷款的实际优惠度就会提高。因此，在确定或调整"约束性援助"的优惠度时需要综合考虑多方面影响因素。

经济合作与发展组织把"约束性援助"放在《官方支持出口信贷安排》之中，并以单独一章的形式予以详细规定，一方面可能是由于出口信贷可以作为"约束性援助"的一部分，另一方面也体现出经济合作与发展组织对"约束性援助"的看重。然而，"约束性援助"不同于出口信贷，虽然两者与商业参考利率都存在一定关联，但"约束性援助"是为了满足那些缺乏融资渠道的低收入和中低收入国家的资金需求，优惠度越高越好，所以其贷款利率越低越好，往往都低于商业参考利率；而出口信贷是为了维护公平竞争的贸易环境，贷款利率至少得高于商业参考利率。

综上所述，《官方支持出口信贷安排》的核心内容包括两点。一是出口信贷的最低利率及其确定，即贷款利率不能低于商业参考利率。二是出口信贷相关的"约束性援助"的优惠度及其确定，即贷款优惠度不能低于基于商业参考利率计算的优惠度（35%或50%）。

五　国际金融公司的《环境和社会可持续性政策》

国际金融公司（International Finance Corporation，IFC）是世界银行的下属机构。该机构的《环境和社会可持续性政策》（Policy on Environmental and Social Sustainability）是其可持续发展战略的核心部分，也是其风险管理方法的重要组成部分。在《环境和社会可持续性政策》中，国际金融公司承诺在其投资和咨询业务中遵循国际公认的环境和社会标准，支持客户在可持续方式下开展业务，加强对环境和社会风险的有效识别、评估和管理。在具体投资决策过程中，国际金融公司会对客户的环境和社会风险和影响进行评估，并根据客户所处的行业、地区、规模和复杂性等因素，将客户分为不同风险等级。根据客户的风险等级，国际金融公司将制订相应的环境和社会行动计划，并对客户的环境和社会绩效进行监督。

为了与时俱进，国际金融公司对《环境和社会可持续性政策》进行了多次修改。2006年，国际金融公司提出了《环境和社会可持续性政策》，承诺在其贷款和咨询活动中考虑项目的社会和环境影响，对于环境社会评估不符合其要求的项目不再发放贷款。

2012年，国际金融公司颁布了有关政策的更新版本，在2006年版的基础上，对一些具有挑战性的问题进行了回应，包括供应链管理、资源效率和气候变化，以及商业与人权等。更新后的政策框架由三部分组成。第一部分是环境和社会可持续性政策。该部分阐明了《环境和社会可持续性政策》的适用范围、运作方式等。其核心内容是表明国际金融公司将对项目进行环境和社会尽职调查，并按照有关项目对环境和社会影响的程度从重到轻将其分为A、B、C三类。第二部分是绩效标准。该部分制定了8条绩效标准，只有达到这8条环境和社会风险管理标准的项目才能获得国际金融公司的资助。具体内容可见表4-3。第三部分为信息使用政策，确定了国际金融公司关于信息透明度的承诺。

表4-3 《环境和社会可持续性政策》的8条绩效标准

绩效标准1	环境和社会风险与影响的评估和管理
绩效标准2	劳工和工作条件
绩效标准3	资源利用效率和污染防治
绩效标准4	社区健康和安全
绩效标准5	土地征用和非自愿移民
绩效标准6	生物多样性的保护和生物自然资源的可持续性管理
绩效标准7	土著居民
绩效标准8	文化遗产

资料来源：笔者整理。

六 国际金融机构自愿采纳的《赤道原则》

《赤道原则》（Equator Principles）是一套用来评估和管理项目的环境和社会风险的金融行业基准，是由世界主要金融机构共同建立的一套自愿性的金融行业准则，被称为可持续金融领域的黄金标准。该原则最早提出于2003年6月，参与制定的银行有花旗集团、荷兰银行、巴克莱银行、西德意志银行等。自《赤道原则》第一版正式生效以来，其主要内容一直处于不断地发展和更新中，经过了2006年第二版修订、2013年第三版修订和2019年第四版修订。由于《赤道原则》2006年第二版修订时参考了国际金融公司的《环境和社会可持续性政策》，《赤道原则》与后者在很多方面都有相似之处。

已加入《赤道原则》的金融机构只为符合《赤道原则》标准的金融活动提供融资。第四版《赤道原则》提出了十项原则，具体如下：

第一，审查和分类。通过尽职调查，加入《赤道原则》的金融机构应根据项目对环境和社会影响程度，把客户分为A、B、C三个风险等级（负面影响依次降低）。

第二，社会和环境评估。对于A类和B类项目，必须开展环境和社会影响评估，并制定消除负面影响的解决方案。

第三，恰当的社会和环境标准。不同发展水平国家在评估时将采用不同的社会和环境标准。

第四，环境和社会管理系统。针对A类和B类项目，要求债务国必须制定一份管理风险的行动计划，并建立影响管理系统。

第五，利益相关方的参与。对于A类和B类项目，利益相关方必须参与项目进程。

第六，建立投诉机制。

第七，独立审查。对于A类和B类项目，（贷款前）须有一个独立的环境和社会专家对评估过程进行审查。

第八，承诺性条款。采纳《赤道原则》金融机构在借款合同中应加入与社会和环境风险管理相关的承诺条款。

第九，独立监测和报告。对于 A 类和 B 类项目，(贷款后）必须有独立的环境及/或社会专家对整个贷款周期进行监测和报告。

第十，信息透明度要求。

上述十条原则分别对应项目融资全生命周期的各个阶段。第一阶段是项目前期的尽职调查阶段，涉及《赤道原则》第一、第二、第三与第七条原则。第二阶段是签订贷款合同阶段，涉及《赤道原则》第四与第八条原则。第三阶段是项目存续期管理阶段，涉及《赤道原则》第九条原则。剩下的第五条、第六条与第十条原则是关于项目的信息披露、利益相关方参与等问题的管理原则，贯穿于整个项目阶段。

在不断更新的过程中，《赤道原则》的适用范围不断扩大，对信息披露、气候变化和人权等问题的要求也不断升级。①从适用范围看，《赤道原则》所适用的金融活动从原来的项目融资扩大到了项目融资、项目融资咨询服务、与项目相关的企业贷款、过桥贷款以及与项目相关的再融资。从评估标准看，《赤道原则》从原来只做环境评估，扩大到环境和社会评估，并且在第四版中增加了对人权保护的要求。从信息披露标准看，《赤道原则》从一开始没有无强制性年度报告要求，升级为要求成员机构发布有关信息的年度报告，再到增加对年度报告的详细要求。在气候变化这个具体议题上，《赤道原则》要求对高排放项目进行温室气体替代分析，同时要求对运营阶段温室气体排放大于 10 万吨的项目进行强制信息披露。

截至 2020 年 2 月，自愿采纳《赤道原则》的金融机构增加至

---

① 关于各版本之间的差异性对比，可参考何丹《赤道原则的演进、影响及中国因应》，《理论月刊》2020 年第 3 期。

104家，涉及全球38个国家，主体包括商业银行、金融集团、出口信贷机构等不同类别的金融机构，涵盖了新兴市场70%以上的项目融资。总的来说，《赤道原则》的实施虽然给项目发起人和金融机构增添了一定的成本，但可以帮助其确立良好的社会声誉，从长期看有降低投资风险和提高收益的效果。

第五章　主权债务的贷后管理规则

在主权借贷关系实际建立后，债权国和债务国需要对所形成的主权债务进行有效的贷后管理。贷后管理的第一部分内容是确保债务数据和有关信息的准确、公开和透明。国际货币基金组织、世界银行、经济合作与发展组织、国际金融协会等国际机构在搜集债务信息、制定统计标准、构建债务数据库和推动债务信息的透明化等方面扮演了重要角色。贷后管理的第二部分内容是加强和优化债务国政府对主权债务的运营管理，包括对其债务用途规划、融资战略制定、风险对冲管理和债务危机应对等各个方面的能力建设、风险监督和绩效评估。其中代表性的运营管理规则如国际货币基金组织与世界银行的债务管理绩效评估工具以及联合国贸易和发展会议的债务管理和金融分析系统，前者侧重于评估债务国政府管理债务的绩效和能力，后者侧重于辅助增强债务国政府的债务管理能力。

一　主权债务的数据统计和信息公布规则

（一）国际货币基金组织的数据公布标准

20世纪90年代，世界一些地区频繁发生金融危机（如1998

年东亚金融危机），使国际货币基金组织充分认识到掌握成员国经济金融统计数据的重要性。1996 年和 1997 年，国际货币基金组织先后制定了数据公布特殊标准（Special Data Dissemination Standard, SDDS）和数据公布通用标准（General Data Dissemination System, GDDS）。数据公布特殊标准对数据统计过程和结果的质量要求相对较高，主要用于规范那些已经或正在寻求进入国际资本市场、并且统计基础较好的国家。数据公布通用标准对数据公布的要求标准相对较低，主要用于规范那些统计基础比较薄弱、尚未达到数据公布特殊标准要求的发展中国家。

数据公布特殊标准和数据公布通用标准的内容框架大致相同，均包含四个部分：（1）数据公布的范围、频率和时效性；（2）公众获取；（3）数据公布的完整性；（4）数据公布的质量。其中，数据公布的范围、频率和时效性是二者的核心内容。数据公布的范围规定了成员国需要统计并公布的数据指标，包括实际部门、财政部门、金融部门和对外部门四大经济部门，每一部门的统计指标又分为必须的和受鼓励的两类；数据公布的频率和时效性规定，数据的统计和公布可以按照每日、每周、月度、季度和年度进行，但其公布不得晚于数据发生时间的某一特定日期。在公众获取方面，数据公布特殊标准和数据公布通用标准要求数据在公布过程中必须体现计划性和公平性。数据公布的完整性要求成员国除公布规定指标的数据外，还必须公布统计工作的程序及与此相关的其他信息。数据公布的质量规定成员国必须公布数据的编纂方法和数据来源，并支持数据交叉复核。

然而，数据公布通用标准在数据公布的范围、频率和时效性方面的标准比数据公布特殊标准相对要低很多。例如，在数据公布范围方面，实际部门的公共部门运作指标、金融部门的银行部门分析账户指标和股票市场指标以及对外部门的国际储备指标、国际投资头寸指标和汇率指标在数据公布特殊标准中都属于必须公布的指标，而在数据公布通用标准中则只是被鼓励公布的指标。在公布频率方面，实际部门中的国民账户、劳动力市场和中央政府债务指标，对外部门中的国际收支总量指标在数据公布特殊标准中都是一季度公布一次，而在数据公布通用标准中则是一年才公布一次。在时效性方面，数据公布通用标准也比数据公布特殊标准宽松许多。因此，数据公布通用标准的要求相对比较容易达到，其成员主要是一些发展中国家，数据公布通用标准被视为实现数据公布特殊标准的桥梁或跳板。

国际货币基金组织的数据公布标准对中国的数据管理和信息公开工作也有重要借鉴意义。2002年4月19日，中国正式加入了国际货币基金组织的数据公布通用标准。此后，中国一直在国际货币基金组织的指导下改进本国的数据统计系统。中国为此制定了《中国数据公布通用标准工作规则》等一系列计划，成立了数据公布通用标准工作（中国）领导小组和数据公布通用标准工作办公室。经过十多年的努力，中国于2015年10月6日加入数据公布特殊标准，并按照数据公布特殊标准公布相关统计数据，标志着中国在数据统计科学性、全面性、准确性和透明度方面取得了重大进展。

（二）世界银行的债务人报告系统

自1952年以来，世界银行致力于搜集和统计其成员国的外部债务信息，其债务人报告系统（Debtor Report System，DRS）是有关中低收入国家外部债务状况的最可靠和最全面的信息来源。所有向世界银行集团借款的成员国都需要通过债务人报告系统向世界银行汇报其债务信息，主要汇报的内容是一国公共和私人部门对非本国债权人的外部债务信息。世界银行集团要求债务人向其汇报每一笔外部贷款信息，每季度更新有关贷款承诺的信息，每年更新债务交易信息（包括支付和偿还债务交易）与所有尚未偿还的长期公共和公共担保外债存量规模。在这一数据统计系统的基础上，世界银行形成了国际债务统计数据库（International Debt Statistics，IDS）。国际债务统计数据库是目前国际上关于发展中国家主权外债信息最全面和权威的数据来源。

债务人数据报告系统要求使用者汇报的主要内容包括：贷款承诺日期、贷款金额和币种、计价和还款币种、债务人的名称和类型、债权人的名称和类型、贷款目的、偿还条件（包括利率、本金还款方式）、第一个和最后一个利息以及本金的还款日期等。此外，该系统还要求债务国每年报告并记录每笔贷款的交易信息（包括贷款发放、本金和利息偿还）、未偿债务存量信息（区分已发放、未偿还和未支付）、债务重组和减免信息以及债务违约和拖欠的相关数据。

债务人报告系统的会计统计标准参考第六版《国际收支和国际投资头寸手册》。在债务人报告系统中，债务存量是指当年年末尚未偿还的长期债务的实际金额，其中包括拖欠的本金、但不包括拖欠的利息（这些利息被标记为短期债务）。外部债务被定义为本国居民对非居民的债务，以外币或本国货币计价。长期债务是指原始期限超过一年的所有债务。外部公共债务包括公共部门所有的外部借款（包括主权政府或其他公共部门）和任何具有主权国家或公共部门担保的私营部门实体的外部借款。其中，公共部门包括以下机构：中央政府及其部门、中央银行（货币当局）、地方政府（包括州、省、市和相关分区）、国有企业（政府部门全资拥有的金融和非金融企业实体)、混合企业(公共部门拥有超过50%投票权份额的企业实体)、官方开发银行(提供长期贷款但不接受货币存款的银行机构)。理论上而言,债务人报告系统要求债务国报告所有公共部门股权份额超过50%的所有企业债务,不论此类借款是否具有主权政府的担保。但在实际操作中,许多债务人报告系统报告者使用的是更为狭义的外部公共债务定义,即只包括中央政府或广义政府部门的借款。

按照债权人类型的不同,债务人报告系统中统计的借贷信息可分为四类。第一类是双边官方贷款,即来自主权政府和公共机构的贷款。公共机构指国有资本占比在50%或以上的机构,包括国民账户体系所定义的一般政府、中央政府、州和地方政府、中央银行和国有企业。第二类是多边官方贷款,即贷款决策过程包括两个或两个以上国家政府的国际组织提供的贷款,如世界银行、亚洲开发银行、非洲开发银行等。第三类是债券,即发行人承诺在固定日期向投资者支付指定金额的款项并在指定日期支付利息直至到期的证券凭证。债券包括公募债券和私募债券两种类型。第四类是非官方双边贷款。这类贷款包括所有其他对私人债权人的负债。

(三) 经济合作与发展组织的债权人报告系统

1966年,经济合作与发展组织与世界银行共同推出了增强型对外贷款报告制度,要求债权人报告与赠款和贷款项目有关的数据,并形成了延续至今的债权人报告系统 (Creditor Reporting System, CRS)。该系统收集了所有经济合作与发展组织官方发展援助委员会的成员国向发展中国家所提供的官方发展融资数据,包括每笔融资的来源和投向、使用目的以及希望实现的政策目标。在这些微观数据的基础上,经济合作与发展组织形成了国际发展统计数据库 (International Development Statistics)。世界银行和经济合作与发展组织会对通过债务人报告系统和债权人报告系统的数据进行交叉核对。相比债务人报告系统，债权人报告系统的数据统计大约滞后一年。

对于每笔资金，债权人报告系统会根据其投向和优惠程度，把资金分为官方发展援助和其他官方资金两类。其中，官方发展援助是以促进经济发展和福利为主要目标、以赠款和优惠贷款等优惠资金为主要手段的官方资金。在具体实践中，向官方发展援助受援国清单中的国家和地区提供的优惠融资才能算作官方发展援助，融资优惠程度根据受援国的收入分类有所不同。其他官方资金是不符合官方发展援助标准的官方资金，既包括不符合官方发展援助优惠标准但用于发展目的的官方双边和多边贷款（例如来自国际复兴开发银行的贷款），也包括由官方支持且主要目的是促进出口的出口信贷。

（四）国际金融协会的《债务透明的自愿原则》

债务透明度是债务可持续性评估、债务管理乃至后续债务处置谈判的重要基础。一方面，提高债务交易的透明度可以改善相关利益方的信息沟通，降低由于未披露的债务信息所带来的风险。[①]另一方面，提高透明度也有助于借款人、债权人和官方部门持续评估债务动态和债务可持续性。为了促进债务透明度的提高，国际金融协会于2019年提出了《债务透明的自愿性原则》（Voluntary Principles For Debt Transparency）。[②] 该原则是由私人部门所提出

[①] 例如，2012年至2016年期间，瑞信集团曾为莫桑比克提供20亿美元秘密主权借贷，莫桑比克随后出现债务违约，给其他债权人了带来重大损失。

[②] The Institute of International Finance (IIF), "Voluntary Principles For Debt Transparency", (Jun 2019), https://www.iif.com/Publications/ID/3387/Voluntary-Principles-For-Debt-Transparency.

的自愿性债务数据公布原则,是对以二十国集团的《可持续融资操作性指南》为代表的公共部门倡议的重要补充。

《债务透明的自愿性原则》的核心内容是鼓励私人部门贷款人向有关国际金融机构(如经济合作与发展组织)披露与公共和公共担保债务有关的金融交易信息。从债务人角度看,该原则所涉及的主体是具有主权信用担保的借款人,包括中央政府、地方政府以及获得中央或地方政府信用背书的私人部门。理论上而言,该原则适用于所有国家,但在落实过程中初期的重点是高度依赖优惠贷款且外币债务占比较高的低收入国家,因为这些国家更容易出现偿付和融资困难。从债权人角度看,该原则是由商业银行等私人部门债权人发起,但其所建议的债务公布标准也可被官方债权人采用。

从具体融资方式看,该原则适用的交易类型包括但不限于:贷款、不需公开披露的债券、证券回购协议、其他形式的资产担保融资或同等的商业协议、金融衍生工具(不包括仅用于风险对冲目的的金融衍生工具)、与债务相关的伊斯兰金融交易以及公私伙伴关系项目中与私营部门的金融交易。

从信息披露范围看,《债务透明的自愿性原则》致力于公开披露的信息包括以下内容:借款人/融资接受者、担保人/赔偿提供方、融资类型(如贷款、债券、回购等)、双边融资中签署协议的贷款人、银团融资中签署协议时的授权牵头行和代理行、交易中介(适用于银团交易或存在多个融资/承销提供商交易的情况)、偿付优先级、关于借款总额和支付周期的详细信息、计价货币、还款安排/期限结构、利率、适用法律、放弃主权豁免的程度、争端解决机制、抵押品等。

二 主权债务的运营管理工具

(一) 世界银行的债务管理绩效评估工具箱

2008年，世界银行发布了债务管理绩效评估工具箱（Debt Management Performance Assessment，DeMPA），旨在帮助发展中国家提高债务管理的水平和加强制度建设，目的在于帮助发展中国家提高债务管理的水平和加强制度建设。[①] 该工具箱设计了一套覆盖政府债务管理职能各个方面的综合绩效指标体系，可用于对债务国政府管理债务的绩效（包括优势和不足）和能力进行评估，并为有针对性的债务管理方案改革提供参考。整个绩效指标体系由15个一级指标和35个二级指标构成，覆盖了公共债务管理的六个核心领域。这六个核心领域与15个一级指标的详细内容可见表5-1。

表5-1 **债务管理绩效评估工具箱中的一级绩效指标与相应债务管理领域**

债务管理领域		绩效指标
治理和战略开发	指标1	法律体制
	指标2	管理结构
	指标3	债务管理战略
	指标4	评估债务管理操作
	指标5	审计
与宏观经济政策协调	指标6	与财政政策协调
	指标7	与货币政策协调

---

① The World Bank, "Debt Management Performance Assessment (DeMPA)", https://www.worldbank.org/en/programs/debt-toolkit/dempa.

续表

债务管理领域	绩效指标	
借款及相关的融资活动	指标 8	国内市场借贷
	指标 9	外部借款
	指标 10	贷款担保、转贷以及金融衍生品
现金流预测和现金余额管理	指标 11	现金流预测和现金余额管理
操作风险管理	指标 12	债务管理和数据安全
	指标 13	职责分工、工作人员的能力和业务可连续性
债务记录和报告	指标 14	债务记录
	指标 15	债务报告

注：笔者整理。

使用该工具箱完成债务管理绩效评估的具体流程如下。首先，根据每个二级评估指标及其评估标准，对债务国政府债务管理的制度基础和执行能力进行评估。其次，根据评估结果给出 A、B、C、D 四个等级的评分。其中，A 是最高等级，意味着债务国在该指标所对应的债务管理领域具有最佳制度和实践水平。B 意味着具有良好表现，评分介于最佳和合格之间。C 是债务管理能力合格的最低标准。D 意味着有关债务管理制度或实践表现太差，没有达到合格标准，该指标所对应的债务管理领域通常需要作为下一步债务改革的优先事项。最后，得到一份关于债务国债务管理绩效的评估报告，为债务国未来的债务管理实践提供参考。

2008 年版的债务管理绩效评估工具箱只涉及中央政府债务，没有考虑地方政府债务。在此基础上，世界银行于 2016 年又推出了一套专门针对地方政府债务管理绩效评估指标体系，用于评估一国地方政府债务管理中的优缺点。

(二) 联合国的债务管理和金融分析系统

为了帮助发展中国家提高债务管理方面的能力,联合国贸易和发展会议于1982年启动了债务管理和金融分析系统项目(Debt Management and Financial Analysis)。① 该系统的初衷是帮助各国建立良好的外债数据库。发展至今,该系统所涉及的债务范围已扩展到公共部门的外部债务和内部债务以及私人部门的外部债务,所提供的债务管理功能也从最初的债务数据记录扩展到债务数据验证、债务统计、风险分析、债务可持续性分析及策略制定等。

作为一个综合性的公共债务管理和财务分析工具,债务管理和金融分析系统主要由三个部分组成。一是专业的债务管理计算机软件,包括债务数据统计、债务数据分析、债券管理、财务分析工具等版块,涵盖了公共债务管理的核心业务需求。在这个软件的帮助下,使用者不仅可以建立和维护一个完整、准确和及时的公共债务数据库,还可以实现债务状况分析、债务风险管理、有关技术合作和能力建设等诸多功能。二是咨询服务。联合国为系统使用者提供长期咨询服务,可以依靠债务管理软件项目中的信息平台,对出现的任何紧急问题和要求迅速做出回应。使用者可以通过电话、电子邮件、传真或联合国贸易和发展会议的 FTP 服务器与该平台的服务人员取得联系。在条件允许的情况下,客户还可将数据库发送并安装在日内瓦总部,以便查询并解决问题。此外,该项目还提供其他公共债务管理有关的咨询服务,如协助一些国家为与巴黎俱乐部和伦敦俱乐部的债务重组谈判做技术上的准备。三是能力建设,包括各种可以提高债务管理人员技能和

---

① 具体参见:https://unctad.org/en/pages/gds/Debt%20and%20Development%20Finance/Debt-Management-and-Financial-Analysis-System-(DMFAS).spx。

知识的培训。除了有关计算机软件使用的培训外,系统使用者还可以参加联合国贸易和发展会议主持召开的有关债务管理问题的讲习班或研讨会。此外,为方便系统使用者之间进行经验交流与推广,联合国贸易和发展会议还会安排各国债务管理人员对别国进行短期访问。

  总的来说,债务管理和金融分析系统具有三方面的优势。一是综合性,即为使用者提供了一个覆盖公共债务管理各个方面问题的综合解决方案。二是灵活性,即在设计上考虑到了不同国家需求的差异性,并且可以根据实际需要进行个性化调整。三是高效性,即可以帮助使用者大幅提高政府债务管理效率和透明度。不过,由于本身比较复杂,该系统在实际使用中也存在很多挑战。例如,整个系统的建立需要较大资金和人力投入,这对于一些财政状况困难的发展中国家而言可能是一个挑战。此外,系统的建设需要考虑到与当地财务制度匹配的问题,因此也存在建设周期耗时较长的问题。

第六章　主权债务的重组和减免规则

在出现无法按照约定履行主权债务偿付义务的情况下，债务国政府可向债权人寻求主权债务重组和减免，从而达到减轻偿债负担的目的。及时有效的债务重组和减免一方面可以帮助债务国更快地走出债务危机或减轻危机所带来的负面经济影响，另外也可以降低债权人的损失。其中，债务减免侧重于直接减免债务存量，债务重组侧重于对债务国的债务期限、利息、支付方式等进行暂时调整或重新安排，二者都是应对债务危机的重要手段。按照提出和主导规则的债权人类型，主权债务重组和减免规则可分为多边官方减债规则、双边官方减债规则和私人部门减债规则三类。双边官方债权人主导的典型规则如巴黎俱乐部规则和二十国集团框架下的《缓债倡议》及其后续《缓债倡议后续债务处理共同框架》。多边机构主导的典型规则如《重债穷国倡议》和《多边减债倡议》等。私人债权人主导的典型规则如集体行动条款和伦敦俱乐部规则等。

一 双边官方债权人主导的债务重组和减免规则

(一) 巴黎俱乐部规则

巴黎俱乐部是官方双边主权债务重组和减免的典型协商机制。巴黎俱乐部于1956年成立，永久成员包括22个传统债权国。在多年债务处置过程中，巴黎俱乐部已经形成了较为成熟的债务重组和减免规范，包括六大原则和多种债务处置条款。

1. 六大原则

作为非正式组织，巴黎俱乐部提出了六大原则以促进成员国在债务处置问题中的协调与合作。第一项原则是团结一致（Solidarity），即巴黎俱乐部一旦做出任何决定，成员国应一致遵照实施。第二项原则是达成共识（Consensus），即巴黎俱乐部所有决定需成员国全体同意才能达成。第三项原则是信息共享（Information Sharing），即巴黎俱乐部是债权国交流信息的特定平台，成员国之间定期分享债务国信息和索赔数据，对外则保密。第四项原则是个案处理（Case by Case），即出于对债权人利益的充分尊重，巴黎俱乐部在对待每个债务国的重组申请时，坚持根据不同情况不同处理的原则，一般不太强调先例的作用。第五项原则是前提条件（Conditionality），即债务国只有在达成一系列前提条件的基础上才有资格向巴黎俱乐部申请债务重组和减免援助。在实践中，最重要的前提条件是获得国际货币基金组织的贷款项目支持。要想获得国际货币基金组织的支持，债务国必须在前者的建议和监督下实施一系列经济金融改革措施，以达到增强还款能力的目的。第六项原则是待遇可比（Comparability of Treatment），即债务国需要保证不同的债权人之间债务重组待遇的相似性和可比性。换而言之，债务国与其他非巴黎俱乐部债权人在达成债务重组协议时，条款对应的减债力度不得低于其与巴黎俱乐部所达成的重组方案。

2. 债务重组和减免条款

巴黎俱乐部共采用过七种债务重组和减免条款，分别是经典条款（Classic Terms）、多伦多条款（Toronto Terms）、休斯敦条款（HoustonTerms）、伦敦条款（London Terms）、那不勒斯条款（Naples Terms）、里昂条款（LyonTerms）和科隆条款（Cologne Terms）。其中部分条款已不再使用。具体而言，多伦多条款和伦敦条款已被那不勒斯条款替代，里昂条款则被科隆条款替代。仍在使用的条款包括四款：经典条款、休斯敦条款、那不勒斯条款和科隆条款，其优惠程度递增，前两款可以视为债务重组条款，因为它们的具体条件里不涉及直接的债务减免，主要是对债务的期限、利率等的调整；而后两款则可以视为债务减免规则，因为它们直接提出了一定比例的非官方发展援助债务减免幅度。这四款债务重组和减免的条款在适用范围和具体条件等方面差异明显，从而为债务国处理债务问题提供了多样化的偿付选择。

现行条款中，经典条款适用于所有发展中国家，减免措施为按照合理的市场利率重新调整还款期限方案。休斯敦条款在经典条款的基础上增加了三个优惠条件，包括延长还款期限、按优惠利率重组官方发债援助贷款以及其他形式的债务置换。适用对象是高负债的中低收入国家。那不勒斯条款的适用对象是重债穷国，所提供的债务减免额度达67%以上。科隆条款的适用对象是符合《重债穷国倡议》资助条件的国家，所提供的债务减免额度高达90%。这四类条款的优惠程度依次递增，前两种仅涉及债务重组，后两种则对债务存量进行了直接减免。除了一般性条款以外，巴黎俱乐部还为意外冲击设置了以债务延期为主的特殊条款。特殊条款适用的意外冲击包括自然灾害（如2004年印尼和斯里兰卡海啸后债务偿还暂停1年）、政治冲突（如2008年利比亚债务偿还暂停3年）、粮价和油价飙升（如2008年多哥债务偿还暂停3年）等。

表6-1　　　　　　　　　　巴黎俱乐部的主要条款

条款	使用时间	适用对象	债务减免幅度
经典条款	—	几乎所有发展中国家	由市场利率重新确定还款方案
多伦多条款	1988—1991年	最贫穷国家	33.33%
休斯敦条款	1990年—	中低收入国家	经典条款加上三条优惠条件
伦敦条款	1991—1994年	中低收入国家	50%
那不勒斯条款	1994年—	最贫穷国家	67%
里昂条款	1996—1999年	HIPC中最贫穷的高负债国家	80%
科隆条款	1999年—	HIPC中最贫穷的高负债国家	90%

资料来源：根据巴黎俱乐部官方网站 http://www.clubdeparis.org/ 材料整理得。加阴影的部分表示已经停用的条款。

注：HIPC（Highly Indebted Poor Country Initiative，重债穷国倡议）。

从债务处置的具体手段来看，巴黎俱乐部的债务处理方法主要有四种，分别是延长还款期、调整利率、直接提供不同幅度的债务减免以及债务互换。这几种具体方法在上述四种条款下被组合使用，构成了多样化的债务重组和减免方案。在具体执行过程中，巴黎俱乐部债权国还会依据个案处理原则根据债务国的实际情况调整标准化的债务处置条款或组合使用多种条款。历史上，南斯拉夫曾经采用巴黎俱乐部的多个条款进行了债务重组和减免。南斯拉夫接受了国际货币基金组织三年期的经济改革计划，与巴黎俱乐部债权国展开债务谈判。当时的南斯拉夫并不属于重债穷国，因而无法使用那不勒斯条款。但是，考虑到该国战后经济处于低谷，人均GDP低于1000美元，经济重建困难重重，巴黎俱乐部基于个案处理原则，按照那不勒斯条款减免了南斯拉夫66%的债务。与此同时，巴黎俱乐部还允许该国延期还款，把还款期限延长为20年。在利息减免方面，巴黎俱乐部对不同类型债务采用了不同方案：对于非官方发展援助债务，允许该国采用市场利率偿还；对于官方发展援助债务，允许该国采用优惠利率偿还。这些组合方案给南斯拉夫提供了喘息机会，允许该国有资金能够开展战后重建，对于南斯拉夫维护国家稳定，尽快摆脱战后经济危机起到了积极的作用。

3. 对巴黎俱乐部规则的评价

巴黎俱乐部的本质是一个发达国家组成的债权国联盟，其主要目的是维护组织内部债权国的利益。该机构所提出的债务重组和减免规则有四点优势。第一，要求不同债权人之间进行信息共享的原则有助于降低债权方相对债务方的信息劣势，避免债务国借助信息不对称机会"拆东墙、补西墙"的投机行为。第二，共同行动原则可以促进不同债权人之间的互惠合作，提高债权方在谈判中的议价能力。第三，提前设定多种减债条款的做法有助于提高谈判效率和降低政治倾向。第四，针对不同债务国的具体减债申请采取一事一议的决策机制，这种做法可以增强债务处置的灵活性。

然而，由于近年来巴黎俱乐部对发展中国家的债权规模不断缩减，巴黎俱乐部规则的整体影响力有所下降。此外，巴黎俱乐部主要由发达国家组成，对新兴债权国的包容性较差，尤其是资源禀赋与传统债权国差异较大的新兴市场债权国（如中国、印度等）。最后，巴黎俱乐部的一致行动原则虽然有助于提高债权方的话语权，但也存在组织内部协调难度极高、难以兼顾不同债权方差异的机制挑战。

（二）二十国集团的《缓债倡议》与《缓债倡议后续债务处理共同框架》

新冠疫情暴发后，国际社会展开了针对低收入国家的债务援助行动。二十国集团于 2020 年 4 月共同签署了《缓债倡议》，允许最贫穷国家暂停偿还在 2020 年 5 月起至 2021 年末期间到期的双边官方债务。该倡议包括 73 个低收入国家，其中有 40 个位于非洲地区。2020 年 11 月，二十国集团共同核准了《缓债倡议后续债务处理共同框架》（Common Framework for Debt Treatment after DSSI，以下简称《共同框架》）。《共同框架》是疫情后全球债务治理的重要成果，提出了"共同行动、公平负担、个案处理、多边共识"的多边债务处理原则。

《缓债倡议》及其后续《共同框架》是疫情后最重要的双边官方减债倡议，不仅是对发展中国家债务困境的及时应对，同时也在扩大债权人参与范围方面取得了重大进步。但是，三方面原因导致《缓债倡议》援助力度不足。第一，此次减债原则上只允许延长还款期限，最多提供利息减免，不涉及本金减免。因此，《缓债倡议》及《共同框架》只能缓解债务国面临的流动性压力，而不能改变偿付困境。接受《缓债倡议》援助的国家虽然可以在倡议期内不偿还到期债务，但仍需要在协议到期后4年内偿还被延期的债务。从2020年5月至2024年期间，《缓债倡议》国家的债务偿还总额将超过1894亿美元。和《缓债倡议》类似，《共同框架》也提出，原则上不提供债务免除或核销式援助。

第二，此次援助仅承诺双边官方债务的延期，私人部门和多边发展银行的参与度有限。目前参与《缓债倡议》的国家在2020年5月至2021年6月期间到期的还本付息额约为399亿美元，其中有166亿属于官方双边债务，约占总额的42%。剩下超过一半的到期债务属于私人部门和多边机构，在总偿债额中占比分别为18%和29%。虽然《共同框架》要求私人债权人提供与双边官方债权人至少同等条件的债务处理，但具体落实前景令人担忧。一方面，仍有很多国家虽然具备《缓债倡议》资格但选择不参与该倡议。阻碍这些债务国申请援助的主要原因在于害怕因为主权信用降低而失去国际金融市场融资渠道或提高融资成本。另一方面，以世界银行为代表的多边发展银行担忧实施债务暂缓会影响其在国际市场上的融资能力，因此并未全力参与当前减债行动。

第三，《缓债倡议》只针对低收入最贫穷国家，但是其他不在《缓债倡议》范围内的发展中国家也面临债务困境。① 欧洲债务和发展网络（Eurodad）预计，非《缓债倡议》发展中国家2020年需偿还2730亿美元债务，《缓债倡议》提供的债务延期援助只覆盖了所有发展中国家2020年偿债总额的3.65%。②

---

① 具体参见：https：//www.odi.org/sites/odi.org.uk/files/resource-documents/mdbs_and_covid-19_wp_web.pdf。

② The European Network on Debt and Development, "G20 debt service suspension: A response not fit for purpose", (Apr 2020), https：//www.eurodad.org/g20_debt1.

二 多边机构主导的债务重组和减免规则

(一) 国际货币基金组织的主权债务重组机制

2001年,国际货币基金组织第一次正式提出了"主权债务重组机制"(Sovereign Debt Restructuring Mechanism, SDRM)。构建主权债务重组机制的想法来自美国国内破产法,初衷是把国内破产法的有关原则拓展到国际层面,从而形成一套应对主权债务危机的法律方案。主权债务重组机制的基本思想是为债务人和债权人提供一个能够实现高效债务重组谈判的法律和制度平台,允许多数债权人在公平合规的情况下进行统一投票并达成债务重组协议,并成立一个独立的中央纠纷解决机制来处理有关诉讼和纠纷,从而达到避免少数债权人阻挠债务重组进程、提高债务谈判的透明度和可预测性的目标。主权债务重组机制的目标是帮助保护资产价值和债权人权益,同时为债务国恢复可持续性和增长创造条件。

主权债务重组机制具有危机预防和危机解决的双重作用。[①] 从危机预防的角度看,该机制可以使得私人部门减少对高债务国家的过度借贷,并且确保官方部门不会为不审慎的债权人提供救助。从危机解决的角度看,该机制可以鼓励债权人更加快速和及时地参与债务重组谈判,从而达到维护资产价值和保护债权人权益的目的。

主权债务重组机制包含以下四个基本原则:

第一是多数债权人重组,即一旦重组协议已获足够多的债权人

---

① Anne O. Krueger, "Sovereign Debt Restructuring Mechanism—One Year Later", (Dec 2002), International Monetary Fund Speeches, https://www.imf.org/en/News/Articles/2015/09/28/04/53/sp121002.

通过，应迫使少数债权人也服从这一重组协议。这一原则可以降低少数债权人"搭便车"的风险，提高多数债权人达成一致意见的概率，以及避免少数债权人对债务国发起诉讼。

第二是暂停债务偿还，即在债务谈判期间为债务国提供一个临时性的机会窗口，使其可以延期偿还债务并且不会遭到少数债权人的诉讼。

第三是保障债权人利益，即要向债权人提供一定保证，确保债务国在中止还款期内会以负责任的方式行动。换言之，债务国应采取适当的经济政策（一般指得到国际货币基金组织认可和监督的政策），真心实意地与债权人开展债务谈判，并且承诺不会给予不同债权人差别性待遇。

第四是优先融资，即要鼓励私人贷款者为债务国提供新的资金。一般而言，私人债权人没有动机为正在经历债务重组的债务国提供新的融资支持。但是，在使用恰当的情况下，新的资金可以帮助债务国快速恢复经济增长和走出债务困境。为了增强私人部门提供新增的融资的动机，在多数债权人同意的情况下，新资金的提供者可以拥有率先获得债务偿还的优先权。

作为债务重组的法定方法，主权债务重组机制最大的特色在于其多数同意机制和所达成协议对其他债权人的强制约束性。该机制的优点是可以提高主权债务重组的效率和公平性，减少不确定性和成本，促进债权人协作和提高债务谈判的效率。然而，尽管主权债务重组机制得到了很多专家、机构和主权国家的支持，但并未成为主权债务重组的普适性方案。该机制试图构建一个普适性的国际法律框架，这与现有的合同条款和国际法相冲突，并遭到了某些利益相关者的反对或抵制。此外，该机制的执行需要建立一个类似"国际破产法庭"的独立仲裁机制，这一方案因为过分强调官方干预而遭到美国的强烈反对,并且因为缺乏足够的资源支持而无法落地。这些困难导致主权债务重组机制被搁置,后续逐渐被集体行动条款等更为市场化的合同式债务重组机制所取代。

(二) 国际货币基金组织和世界银行的《重债穷国倡议》与《多边减债倡议》

为了帮助低收入国家走出债务困境,国际货币基金组织和世界银行分别于1996年和2006年提出了《重债穷国倡议》(Heavily Indebted Poor Country Initiative,HIPC)和《多边减债倡议》(Multilateral Debt Relief Initiative,MDRI)。这两项倡议的目的都是促进低收入国家债务可持续性,帮助其尽快实现联合国的千年发展目标。

《重债穷国倡议》的援助对象是面临债务不可持续挑战且符合融资条件的低收入国家,减免力度是将债务国的外部公共和公共担保债务降低至可持续水平,即:债务现值占GDP比率低于150%,债务现值占政府收入低于250%,偿债额占出口比率低于15%—20%。《重债穷国倡议》推出后,尽管在帮助低收入国家恢复债务可持续性方面取得了一定的成功,但批评声仍然不断。非政府组织认为,《重债穷国倡议》的申请资格设定缺乏科学性,而且债权人所提供的债务减免力度不够,债务国仍然存在沉重的债务存量。为了进一步加快实现联合国千年发展目标,国际货币基金组织和世界银行等机构于2005年6月签署格伦伊格瑞斯协定(Gleneagles Plan),共同实施《多边减债倡议》,为低收入国家债务提供更进一步的减债援助。《多边减债倡议》是对《重债穷国倡议》的补充,在后者减债完成后启动。该倡议为已达到《重债穷国倡议》完成点的债务国提供100%的多边机构债务减免,参与债权人包括IMF、世界银行、非洲发展基金和泛美发展银行。

《重债穷国倡议》框架下的债务减免流程包括三个阶段。第一是"决策点",即多边组织评估债务国是否符合减债申请条件。具体要求包括:(1)具有获取世界银行国际发展机构和IMF减贫和增长基金贷款的资格;(2)传统减债机制无法缓解债务压力;(3)具有在IMF和世界银行支持项目下完成经济改革的成功记录;(4)制定一份《减贫战略文件》。第二是"过渡期",即债务国在经济改革表现良好的条件下获得来自多边和双边债权人的部分减免。"过渡期"没有统一标准,具体减免需一事一议。第三是"完成点",即债务国获得最终债务减免。达到"完成点"的债务国需实现3项经济改革成就:(1)在IMF和世界银行支持项目中表现良好;(2)"决策点"阶段所制订的经济改革计划得到了满意成效;(3)执行《减贫战略文件》超过1年。

在针对重债穷国的减债行动中,国际货币基金组织、世界银行和巴黎俱乐部之间保持密切合作,并形成了高度依赖的决策流程。一方面,巴黎俱乐部的减债条款往往要求债务国在IMF和世界银行监督下进行经济改革,其减债流程也常与《重债穷国倡议》框架重叠。另一方面,《重债穷国倡议》和《多边减债倡议》的最终减债决定又都以债务国接受巴黎俱乐部减免条款为先决条件。以刚果为例,其从2004年开始的减债流程如下。2004年,刚果向巴黎俱乐部提出减债申请,后者按照那普勒斯条款为其减免16.8亿债务和重组13.4亿债务。2006年,刚果达到《重债穷国倡议》的"决策点",在《重债穷国倡议》框架下获得中期融资支持,在巴黎俱乐部科隆条款下获得90%的双边债务减免。2010年,刚果达到《重债穷国倡议》的"完成点",在《重债穷国倡议》框架下获得2.6亿多边债务减免、来自巴黎俱乐部的9.8亿债务减免和

14.9亿的债务重组。随后，又在《多边减债倡议》框架下获得2.0亿多边债务减免和其他经济援助。在这些减债行动的帮助下，刚果债务现值占政府收入比例降低至40%以下。

总的来说，《重债穷国倡议》和《多边减债倡议》都是从保持债务国债务水平可持续性角度提出的减债计划，这与早期的巴黎俱乐部的债务重组和减免方案以及美国政府所主导的布雷迪计划存在本质区别。这两套减债规则的设计具有五点优势。一是把达成特定经济改革目标和获得巴黎俱乐部双边债务减免作为减债前提，这有助于避免债务国过度举债或滥用资金。二是实施分阶段减债，流程高度规范化，债务决策相对公平。三是将减债资格与获得优惠贷款的资格相互捆绑，提高了与债务国谈判的话语权。四是来自基金组织和世界银行的政策建议和改革监督有利于提高债务国的债务可持续性。五是实现了不同债权人的多方合作，增强了对债务国的减债力度。

然而，上述倡议都是针对低收入国家的多边减债规则，具有较强的公益性质，也存在五点不足。第一，这两个倡议的减债力度大，减债成本较高，一般需要多个债权人共同承担。第二，私人部门参与度不足。在这两个倡议中，多边机构和巴黎俱乐部成员国承担了大部分的债务减免压力，商业银行等私人部门所提供的债务减免援助力度非常有限。第三，减债行动主要针对重债穷国，对债务国的申请资格有严格的限制，大多数发展中国家被排除在外。第四，整体而言，两个倡议所提供的减债方案都较为单一，没有考虑其他发展中国家的不同国情。第五，两个债务减免计划都是以国际货币基金组织所建议和认可的结构性政策改革计划为前提，这些改革计划的设计带有强烈的主观性并且不一定符合债务国的真实发展需求。

（三）联合国贸易和发展会议的债务处理机制

在缺乏国际债务处置机制的情况下，主权债务重组存在前后矛盾、效率低下和不可预测的问题，为此，亟须建立一种可处理各种类型债务危机的解决机制。针对这一困境，联合国贸易和发展会议提出了一项债务处理机制（Debt Workout Mechanism, DWM），以提高主权债务重组执行中的一致性、公平性和效率。2015 年 4 月，联合国贸易和发展会议发布了《主权债务处理：路线图和指南》（Sovereign Debt Workouts: Roadmap and Guide，以下简称《指南》）。[①] 首先，《指南》明确了当前债务处置实践中的关键问题，并提出了关于主权债务处置的五项原则。其次，《指南》还建议进行全球改革以简化债务清算程序，并且详细阐述了债务国在债务清算之前应采取的步骤。最后，《指南》对改革债务清算程序和有关法院判决主权债务案件的具体实践提出了政策建议。

1. 当前债务处置实践中的关键问题

该路线图和指南认为当前债务重组主要存在以下三个问题：

一是缺乏协调机制。由于债务国面临不同类别的债权人，这要求债务国采取不同的程序进行债务清算。但由于缺乏全面和强制性的债务清偿机制，当前的债务清算无法为债权人提供有效的协调手段，这阻碍了公平和持续的债务清偿。

二是缺乏公平性。当前的债务处置机制不能保证对债务人和债权人的公平对待。首先，对于债务国来说，债权人存在过度干预债务国经济的可能性。为了从多边金融机构和其他区域性金融机

---

① United Nations Conference on Trade and Development (UNCTAD), "Sovereign Debt Workouts-Roadmap and Guide", (Apr 2015), https://unctad.org/en/pages/newsdetails.aspx?OriginalVersionID=987.

构中获得临时资金，债务国通常需要进行影响深远的经济调整和结构改革。尽管这些改革在形式上是自愿的，但债权人或国际机构的压力往往导致债务国无法实行符合其自身长期利益的改革政策，而是实施确保债权人偿还权益的短期措施。这些短期措施有时会引发社会动荡。其次，当债务国面临经济或政治紧急状态时，债权人可能会遭受债务国否认债务、拒绝履行还债义务等单方面行为。

三是缺乏效率。由于缺乏债权人的协调机制，或者由于债务国政府希望避免重组过程中带来的政治上的高昂代价，债务重组通常会被推迟。推迟债务重组只会给债务国人民带来更多的社会损害。

2. 主权债务处置原则

联合国认为遵守一系列共同的原则将有助于改善债务清偿方式。这些原则将为利益相关者在进行债务协议谈判或裁定与主权债务协议有关的案件时提供指导。这些原则包括：

一是合法性。合法性要求主权债务清算机制和程序的建立、运作和处理结果必须遵守法治方面的要求。

二是公平性。公平性要求债务清算机制执行中涉及的参与者、机构必须避免偏见。尽管债权人和债务人追求自身利益是理所应当的，但相关参与者和机构在执行债务清算时需保持中立，尤其是在债务可持续性评估和有关重组条款方面。

三是透明性。透明性要求信息公开，公众有途径了解债务清算机构、流程和基础数据的信息。

四是诚信。诚信要求债务偿还程序及其法律和经济结果必须符合合理的期望。

五是可持续性。可持续性要求及时、有效地完成主权债务清算,同时使债务国的经济和社会发展成本降至最低。

3. 减轻债务处置负担可进行的全球性改革

该路线图和指南还建议进行全球改革以减轻将来的债务处置负担。针对现有债务处置方式的缺陷,联合国认为可考虑在多边层面进行以下改革:

一是设立一个主权债务处置机构,其任务主要是通过促进与全体债权人的包容性对话、调解和仲裁,为寻求解决方案的债务国提供支持。

二是债权人、非政府组织和国际组织应制定有关主权债务风险的预警指标和参考基准。除此之外,还应鼓励债务国在违约前讨论债务重组。

三是可在主要司法管辖区中设置专门法律来保护协商一致的谈判结果。必要时,立法应确保对强制执行有关主权豁免的统一适用性。

四是各国和国际组织可能会采取软性措施来减少债权人的不合作行为。一种选择是公布不合作的债权人及其母公司的名单,该名单可由主权债务处置机构(或适当的独立机构)管理。

4. 债务国在债务处置前的政策准备建议

在解决债务危机之前,债务国政府也应做好准备。《指南》对债务国应做好的政策准备提出了建议,具体步骤如下:

(1)债务国在与市场参与者讨论后,应例行组织对债务处置方案的多数表决,包括旨在使重组决定更具可预测性的任何其他条款。

(2)债务国在与市场参与者讨论后,可在其债务工具条款中列入允许调解和仲裁的条款,以防债务处置谈判无法成功进行。

(3)债务国在与市场参与者讨论后,可把只要诚信谈判继续进行就可暂停债务偿付、并在债务危机期间暂停诉讼的条款列入借贷合同。

（4）债务国在与市场参与者讨论后，应澄清合同中适用的平等条款不等于按比例偿还债务。

（5）债务国应设立中央债务管理办公室，以分析和管理主权债务风险。此外，债务国应定期发布基于债务危机预警指标来判断风险程度的债务稳定报告。

5. 有关债务处置程序的改革建议

当债务国面临严重的主权债务困境时，应通过调解、仲裁和审查等方式，寻求公平和全面的债务解决方案。《指南》提出要对主权债务处置程序进行改革，改革后具体步骤如下：

（1）债务国应首先通过中央债务管理办公室对其主权债务可持续性进行评估，如果评估结果显示债务国只是存在流动性缺口，那么该国应向多边、双边或私人债权人寻求流动性支持。然而，绝不能用获得流动性支持作为借口来拖延债务处置。如果提供流动性支持无法降低无法偿还债务的长期风险，则有必要进行债务处置。债务国不应因为担心政治、经济或社会后果而推迟债务处置，否则可能会使情况变得更糟。

（2）为了避免主权债务重组对包括银行业在内的国内金融部门产生更为广泛的影响，债务国还可对银行存款的可兑换性施加限制或实行更为严格的资本管制。

（3）进入债务处置程序意味着立即停止还本付息。在债务国真诚地与债权人进行重组谈判的前提下，债务国可以在整个债务处置期间暂停履行其还本付息义务而不遭到诉讼。暂停偿债和有关诉讼可以帮助债务国维护一个相对稳定的经济环境和公平对待所有债权人，这对减少市场动荡和危机总体成本而言是一个必不可少的步骤。如果债务国选择暂停债务偿付，它应立刻联系国际性债务处置机构，获得该机构对债务国在债务处置期间暂停还本付息的认可，债务处置机构将支持债务国与债权人联系并设计谈判程序。债务国应尽快以直接或间接的方式通知所有债权人该国将进入债务处置程序和暂停还本付息的决定，并邀请他们参加圆桌会议，同时立即停止向任何债权人支付款项。

（4）圆桌会议应审查债务国对其债务可持续性的评估。除非双方都认为不必进行债务处置，否则应就谈判框架寻求共识，包括促进不同债权人集团协调的谈判和沟通机制。利益相关者应认真记录上述圆桌会议的内容，并将其作为双方真诚谈判的证据。此外，经各方协商，谈判过程中还应找到一个可以对债务国的债务可持续性进行公正评估的独立机构。该机构将对债务国的债务状况进行评估，为债务重组方案提供技术性建议。根据债务可持续性评估，债务国应在国内利益相关者的充分参与下制订本国的经济和社会复苏计划。

（5）债务谈判应按照双方商定的形式开展。第一步是核实债权。债务国应通过公开透明的程序来核实债务重组过程中所涉及债权的有效性。这一程序可以让所有利益相关者（包括民间社会和相互竞争的债权人）都有机会对个别债权的有效性提出质疑。

（6）债务重组谈判的结束方式有三种。一是债务国与绝大多数债权人直接谈判并达成协议。各方应在此协议基础上根据所适用的合同条款或法律规定，完成债务重组。二是调解员向各方提出解决方案，债务人和多数债权人就接受该方案达成一致意见。该方案对债务人和债权人都具有约束力，各方应在此协议基础上根据所适用的合同条款或法律规定，完成债务重组。三是由仲裁小组做出最终裁决。该裁决对当事各方具有直接约束力，各方应在此协议基础上根据所适用的合同条款或法律规定，完成债务重组。

（7）在根据债务重组协议完成债务重组后，债务国应恢复债务偿还，并立即向债务处置机构（或向替代公共资料库）提交重组有关的各类信息，包括财务和法律条款的完整记录、对所有债权人群体具体重组待遇的合理解释以及与重组相关的经济和社会改革计划等。任何其他利益相关者或观察者都可以在同一资料库中提交有关重组的声明和文档。

6. 有关法院判决主权债务案件的建议

针对法院对主权债务案件的判决，《指南》也提出了两大建议。第一，如果在债务处置过程中普遍遵循了主权债务处置原则，则法院应假定谈判过程及其结果是诚信的。第二，对主权债务事项具有管辖权的国内或国际法院或法庭而言，如果存在债权人不合作且违反诚信的情况，那么法院可以不承认这些债权。

综上所述，联合国贸易和发展会议从上述六个方面对债务处置机制提供了详细、清晰的路线和指南。总的来说，联合国所提出的债务处置框架与国际货币基金组织所提出的主权债务重组机制有很多相似之处，如都强调要在债务处置期间暂停偿债和避免债务国因此遭受诉讼、成立独立的纠纷协调机制以确保有关规范和债务决议得到统一执行、强调由特定机构来汇总有关债务信息以实现债务透明度等。这些特征导致联合国所提出的方案也像债务重组机制一样面临类似的政治和外交挑战，有关方案的实际进展仍然非常有限。

三 私人部门主导的债务重组和减免规则

（一）伦敦俱乐部规则

伦敦俱乐部始于19世纪70年代。在当时，伦敦俱乐部是为了重组菲律宾和扎伊尔的商业债务而成立的非正式组织，其参与者是主权债务国家和由代表所有债权人的10—15名成员组成的银行咨询委员会。银行咨询委员会的目的是使得债务重组条款被大多数银行接受。银行咨询委员会一般由银行组成，通常由最大的债权人主持，但近些年也包括非银行类的债权人，例如持有主权债券的基金经理。伦敦俱乐部的每次会议都由某个债务人或债权人团体提出举办，并在重组协议签署后解散。伦敦俱乐部主要针对中长期债务，短期贸易信贷通常不被考虑。

在伦敦俱乐部框架下的债务重组谈判流程如下。当债务人宣布其无法偿还债务且不会在规定日期偿债时，债务谈判过程正式开始。首先要成立债务人的谈判团队，成立过程可以由外部顾问协助，包括法律顾问在内的团队将制定谈判策略。谈判的筹备工作包括收集和详细分析所有债务数据。谈判信息备忘录需要涵盖以下内容：最近的经济和金融发展状况、通过的调整政策和执行的国际货币基金组织计划的详细信息、带有收入和支出明细的财政预测、国际收支预测、债务偿还的概况和预测以及进行债务重组的预计外部融资需求。最终债务重组协议分两个阶段起草。第一阶段是起草条款或条款清单，这些初始条款或清单用于确定最终协议要包括哪些条款和要点。银行咨询委员会以此为依据询问非委员会成员的债权人，让他们评估协议草案对他们未偿债权的影响。在第二阶段，银行咨询委员会将根据第一步的草稿起草完整协议。此后，债务方和银行咨询委员会进行"路演"，向其余债权人兜售所达成的协议。通常的做法是要求持有未偿债务比例达90%—95%的债权人在协议生效和实施开始之前接受这一协议。

伦敦俱乐部和巴黎俱乐部有些相似之处。首先，二者都是非正式组织，而非国际机构。其次，二者的部分减债规则也很相似，包括具体案例具体处理、即将违约才进行债务处置、责任各方有条件地分担、支持调整计划和国际货币基金组织协议等。再次，伦敦俱乐部也提供和巴黎俱乐部相同的债务处置工具，包括债务延期、回购、互换和冲销等。最后，在进行债务合并时，伦敦俱乐部和巴黎俱乐部均将短期债务排除，除非出现短期债务在欠款中占很大比例且只能对短期债务进行重组的情况。

伦敦俱乐部与巴黎俱乐部之间没有正式联系。对于和两个俱乐部都要协商债务重组问题的国家，也没有时间顺序的规定。二者在债务重组过程中也有很多不同。首先，二者不同的是，伦敦俱乐部债务人与银行咨询委员会之间的协议只需"原则上同意"，而非巴黎俱乐部所要求的所有债权人"共同行动"。只要有足够的债权人（90%—95%）接受，伦敦俱乐部的协议就可以签署和执行。其次，相比巴黎俱乐部，伦敦俱乐部更少提供利息优惠。最后，伦敦俱乐部会提供多年期的减债援助，但巴黎俱乐部则倾向于使用较短的期限，如一年期的减债援助。

（二）集体行动条款

1994—1995年的墨西哥债务危机后，国际社会认识到解决集体行动困境对于主权债务重组的重大意义。虽然迅速重组对于所有债权人最为有利，但债权人之间的协调失败会导致重组过程无序拖延，尤其是出现少数债权人"拒不合作"（holdout）的情况。

为了按原始合约条件得到还款或出于其他目的，少数债权人不愿意参与重组谈判，甚至可能通过诉讼抵制债务重组进程。这会导致原本愿意参加重组的多数债权人变卦，因为后者也希望寻求债权人之间的平等待遇。此外，由于没有国家破产法这样的法律框架，主权债务重组比公司债务重组更加困难。为了避免少数债权人拒不合作而阻碍债务重组进程的集体行动困境，十国集团于1996年5月就如何促进危机处理问题提出了集体行动条款（CollectiveAction Clauses，CACs）。

集体行动条款是一种包含多数重组机制（Majority Restructuring Mechanism）的债券合同条款。在包含集体行动条款的债权重组过程中，债权人会就债务合同的有关期限、条件、债权人之间收益分享等进行投票，只要持有比例达到特定多数的债权人达成一致，就可以修改相应财务条款以实现债务重组目标，如减少或取消债务应付的本金及利息或修改支付日期、支付币种和地点等。一般而言，特定多数为未偿还本金额的75%。

过去20年间，集体行动条款经历了三次演变，以应对主权债务重组中出现的新挑战和更为有效地解决集体行动困境。第一代集体行动条款采用的是单系列投票（Series-by-Series Voting）。这种投票方式只限于以外国法为管辖法律的债券，即国际主权债券。因为持有这类债券的投资者有很大的主动权。如采用国内法作为管辖法律，那么债务发行国可以随时通过修改本国法律来解决集体行动问题。此外，这种集体行动条款只适用于一个系列的债券，即只能用于指导与该系列债券有关的债权人协调困境。在这种投票方式下，不愿意合作的债权人只要掌控一个系列里超过25%的债券，即可阻止启动集体行动条款。因此，第一代的集体行动条款只能帮助减轻而不能根除少数债权人对于债务重组的阻碍。

第二代集体行动条款采用跨系列双向集合投票集体行动条款（Double Limb Aggregated Voting）。这种条款只适用于在同一个征信契约或财政代理协议下发行的债券，允许在重组两个或以上系列债券时选择双向集合投票机制，包括单系列投票和跨系列集合投票。单系列投票要求支持重组的债权人在单系列债券中占比超过2/3。跨系列集合投票要求支持重组的债权人在所有系列债券总和中占比超过75%或85%。如果跨系列集合投票达到了设定的门槛，但某个单系列的投票没有达到门槛，那么该系列不能参加重组。与第一代集体行动条款相比，第二代条款中的单系列投票门槛从75%减少到2/3。要想阻止集体行动条款的生效，就要持有该系列超过1/3的债券，成本更高，但是还是可行的。所以第二代集体行动条款虽然更有效地克服少数债权人对重组的抵制，但仍有局限性。

第三代集体行动条款采用跨系列单一集合投票（Single Limb Aggregated Voting）。新的集体行动条款使用一个投票菜单，其中包括单系列投票（第一代）、跨系列双向集合投票（第二代），以及新的跨系列单一集合投票（第三代）。跨系列单一集合投票就是把所有要重组的系列放在一起进行投票，门槛值为75%。这样抵制重组的债权人几乎不可能在所有重组系列总和中控制超过25%的债券，以此来绑架重组计划，这在解决集体行动问题上带来很大突破。此外，为了防止大债权人牺牲小债权人的利益，所以条款规定使用这个投票程序必须遵循"一致适用要求"（Uniformly Applicable Requirement）。也就是说，债务国应向重组计划涵盖的所有债权人提供同样的重组工具，而且这个投票程序允许债务国选择对某些系列进行重组，前提是必须遵循一致适用要求。除了跨系列单一集合投票以外，债务国也可根据自身情况选用单系列投票程序，或跨系列双向集合投票程序来重组债务。总之，新的集体行动条款提供多样投票程序选择，增加了灵活性，大大提高了成功重组的可能性。

从集体行动条款的执行约束来看，又可进一步分为两类：多数重组条款和多数执行条款。前者是指某一类别债券的合格的多数持有人与债务国达成的重组协议对少数持有人有约束力。后者规定少数债权人不得通过诉讼来强制执行合同。

作为一种债务重组的合同方法，集体行动条款试图通过市场方法来推进主权债务重组，其主要优势在于债权人自愿参与债务重组过程，有利于渐进式改革和增强债务国的债务耐受性。在发布初期，集体行动条款并未得到国际社会的积极回应，绝大多数的主权债券发行都未包含集体行动条款。但现在集体行动条款已成为国际债券合同中的经典条款之一，大多数债权债务双方均在其国际债务合同条款中自愿加入了集体行动条款。

但是，集体行动条款也有一些重大局限和改进空间。首先，集体行动条款受国内法的管辖，因此会有在不同国家的法律状况下有不同效果的问题。其次，即使最好的集体行动条款也不能保证拒不合作的持有人不会找到其他阻止重组的办法。此外，集体行动条款仅适用于债券型债务，对于有大量未偿多边、双边或银行债务的债务国没有多少帮助。

（三）新兴市场稳定资本流动和公平债务重组原则

在亚洲、俄罗斯和拉丁美洲主权债务危机之后，国际金融协会提出了《新兴市场稳定资本流动和公平债务重组原则》（Principles for Stable Capital Flows and Fair Debt Restructuring in Emerging Markets，以下简称《原则》）。该原则旨在增强债务可持续性和预防、管理和解决债务危机，在 2004 年的二十国集团部长级会议上得到认可。该原则共包含五项内容，具体如下：

第一项原则是保证透明度与信息的及时流动。《原则》规定借款人应通过披露相关信息确保债权人能够对其经济和财务状况，包括总负债水平做出审慎评估。为了建立对该国国际收支前景的共识，并使债权人能够做出审慎的风险管理和投资决定，此类披露非常重要。在进行重组时，债务人应向所有受影响的债权人披露所有外部债务的期限和利率结构。债务人应酌情将与其他债权人、货币基金组织和巴黎俱乐部达成的协议告知债权人。同时，《原则》也规定必须确保重大非公开信息的保密性。

第二项原则是建立债务人与债权人之间的对话与合作机制。《原则》认为借款人与债权人间应建立信任关系，这对于避免相关危机至关重要。具体手段包括组织债务人和债权人定期对话、探索投资者关系的最佳实践、确保债务国的政策改革行动和投资者反馈等。

第三项原则是债权人应支持债务人的改革努力。随着与投资者协商和改进政策的努力取得成效，债权人应在符合其业务目标和法律义务的范围内，考虑自愿、暂时维持贸易和银行间垫款以及公共和私营部门短期债务到期展期的适当请求，并在必要时支持借款国为避免大规模债务重组所做的努力。

第四项原则是诚信行为。债务人和债权人间的诚信谈判可以有效防止道德风险、避免债务人借债务重组逃避债务，同时促进谈判进程，最终加快双方达成协议。

第五项原则是公平对待所有债权人。一方面，债务国应避免在受影响的债权人之间的不公平行为。这包括寻求所有官方双边债权人的债务重组。按照一般惯例，重组协议中应排除与短期贸易相关的信贷和银行同业预付款等，并在需要时单独处理。另一方面，债权人应进行公平投票。主权国家拥有或控制的债券、贷款和其他金融工具不应影响债权人进行重组表决的结果。

第七章　中国在"一带一路"建设中的主权债务治理挑战

本章旨在探讨中国在海外主权债务治理中面临的挑战。首先，本章梳理了中国对发展中国家主权贷款的主要特征，对中国海外主权贷款的主要类型和"一带一路"建设有关的债务管理规则进行了介绍。其次，本章基于中国与 116 个发展中国家在 1995—2019 年期间的双边主权借贷数据，实证检验了中国海外主权贷款对债务国经济增长的影响，并发现中国贷款能够显著促进当地经济增长。最后，本章梳理了与"一带一路"沿线国家主权债务问题有关的国际争议，并且结合"一带一路"建设的实际情况对其进行了逐点回应。

一　中国对发展中国家主权贷款的管理现状

近年来，随着世界各国公共部门对中国负债规模的不断扩大，越来越多的研究者开始关注中国对发展中国家主权贷款的基本特征、与其他债权人的差异以及对债务国的经济影响。然而，由于中国主权贷款数据的缺失，关于中国对外主权贷款的研究仍处于初级阶段，大部分研究基于中外学者的自建数据库等非官方公开数据源。主要数据库包括威廉玛丽学院全球研究所援助数据实验室（AidData, Global Research Insititute, College of William & Mary）的中国官方融资数据集（Global Chinese Official Finance Dataset）、约翰·霍普金斯大学高等国际研究院中非研究倡议（China-Africa Research Initiative, Johns Hopkins University）的中非贷款承诺数据库（Database on Chinese Loans Commitments to Africa）、波士顿大学全球发展政策中心（Global Development Policy Center, Boston University）的中国海外发展融资数据库（China's Overseas Development Finance Database）、罗伊研究所（Lowy Institute）的中国大西洋援助数据库、美洲内部对话（The Inter-American Dialogue）的中国拉美金融数据库（China-Latin America Finance Databases）等。然而，这些数据库往往基于媒体报道或项目披露等二手来源，并非由债务国或债权国进行申报的一手数据来源。此外，这些数据库在计算债务规模时往往采用的是债务承诺额，而非实际发放额。因此，这些机构最终得到的数据统计可能与真实情况存在差异。下文将结合不同数据来源，对关于中国对外主权贷款的典型事实与特征进行梳理。

（一）中国对发展中国家贷款的主要特征

关于中国主权贷款的第一个问题就是其他国家当前对中国的负债规模究竟有多大。目前中国并不对外公开主权贷款数据。针对中国贷款数据的缺失问题，现有研究普遍采用来自海外研究机构独立构建的中国对外贷款数据库作为替代。Horn 等（2021）构建了一个全面的中国海外贷款数据库，涵盖了中国在 1950—2017 年对 150 多个国家的 1974 笔贷款和 2947 笔赠款数据，总贷款承诺额超过5200亿美元。① 该文指出，中国已成为全球最大的官方主权贷款来源国。其中，中国对发展中和新兴市场国家主权贷款规模超过3800亿美元，不仅超过了美国，而且超过了巴黎俱乐部22个成员国债务的总和（2470亿美元），甚至超过了国际货币基金组织和世界银行等国际组织的多边债务。接受中国直接贷款的50个主要国家欠中国的平均债务存量与本国GDP之比从2005年的不到1%，增加到2017年的15%以上。这些国家对中国的平均负债额已占其外债总额的40%以上。在所有债务国中，对中国负债敞口最大的国家群体是低收入发展中国家。这些国家中很多是大宗商品出口国，有些还是过去在20世纪90年代和21世纪初享受过大规模官方债务豁免的重债穷国。必须指出的是，由于采用了多个信息来源和大量基于新闻报道的二手信息，Horn等（2021）关于中国海外贷款和债权规模的估计可能并不准确。事实上，该研究的估计远高于世界银行国际债务统计数据库所公布的数值。

关于中国主权贷款的第二个问题是融资条款的优惠程度。Morris（2020）对比了中国和世界银行在2000—2014年期间向157个国家发放贷款的具体融资条款，发现中国贷款一般比市场融资条件更为优惠，但优惠程度低于以世界银行为代表的多边债权人。② 该研究指出，中国贷款的平均利率为4.14%，还款期限为16.6年，宽限期为4.8年。世界银行贷款的平均利率为2.1%，还款期

---

① Horn, S., Reinhart, C. M. and Trebesch, C., "China's Overseas Lending", *Journal of International Economics*, Vol. 133, No. 103539, 2021.

② Morris, S., Parks, Brad; Gardner, A. and Parks, B. "Chinese and World Bank Lending Terms: A Systematic Comparison across 157 Countries and 15 Years", *CGD Policy Paper*, No. 170, 2020.

限为 17.9 年，宽限期为 7.7 年。整体而言，中国的平均贷款优惠度①和贷款组合优惠度②分别为 17.7% 和 21.5%，世界银行为 35.7% 和 42.2%。此外，中国为低收入国家提供的融资条款与为新兴市场国家提供的融资条款也有所不同，前者一般更为优惠。③向世界银行债务人报告系统提供中国贷款信息的 36 个低收入国家和新兴市场国家的微观贷款数据显示，中国对低收入国家的贷款往往以固定利率为主，利率的中位数为 2%，宽限期为 6 年，还款期 20 年。中国对新兴市场国家则更多是基于伦敦银行同业拆借的浮动利率贷款，宽限期为 3—5 年，还款期为 2—18 年。一般中国贷款从承诺到放款约 2.5—7.5 年。

关于中国主权贷款的第三个问题是中国作为债权人在债务处置过程中的优先次序。部分学者认为中国享有较高的偿债优先级，主要原因在于中国总贷款额中有一半要求债务国以石油等大宗商品出口作为偿债抵押。④ 然而，另一些研究却指出中国扣押外国政府资产的行为非常罕见，关于"中国贷款经常要求国家资产作为抵押"的言论并不属实。⑤

关于中国主权贷款的第四个问题是中国如何进行债务重组和减免。近年来中国贷款所涉及的债务违约和债务重组案例数量不断增加，有关债务谈判一般在双边框架下进行。有学者指出，中国自 2000 年以来与发展中国家进行了至少 140 次外债重组和债务减

---

① 每笔贷款的优惠度为贷款名义值（或面值）与贷款净现值之差占贷款名义值之比。
② 整个贷款组合的优惠度为赠款与优惠贷款加权值的总和占贷款和赠款的总和之比。其中优惠贷款的加权值等于每一笔贷款与其优惠度的乘积的总和。
③ Bandiera, L. and Tsiropoulos, V., "A Framework to Assess Debt Sustainability Under the Belt and Road Initiative", *Journal of Development Economics*, Vol. 146, No. 9, 2020.
④ Horn, S., Reinhart, C. M. and Trebesch, C., "China's Overseas Lending", *Journal of International Economics*, Vol. 133, No. 103539, 2021.
⑤ Brautigam Deborah, "A Critical Look at Chinese 'Debt-Trap Diplomacy': The Rise of a Meme", *Area Development and Policy*, Vol. 5, No. 1, 2020.

免，涉及债务规模达 435 亿美元。[①] 同时，虽然中国并未加入巴黎俱乐部，但是中国的减债行动基本与巴黎俱乐部减债时间重合，多数减债行动前后差距不超过 4 年。还有学者指出，非洲是接受中国债务减免和重组援助力度最大的地区之一。[②] 2000 年以来，中国至少免除了 34 亿美元的非洲债务，并对约 150 亿美元的债务进行了重组或再融资。2019 年 4 月，荣鼎集团（Rhodium Group）对 24 个国家/地区（其中一半位于非洲）的减债谈判展开了研究，发现中国作为新兴债权人在减债谈判中的话语权与自身经济地位并不相符，反而面临债务国"越减债，越赖账"的道德困境。通过对 2001—2019 年的 40 起外债谈判案例进行回顾，该研究发现大部分减债谈判的结果都对债务国更为有利，尤其是在债务国能够从其他渠道获得融资或更换本国领导人的情况下。在债务谈判中，债务国资产被扣押的案例十分罕见，债务豁免是最为常见的结果，中国作为债权方往往只能通过停止进一步贷款来增强自身话语权。[③] 睿纳新国际咨询公司（Development Reimagined）和牛津中非咨询公司（Oxford China Africa Consultancy）的一份报告分析了 2000—2018 年发生的 96 个中国债务减免案例（总额度达 98 亿美元），指出中国的债务减免力度与债务国的违约风险以及债务国与中国的贸易差额无关，但与中国对债务国的外商直接投资额成反比（即外商直接投资越多，中国的债务减免力度越小）。[④] 整体来

[①] Bon, G. and Cheng, G., "China's Debt Relief Actions Overseas and Macroeconomic Implications", *Banque de France Research Paper Series*, No. 27, 2020.

[②] Brautigam Deborah, "A Critical Look at Chinese 'Debt-Trap Diplomacy': The Rise of a Meme", *Area Development and Policy*, Vol. 5, No. 1, 2020.

[③] Kratz, A., Mingey, M., D'Alelio, D., "Seeking Relief: China's Overseas Debt After COVID-19", *Rhodium Group*, 2020.

[④] Development Reimagined, "China's Debt Relief along the Belt and Road-What's the Story?", (Mar 2019), https://developmentreimagined.com/2019/04/25/chinas-debt-relief-along-the-belt-and-road-whats-the-story/.

看，大部分接受中国债务减免的国家位于非洲地区，其中重债穷国约占一半。此外，虽然中国对重债穷国的双边债务减免额度（17亿美元）低于日本（40亿美元）和法国（52亿美元），但与德国（22亿美元）和美国（23亿美元）相当。

关于中国主权贷款的第五个问题是来自中国的贷款是否会损害债务国的债务可持续性。现有研究关于这个问题的答案并不统一。一方面，有研究发现，中国贷款的扩张周期与发展中国家债务水平攀升的周期高度一致，二者的关联被部分学者解读为因果关系。世界银行学者发文警告，新兴和发展中经济体正在经历第四次债务积累潮。[1] 相比前三次债务潮，此次积累潮的规模更大、影响更为广泛且发展更为迅速。第四次浪潮自2010年开始，与中国对外贷款进入快速扩张期的时间高度一致。Horn et al.（2021）认为，中国对外贷款的扩张过程与20世纪70年代对低收入国家的贷款热潮具有很多相似之处，必须高度警惕与之有关的债务危机风险。[2] Hurley et al.（2019）分析了68个"一带一路"国家发生债务危机的可能性，认为其中有8个国家的债务风险可能与中国贷款有关。[3] 还有学者对此进行了更为政治化的解读，即中国正试图把其他发展中国家推入"债务陷阱"，通过巨额债务来实现掠夺资源和增强政治军事影响力的战略目标。[4]

但是，实证证据并不支持中国贷款会导致"一带一路"沿线

---

[1] Kose, M. A., Kurlat, S., Ohnsorge, F. and Sugawara, N., "A Cross-Country Database of Fiscal Space", *Journal of International Money and Finance*, Vol. 128, No. 102682, 2022.

[2] Horn, S., Reinhart, C. M. and Trebesch, C., "China's Overseas Lending", *Journal of International Economics*, Vol. 133, No. 103539, 2021.

[3] Hurley, J., Morris, S. and Portelance, G., "Examining the Debt Implications of the Belt and Road Initiative From a Policy Perspective", *Journal of Infrastructure, Policy and Development*, Vol. 3, No. 1, 2019.

[4] Parker, S., *Debtbook Diplomacy: China's Strategic Leveraging of Its Newfound Economic Influence and the Consequences for US Foreign Policy*, Harvard University, 2018.

国家主权债务风险飙升的论断，反而发现中国贷款能够对沿线国家的经济发展产生积极影响。中非研究倡议的一份报告指出，在54个面临高债务风险的非洲国家中，只有7个国家对中国负债占比超过25%。[1] 更多国家的债务风险是和其他债权方有关的历史遗留问题，许多发展中国家都是连续违约者，拖欠官方和私人债权人大量债务。[2] Soyres et al.（2019）通过实证研究发现，如果"一带一路"建设完全实施，那么沿线国家的社会福利将提高2.8个百分点。[3] Bluhm et al.（2018）也得到了类似结论，即中国政府的资助项目不仅有助于激活受援国的经济活力，而且还有缩小经济不平等差距的效果。[4]

综合来看，中国作为新兴债权国，与传统债权国相比，在融资结构、贷款优惠度、债务用途以及发展援助理念等方面均存在巨大差异。[5] 相比发达国家和多边机构的主权贷款，来自中国的主权贷款具有三大优势。一是资金规模庞大，能够填补发展中国家融资缺口。二是生产性债务占比高，多投向基础设施建设和其他有助于提高债务国生产能力的领域。三是资金流稳定，顺周期性弱，在经济下行阶段不会像私人资本一样出现引发债务危机的短期大规模外流。

---

[1] Brautigam, D., Huang, Y. and Acker, K. "Risky Business: New Data on Chinese Loans and Africa's Debt Problem", *CARI Briefing Papers*, No. 3, 2020.

[2] Morgan, P. and Zheng, Y., "Tracing the Legacy: China's Historical Aid and Contemporary Investment in Africa", *International Studies Quarterly*, Vol. 63, No. 3, 2019.

[3] De Soyres, F., Mulabdic, A., Murray, S., Rocha, N. and Ruta, M., "How Much Will the Belt and Road Initiative Reduce Trade Costs?", *International Economics*, Vol. 159, 2019.

[4] Bluhm, R., Dreher, A., Fuchs, A., Parks, B., Strange, A. and Tierney, M. J. "Connective Financing: Chinese Infrastructure Projects and the Diffusion of Economic Activity in Developing Countries", *AidData Working Paper*, No. 64, 2018.

[5] 庞珣：《新兴援助国的"兴"与"新"——垂直范式与水平范式的实证比较研究》，《世界经济与政治》2013年第5期。

(二) 中国对发展中国家的贷款类型

目前中国对发展中国家主权贷款的类型主要有五种。第一种是无息贷款，一般由中国商务部和国家开发合作署协调发放。这类贷款以人民币计价，融资条款高度优惠，一般为10年宽限期、20年还款期和0%的利率。在债务重组和减免过程中，这类贷款一般是最先被免除或重新安排的贷款。

第二类是援外优惠贷款。这类贷款由中国进出口银行发放给债务国的政府机构，以人民币计价，贷款条件优于市场融资，通常为5年宽限期、20年还款期和2%的利率。这类贷款的利率与央行基准利率之间的差额由中国财政部进行补贴。贷款资金可100%用于支付项目成本，并且不需要债务国配套资金。此类贷款的发放流程可参见图7-1。

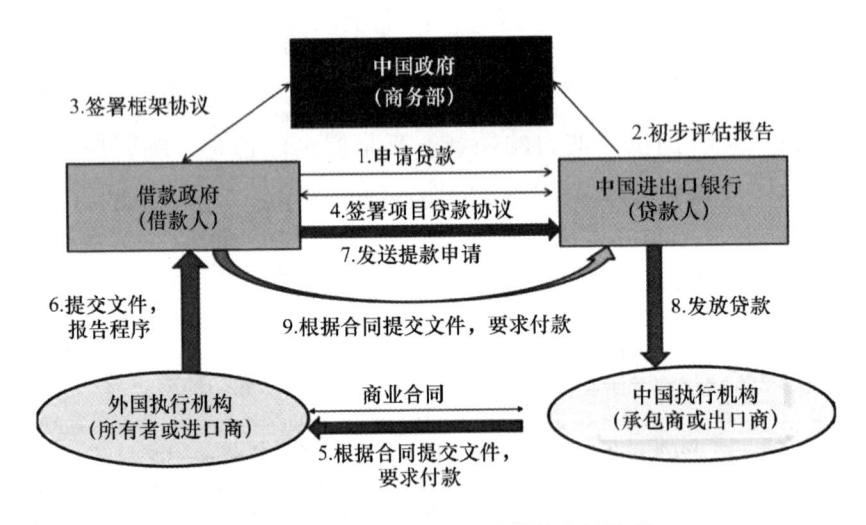

图7-1 中国进出口银行的贷款发放流程

资料来源：中国进出口银行网站（2009年）。

第三类是优惠出口买方信贷。这类贷款也由中国进出口银行主要负责，以美元计价，发放给有意愿购买中国出口产品的政府机构。这类贷款通常是固定利率而非浮动利率，其优惠度虽不及第二类优惠贷款，但利率仍比市场水平更低。同时，这类贷款的条件在不同项目之间差异较大。优惠出口信贷可用于支持项目总成本的85%，但需要债务国提供15%的配套资金。

第四类是非优惠或半优惠贷款。这类贷款由国家开发银行和国有商业银行（中国银行、中国工商银行、中国建设银行和中国农业银行）提供，贷款条件和一般商业贷款相似或更为优惠，一般以美元或欧元计价，发放给政府机构和企业。这些机构在不接受国家官方补贴的情况下自主发放贷款，因此需要自负盈亏和自担风险。通常情况下，此类贷款的基准利率被设定为浮动的伦敦银行同业拆借利率，一般在4.5%—6%，同时需要额外保证金以证明借款人的特定风险和偿还能力。这类贷款的期限和宽限期一般没有统一标准，而是存在较大差异。

第五类是供应商信贷，即中国公司为购买其产品或服务的客户提供的贷款融资。这类贷款一般期限较短，资金来源于中国公司的自有资金或者进出口银行所提供的出口卖方信贷。

（三）中国关于主权债务治理的规则框架

随着中国对"一带一路"沿线国家资金支持力度的加大，与沿线国家主权债务治理有关的制度建设也在不断完善。2017年，中国在第一届"一带一路"国际合作高峰论坛上提出了《"一带一路"融资指导原则》，经由28国财政部门核准，共同呼吁"一带一路"相关国家政府、金融机构和企业共同行动，推动建设长期、稳定、可持续、风险可控的融资体系，在动员资金时兼顾债务可持续性，推动"一带一路"建设融资安排支持可持续、包容性增长。

2019年，在第二届"一带一路"国际合作高峰论坛资金融通分论坛上，中国财政部正式发布《"一带一路"债务可持续性分析框架》。该分析框架是在借鉴国际货币基金组织和世界银行低收入国家债务可持续性分析框架基础上，结合"一带一路"国家实际情况制定的债务可持续性分析工具，目的是鼓励中国和共建"一带一路"国家金融机构、国际机构在自愿基础上对主权债务风险进行监督和评估。此外，在分论坛期间，中国财政部还与新西兰、俄罗斯、巴基斯坦、沙特阿拉伯、蒙古、越南、老挝、尼泊尔和叙利亚共9个国家的会计准则制定机构共同发起《"一带一路"国家关于加强会计准则合作的倡议》。该倡议是"一带一路"国家首次就会计准则交流合作而发起的多边合作倡议性文件，对从会计准则交流合作方面促进"一带一路"高质量发展具有重要意义。

在环境生态可持续性保护方面，中国也在持续做出努力。中国已于2017年发布《关于推进绿色"一带一路"建设的指导意见》和《"一带一路"生态环保合作规划》，明确了绿色"一带一路"建设的总体思路和任务措施，提出了"推动企业遵守所在国生态环境法律法规、政策和标准"。此外，生态环境部与中外合作伙伴还共同发起成立"一带一路"绿色发展国际联盟（简称绿色联盟），并于2019年启动了《"一带一路"项目绿色发展指南》项目，正在推动制定"一带一路"项目分级分类指南，为共建国家及项目提供绿色解决方案。

绿色联盟已有来自40余个国家的150多家合作伙伴，启动了生物多样性与生态系统、全球气候变化治理及绿色转型、绿色金融与投资、环境法律法规和标准等10个专题伙伴关系，并开展专题领域研究交流。推动与共建国家的环境标准合作与对接，组织"一带一路"生态环境标准系列培训，引导企业在对外投资合作中规范环境保护行为。

二 有关中国海外主权贷款的国际争议

近年来，中国对发展中国家的主权贷款规模不断增长，已成为受到全球高度关注的新兴债权人。根据世界银行数据，截至2019年，中国在中低收入发展中国家的债权总额达到1574亿美元，约为1995年水平的50倍。在这些国家的主权外债存量中，中国占比接近6%，已经高于美国（约2%）等传统官方双边债权国。在这一背景下，来自中国的主权借贷行为会对其他发展中国家造成怎样的经济和社会影响的问题逐步成为各界关注和争论的焦点。对这一问题的探索不仅是对"一带一路"建设项目成果的重要回顾和评估，而且有助于回应国际社会关于中国资本崛起的疑虑，同时也可以为中国资本在未来更好地"走出去"、实践"全球发展倡议"和构建"人类命运共同体"奠定理论基础。

一些学者认为，中国正在重蹈西方投资者20世纪70年代的覆辙，很多投资浪费在了无法带来任何经济效益的"白象项目"上，如无人使用的港口等。[①] 另一些观点指出，相比传统债权人，中国贷款对债务国偿债能力考虑得更少，会损害债务国的经济增长

---

① 相关评论文章参见 https://www.economist.com/middle-east-and-africa/2017/07/20/china-goes-to-africa 和 https://www.ft.com/content/5bf4d6d8-9073-11e6-a72e-b428cb934b78。

前景和债务可持续性。① 还有一些观点认为，中国贷款模式由政府和国有银行主导，存在条款不透明、过于商业化、项目管理不规范等问题②。更为激进的观点甚至把中国贷款看作一种"债务陷阱"，是迫使债务国在无法偿债时做出不公平让步的外交手段。③

与此相对，也有很多研究认为中国贷款能够有效促进当地经济发展，并有研究称其为"龙的礼物"。④ 这些研究认为，中国贷款是填补发展中国家融资缺口（尤其是基础设施建设融资缺口）的重要外部资金来源，不仅融资规模庞大而且具有耐心资本特征。⑤ 通过大量贷款和基础设施项目建设，中国在帮助发展中国家突破发展瓶颈、⑥ 实现经济结构转型、⑦ 降低贸易成本、⑧ 促进商业活动⑨等

---

① 相关评论文章参见 https://www.project-syndicate.org/commentary/china-development-finance-secrecy-by-ricardo-hausmann-2019-01。Onjala, J., "China's Development Loans and the Threat of Debt Crisis in Kenya", *Development Policy Review*, Vol. 36, 2018.

② Gelpern, A., Horn, S., Morris, S., Parks, B. and Trebesch, C., "How China Lends: A Rare Look into 100 Debt Contracts with Foreign Governments.", *CEPR Discussion Paper*, No. 16331, 2021.

③ 相关评论文章参见 https://www.project-syndicate.org/commentary/china-one-belt-one-road-loans-debt-by-brahma-chellaney-2017-01。

④ China Africa Research Initiative, "Is China Hiding its Overseas Lending? Horn, Reinhart and Trebesch's 'Hidden Loans' and Hidden Data", (Apr 2020), http://www.chinaafricarealstory.com/2020/04/is-china-hiding-its-overseas-lending.html.

⑤ Lin, J. Y. and Wang, Y., "The New Structural Economics: Patient Capital as a Comparative Advantage", *Journal of Infrastructure, Policy and Development*, Vol. 1, No. 1, 2017; Kaplan, S. B., *Globalizing Patient Capital: The Political Economy of Chinese Finance in the Americas*, Cambridge University Press, 2021.

⑥ Lin, J. Y. and Wang, Y., "The New Structural Economics: Patient Capital as a Comparative Advantage", *Journal of Infrastructure, Policy and Development*, Vol. 1, No. 1, 2017.

⑦ Calabrese, L. and Tang, X., "Economic Transformation in Africa: What is the Role of Chinese Firms?", *Journal of International Development*, Vol. 35, No. 1, 2023; 林毅夫、王燕：《超越发展援助：在一个多极世界中重构发展合作新理念》，北京大学出版社 2016 年版。

⑧ De Soyres, F., Mulabdic, A., Murray, S., Rocha, N. and Ruta, M., "How Much Will the Belt and Road Initiative Reduce Trade Costs?", *International Economics*, Vol. 159, 2019.

⑨ Munemo, J., "Do Chinese Infrastructure Loans Promote Entrepreneurship in African Countries?", *SAIS-CARI Working Papers*, Vol. 46, 2021.

方面都发挥了积极作用。①

总的来说，国际社会对中国"一带一路"建设投融资项目的批评意见主要包括五种类型。一是"主权贷款优惠度不足"，即批评中国贷款的优惠度低于传统发展援助标准。二是"损害债务可持续性"，即批评中国贷款可能加剧有关国家的债务负担并推高这些国家陷入债务困境的概率。三是"债务陷阱论"，即批评中国把对外主权贷款和有关债务处置行为当作一种战略杠杆，用来换取债务国的自然资源、战略资产或在政治或外交方面的不公平让步。四是"隐藏债务"，即批评中国没有再官方债务统计报告中披露其主权贷款信息。下文将对这些批评意见进行逐一回应。

(一) 有关贷款优惠度的争议与回应

1. 贷款优惠度问题的提出

赠与成分最早于1969年由经济合作与发展组织官方发展援助协会提出，是发达国家用来度量和约束官方发展援助的优惠程度的指标，后被国际货币基金组织和世界银行接受并不断改进，也被称为优惠度。提出赠与成分/优惠度这一概念的目的是为了限制非优惠性主权借贷加重债务国的债务负担。经济合作与发展组织指出，官方发展援助是指发达国家的官方机构以促进发展中国家的经济发展和福利改善为主要目的，因此应当向发展中国家或多边发展机构提供赠款或赠与成分不低于25%的优惠贷款。所以优惠贷款的赠与成分在25%以上就被视为官方发展援助。官方发展援助包括"非约束性援助"和"约束性援助"两部分，后者是指在提供官方发展援助的过程中附加政府采购等限制性条件。对于

---

① Mandon, P. and Tesfaye Woldemichael, M., "Has Chinese Aid Benefited Recipient Countries? Evidence From a Meta-Regression Analysis", *IMF Working Papers*, Vol. 22, No. 46, 2022.

"约束性援助",发达国家要求其赠与成分或优惠度不能低于35%。

2017年,中国"两优贷款"(援外优惠贷款和优惠出口买方信贷)的利率约为2%,贷款期是20年(含5年宽限期),每半年还款一次,按照5%的贴现率,优惠度约为22.57%。对于"一带一路"沿线国家,中国提供的贷款条件基本上都是如此,即中国对"一带一路"沿线国家的贷款优惠度仅为22.57%,有个别国家的优惠度甚至更低(如吉布提、巴基斯坦的很多项目的贷款利率接近商业利率)。同期,美国、日本、韩国和德国政府优惠贷款的优惠度分别为43.56%、58.77%、69.53%和23.31%。按照25%的约束性援助标准,除德国外,美国、日本等援助大国的贷款都符合官方发展援助标准,较晚加入官方发展委员会的韩国的总体贷款优惠度已经接近70%。与此相对,中国的贷款优惠度仅为22.57%,远低于主要的援助大国,也低于经济合作与发展组织对官方发展援助赠与成分不低于25%的最低要求,更达不到35%的标准。

2. 贴现率对优惠度计算的影响

在优惠度的计算中,核心是贴现率。在不同时期,经济合作与发展组织、国际货币基金组织和世界银行选择了不同的贴现率标准。在1995年以前,贴现率主要采用的是10%。1995—2013年,主要是"基准利率商业参考利率+溢价"。其中,商业参考利率是基于各国的政府债券收益率来确定,一般选择5年期国债利率,即"贴现率=商业参考利率+溢价=国债收益率+100个百分点+溢价"(参见表7-1)。经济合作与发展组织会定期公布主要发达国家的商业参考利率,没有中国的商业参考利率参考值。2013年以后,这几个国际机构都采用5%的贴现率来计算优惠度。因此,目前国际机构均采用5%的贴现率来计算优惠贷款的优惠度。

表7-1 贴现率的计算方法（1995—2013年）

还款期限	CIRR	CIRR 更新频率	溢价（%）	贴现率
<15年	6个月平均CIRR	每年2次：2月15日、8月15日	0.75	CIRR+溢价
15—20年	10年平均CIRR	每年1次：12月15日	1.00	
20—30年			1.15	
>30年			1.25	

注：CIRR指商业参考利率（Commercial Interest Reference Rate）。

资料来源：国际货币基金组织，笔者整理。

特别需要指出的是，采用5%的统一贴现率标准的优惠度计算方法完全忽略了不同国家的金融发展水平。与美国、日本、德国等发达经济体相比，中国、巴西、印度等新兴经济体自身的融资成本更高。如果采用相同贴现率来计算优惠度，就没有考虑这种融资成本差异对贷款优惠度造成的影响。

3. 中国与主要发达国家主权贷款优惠度差异的原因分析

主权贷款的优惠度与贷款的贴现率、利率、贷款期限、还款频率甚至贷款货币币种等密切相关。

第一，金融市场融资成本偏高是中国"两优贷款"优惠度偏低的主要原因。在海外贷款的过程中，中国金融机构需要从国内或国际金融市场获取融资，并根据自身的融资成本来决定对外贷款利率。虽然各国对外优惠贷款利率都低于商业贷款利率，但是从长期来看，优惠贷款利率与各国自身的融资成本之间存在紧密关联。例如，中国"两优贷款"在确定基准利率时，就需要参考国内同期金融市场融资成本。一般而言，由于国内金融市场发达和本币认可度更高，发达经济体的金融机构在国内和国际金融市场上的融资成本往往低于新兴和发展中经济体。在2008年国际金融危机之后，以美国和欧洲为代表的发达经济体均实施了远超常规的货币宽松政策，为其金融市场注入了大量流动性，因此导致市场融资成本大幅降低，甚至出现了负利率的融资环境。一国的国债收益率往往是该国金融机构市场融资成本的参考利率。因此，可以日本和中国10年期国债收益率来对比两个经济体金融市场上的长期融资成本差异。2000—2020年，中国10年期国债的平均收益率均值为3.6%，同期日本仅为1.0%。很显然，中国金融机构在金融市场上的融资成本高于日本金融机构，因此对外贷款的利率也更高。根据优惠度的决定因素可知，更高的利率会导致优惠度更低。

第二，国际货币基金组织在计算优惠度时采用统一贴现率（即5%）的做法会高估发达经济体贷款的贴现率。由于贴现率越高，贷款优惠度越高，因此发达经济体的贷款优惠度也被高估了。在2000—2020年中国国债收益率平均值为3.6%的基础上加上100个百分点，得到中国金融市场的商业参考利率为4.6%。如果在此基础上再加上100个百分点的溢价（一般中国贷款的期限在15—20年，所以溢价为100%），可得中国贷款的贴现率约为5.6%。所以5%的贴现率这个设定对中国是略微偏低的。然而，同期相同的贷款期限下，日本国债收益率均值为1.0%，加上100个百分点所得到的商业参考利率为2.1%，再加上100百分点的溢价所得到的贴现率为3.1%，远低于5%的贴现率。综上，选择5%作为统一贴现率标准的做法实际上高估了发达经济体的贴现率。如果选择各国相应的国债收益率计算商业参考利率，则中国的贷款优惠度与发达国家之间的差距会显著缩小。

第三，中国贷款期限结构特征也会导致其优惠度相比贷款期限更长的国家更低。中国贷款的期限选择与项目建设密切相关，"两优贷款"的贷款期大多是15—20年，基本上不会超过20年。发达国家优惠贷款的平均贷款期都在 30 年以上。贷款期限越长,优惠度越高。因此,贷款期限长是发达国家贷款优惠度高的主要原因之一。如果未来中国想要提高"两优贷款"的优惠度,可以考虑延长贷款期。相比于通过降低贷款利率来提升优惠度,延长贷款期的方式更加符合中国金融市场发展水平,从而使优惠贷款具有更好的可持续性。

第四,在发达国家的优惠贷款中,包括一些不应被计入赠款的项目,这些项目并不纳入中国援助统计中,这也使得中国贷款的优惠度低于发达国家。例如,对于借款国可以用当地货币而不必以外汇偿还的贷款,发达国家会作为赠款来处理,这种"类似赠款"的存在会增加发达国家的贷款优惠度。再如,在发达国家的赠款中,有很大一部分(40% 以上)是技术援助,技术援助主要用于派遣专家和培训技术人员。由于发达国家专家的工资待遇很高,这项赠款中的大部分实际上以专家工资的形式又回到了发达国家,所以赠款额其实远低于账面额,实际贷款优惠度并没有名义上的高。与此相对,中国技术援助中援外专家只收取最低的生活标准,实际的赠款远高于发达国家,实际的优惠度也应该高于表面数字。此外,发达国家的赠款中还包括一项援助管理费用,也会高估其贷款的实际优惠度,而中国的对外援助中并不包括管理费用在内。

第五,中国在"南南合作"框架下为其他发展中国家提供的具有优惠性质的发展融资与发达经济体主导的传统援助存在本质差异。发达经济体所提供的传统援助虽然在表面上优惠程度较高,但在实际运作中暴露出很多问题。比如,援助国和被援助国的关系并不对等,往往存在外部干预主权决策的问题。又如,虽然援助资金几乎没有融资成本,但这些资金往往附加苛刻的使用条件,难以避免资金用途不符合发展需求、资金使用效率低下和存在隐形歧视等问题。此外，在 2008 年国际金融危机和欧债危机之后，大多数发达经济体对外援助的意愿和能力显著降低，按照传统援助原则和标准提供国际援助资金的可持续性已经面临严重挑战。事实上，近年来大多数经济合作与发展组织国家并没有实现将国民总收入的 0.7% 用于对外援助的承诺，发达国家的实际援助水平仅为国民总收入的 0.3% 左右。西方学者已经开始对国际援助的理念和模式进行严肃反思，中国与其他发展中国家在"南南合作"框架下的国际发展融资模式也引起了西方学者的高度关注。

与发达经济体所提供的的传统援助不同，中国为其他发展中国家所提供的主权贷款不仅仅是一种单向的援助性行为，而是发展中国家之间以互惠互利为目标的"南南合作"。中国海外贷款与贸易、投资等发展合作方式结合紧密，形成了兼具市场化高效率优势和官方资本优惠性的发展融资体系，充分发挥各种公私主体的参与作用，调动各种发展资源，确保发展资金效用最大化。事实证明，这种发展合作方式对于促进债务国的贸易和经济增长是有效的，也是作为发展中国家的中国在金融和财政上能够承受的。

综上所述，中国作为发展中国家，自身融资成本更高是导致统一贴现率标准下贷款优惠度低于部分发达国家的首要原因。如果考虑各国融资成本的差异并把各国国债收益率作为贴现率的计算标准，那么中国的优惠度将得到大幅提升。其次，中国"两优贷款"的贷款期大多在 15—20 年，虽然比 30 年以上的长期贷款的期限更短，但显著长于一般商业贷款。延长期限是未来进一步增加优惠度可以考虑的主要方式。此外，有关技术援助标准和援助管理费用统计等差异也会导致中国贷款优惠度被低估。最后，中国贷款与发达经济体所提供的传统援助具有本质上的不同，其本质是"南南合作",而非"单向援助"。

(二) 有关债务可持续性的争议与回应

"一带一路"沿线国家对中国主权债务规模与沿线国家债务风险看似同步增长引起国外学者的担忧。这些学者认为,中国在"一带一路"沿线国家大规模的主权借贷行为会加重债务国债务负担、导致其债务可持续性风险上升。比如,全球发展中心的一份报告指出,有 10—15 个国家可能因"一带一路"项目而陷入债务困境。[①] 该报告认为,来自中国的贷款会导致"一带一路"沿线国家的债务规模扩大,并使得这些国家的主权债务与 GDP 之比超过国际社会公认的警戒性阈值,导致其应对负面冲击的脆弱性增加、陷入债务危机的可能性上升。又比如,有学者认为中国贷款所投资的项目经济效益不佳,所建设的很多港口或机场都处于闲置状态。

然而,这一批评意见并未得到国际社会的普遍认可,很多学者从债务可持续性的决定因素、债务存量中的债权人结构以及承诺贷款指标的局限性三个方面对"中国贷款会损害借款国债务可持续性"的观点进行了回应与反驳。首先,从债务可持续性的决定因素来看,外部贷款是否会损害债务可持续性不仅取决于其对债务国偿债压力的影响,还取决于其对还款能力的影响。事实上,如果一笔贷款所带来的还款能力增长效应大于其所带来的偿债压力加剧效应,那么债务国的债务负担水平(一般以偿债压力指标与还款能力指标的比值来度量)反而随着贷款的增加而下降。从

---

① Hurley, J., Morris, S. and Portelance, G., "Examining the Debt Implications of the Belt and Road Initiative From a Policy Perspective", *Journal of Infrastructure, Policy and Development*, Vol. 3, No. 1, 2019.

这个角度重新审视全球发展中心的报告可以发现,该报告关于中国贷款会损害债务可持续性的结论是在只考虑中国贷款会增加"一带一路"沿线国家债务规模的负面影响下而得出的,并没有考虑中国贷款是否能够促进沿线国家经济发展和提升还款能力的积极作用,因此该报告所得出的结论是有失偏颇的。

其次,中国因素并非"一带一路"国家债务风险上升的主要驱动力。有学者指出,2011—2017年,中国在太平洋地区的贷款约占该地区所有官方贷款的37%,而亚洲开发银行和世界银行这两个传统债权人向该地区提供了超过53%的官方贷款,这表明中国并非太平洋地区新贷款的主要来源。① 约90%的中国双边贷款流向了被国际货币基金组织债务评级显示可以持续吸收此类债务的国家,而债务国国内经济运行不善、其他来源债务不断增加、自然灾害以及国际机构衡量债务可持续标准的变化导致了太平洋地区国家债务风险上升。② 针对非洲地区的研究也得到了相似结论。在国际货币基金组织认定的存在债务危机或濒临债务危机的非洲低收入国家中,仅有3个国家的主要债权人是中国,中国总体上并不是非洲债务危机的主要参与者。③ 在具备二十国集团《缓债倡议》申请资格并被国际货币基金组织认定为面临高债务风险或已陷入债务困境的22个非洲国家中,其债务存量总额中对中国负债占比低于15%的国家总计有12个,这些国家的债务问题在很大程

---

① Roland, R., Dayant, A. and Pryke, J., "Ocean of debt? Belt and Road and debt diplomacy in the pacific", (Oct 2019), https://www.lowyinstitute.org/publications/ocean-debt-belt-and-road-and-debt-diplomacy-pacific.

② Dayant, A., "Pacific islands avoid China's 'debt-trap' diplomacy for now", (Nov 2019), https://www.lowyinstitute.org/publications/pacific-islands-avoid-china-s-debt-trap-diplomacy-now.

③ Eom, J., Brautigam, D. and Benabdallah, L., "The Path Ahead: The 7th Forum on China-Africa Cooperation", No. 01/2018, *SAIS-CARI Briefing Papers*, Johns Hopkins University, School of Advanced International Studies, China Africa Research Initiative.

度上是中国之外的债权人造成的。①

最后,基于贷款承诺数据所得出的研究结论容易夸大"一带一路"沿线国家对中国的负债规模。很多关于中国贷款与沿线国家债务风险的研究结论是基于贷款承诺数据所得出的。贷款承诺额反映的是借贷双方在项目开始前的投融资意向,实际资金发放额取决于后续项目开展过程中的具体需求。在实践中贷款承诺额往往高于贷款发放额,因此基于贷款承诺额数据的研究容易产生高估效应。针对太平洋地区的研究表明,② 2011—2018 年,中国在太平洋地区的官方贷款承诺总额高达 60 亿美元,但 2017 年涉及 41 亿美元贷款的巴布亚新几内亚道路项目并未启动。除去这一特定贷款,2011—2017 年中国承诺贷款项目总价值约为 17 亿美元,而截至 2017 年年底,中国仅支付了不到 10 亿美元。此外,债务国对中国的负债存量不仅取决于实际贷款发放额,也与债务偿还有关。针对非洲国家的研究表明,中国每笔贷款平均发放时间为 5 年,大型项目发放时间更长,在这一过程中,债务国已经偿还部分中国贷款,2000—2018 年债务国未偿债务仅占中国承诺贷款总额的 49%。③

(三) 有关债务陷阱外交的争议与回应

所谓"债务陷阱外交"(Debt-Trap Diplomacy),指的是一个国家或机构通过向另一个主权国家提供过度贷款的方式来换取后者

---

① Brautigam, D., Huang, Y. and Acker, K., "Risky Business: New Data on Chinese Loans and Africa's Debt Problem", No. 03/2020, *SAIS-CARI Briefing Papers*, Johns Hopkins University, School of Advanced International Studies, China Africa Research Initiative.

② Rajah, R., Dayant, A. and Pryke, J., "Ocean of debt? Belt and Road and Debt Diplomacy in the Pacific", (Oct 2019), https://www.lowyinstitute.org/publications/ocean-debt-belt-road-debt-diplomacy-pacific.

③ Brautigam, D., Huang Y., and Acker, K., "Risky Business: New Data on Chinese Loans and Africa's Debt Problem", No. 03/2020, *SAIS-CARI Briefing Papers*, Johns Hopkins University, School of Advanced International Studies, China Africa Research Initiative.

在无法偿还债务时做出不公平的政治或经济让步,如贱卖自然资源、让渡战略资产或改变外交立场等。首次提出"债务陷阱外交"概念的是印度学者布拉马·切兰尼(Brahma Chellaney),该概念被用于指责中国在"一带一路"建设过程中利用沿线国家过度借贷而造成的债务困境为自身换取地缘政治利益。① 中国在"一带一路"沿线国家制造债务陷阱的观点在美国哈佛大学肯尼迪学院2018年的一份报告中被进一步深化。② 该报告认为,中国通过债务陷阱外交实现了三个主要的战略目标,分别是填补"珍珠链"以解决其"马六甲困境"、破坏和分裂美国领导下的南海地区联盟以及在军事上突破"第二岛链"。此后,"债务陷阱外交"的概念被纽约时报③、彭博社④等国际媒体大量引用,形成了对中国"一带一路"倡议的批判潮。

然而,并非所有学者都支持"债务陷阱外交"的观点,反对这一观点的理由主要有四个。第一,虽然中国在"一带一路"沿线国家的贷款规模巨大,但这主要是出于经济动机,而非故意掠夺其他国家。有学者指出,⑤ "一带一路"建设中具体项目投资通

---

① Chellaney, B., "China's Debt-Trap Diplomacy", (Jan 2017), https://www.project-syndicate.org/commentary/china-one-belt-one-road-loans-debt-by-brahma-chellaney-2017-01?barrier=accesspaylog.

② Parker, S. and Chefitz, G., "China's Debtbook Diplomacy: How China Is Turning Bad Loans into Strategic Investments", (May 2018), https://thediplomat.com/2018/06/chinas-debtbook-diplomacy-how-china-is-turning-bad-loans-into-strategic-investments/.

③ Abi-Habib, M. and Bradsher, K., "Poor Countries Borrowed Billions from China. They Can't Pay It Back", (May 2020), https://www.nytimes.com/2020/05/18/business/china-loans-coronavirus-belt-road.html.

④ Fall, R., "The Myth of the Chinese 'Debt Trap' in Africa", (Mar 2022), https://www.bloomberg.com/news/articles/2022-03-17/the-myth-of-chinese-debt-trap-diplomacy-in-africa?leadSource=uverify%20wall.

⑤ Jones, L., and Hameiri, S., "Debunking the Myth of 'Debt-trap Diplomacy'", (Aug 2020), Chatham House. https://www.chathamhouse.org/2020/08/debunking-myth-debt-trap-diplomacy.

常是由东道国政府发起的，中国无法单方面做出贷款决策。即使部分项目存在经济效益较低的问题，但这通常是多方面因素导致的，并非中国有意为之。就中国而言，项目失败也是一种不符合其经济利益的巨大损失。也有学者认为，汉班托塔港并不是一个资产扣押案例，反而是一个典型的商业化债务重组案例。[①] 一方面，汉班托塔港的转让并不是一个债务/股权置换安排，而是一个商业合作协议，斯里兰卡仍然保留了该港口30%的股权和对该港口的主权管辖。另一方面，汉班托塔港项目并不是中国强加给斯里兰卡的，而是斯里兰卡政府出于其自身的政治和经济动机而主动寻求的商业合作。在发现汉班托塔港的商业经营困境后，斯里兰卡政府出于经济考量，决定放弃这一非生产性资产来换取额外的外汇储备。该国政府首先与印度和日本公司接触，但这些公司都拒绝了这一提议，随后才开始与中国国有企业招商局港口控股公司展开谈判。此外，从斯里兰卡债务存量规模看，对中国的负债占比不到10%，因此中国贷款并不是斯里兰卡陷入债务困境的主因。

第二，几乎没有证据表明中国可以借助债务处置来撬动政治杠杆。然而，荣鼎集团（Rhodium Group）的3位研究人员详细梳理了2001—2019年中国40起外债重谈案例后发现，类似于汉班托塔案例的"资产扣押"事件非常罕见。[②] 当债务危机到来时，中国既没有试图"扣押资产"，也没有寻求国际仲裁或法院介入。相反，中国通常会尝试根据各国和项目情况量身定制解决方案，逐一解

---

① Gangte, L., "The Debt-Trap Diplomacy Revisited", *Artha Journal of Social Sciences*, Vol. 19, No. 2, 2020.
② Kratz, A., Mingey, M., D'Alelio, D., "Seeking Relief: China's Overseas Debt After COVID-19", (Oct 2020), Rhodium Group, https://rhg.com/research/seeking-relief/.

决债务和发展可持续性的问题。①

第三，尽管中国已成为许多"一带一路"沿线国家海外贷款的新来源，但它并不是该地区新贷款的主要来源，中国贷款规模不足以发挥西方学者所认为的影响力。以太平洋地区为例，② 传统多边官方债权人（如世界银行集团）仍然是该地区贷款的主要提供者，约提供全部贷款的53%。与此形成对比的是，中国在太平洋地区国家债务总额中的占比仅为10%左右，影响力远小于前者。来自哥伦比亚大学和牛津大学的两位学者指出，"债务陷阱叙事是中美战略和意识形态竞争的结果，而不是非洲现实或观点的反映……对中国的负债并不是非洲债务增长最快的部分，对美国和欧洲的私人投资者的负债才是增长最快的部分……与债务陷阱的说法相反，如果非洲违约潮在不久的将来成为现实，正如国际金融机构官员至少自2015年以来一直担心的那样，它更多是受到私营部门的操纵，而不是中国的阴谋"③。

第四，中国与债务国的资源合作并非资产掠夺，而是互利共赢。中国在发展中国家获得的资源全部是以市场价格购买的，并按当地的法律缴纳了相应的税金，相关企业的活动也是严格遵守当地法律，积极履行环保、减贫等社会责任的。通过相关的贷款项目，中国还帮助债务国建立起自己的资源工业和基础设施，为其今后的发展奠定了基础。西方早期的殖民掠夺根本不能与之相提并论。④ 许多发展中国家在发展初期也是以发挥资源优势及开放市场为先导融入国

---

① Acker, K., Brautigam, D. and Huang, Y., "Debt Relief with Chinese Characteristics", *China Africa Research Initiative Working Paper*, No. 39, 2020.

② Rajah, R., Dayant, A. and Pryke, J., "Ocean of Debt? Belt and Road and Debt Diplomacy in the Pacific", *Lowy Institute for International Policy*, 2019.

③ Lippolis, N. and Verhoeven H., "Politics by Default: China and the Global Governance of African Debt", *Survival*, No. 3, Vol. 64, 2022.

④ 李若谷：《正确认识发展中国家的债可持续问题》，《世界经济与政治》2007年第4期。

际经济的，中国在发展初期也是主要依靠大量出口资源等初级产品换取急需的外汇。在所有贷款项目中，中国不存在掠夺资源的问题，而是充分考虑了当地的资源禀赋，基于比较优势提供优惠贷款，并将贷款作为贸易的引擎，开展互利的国际贸易，使双方都获利。林毅夫和王燕（2016）指出，中国这种"资源融资型的基础设施"项目充分考虑了发展中国家的比较优势或资源禀赋，将贷款与贸易、投资等相结合，双方都能获得收益。①

（四）有关隐藏债务的争议与回应

在主权债务治理中，隐藏债务通常是指未被纳入公共债务管理体系或向国际金融机构报告的债务。② 隐藏债务会带来多方面的危害。对于债务国而言，隐藏债务会导致其债务管理和资金使用缺乏有效监督，从长期看会加大该国出现债务不可持续问题的风险。一旦隐藏债务问题暴露，该国在国际金融市场上的信誉就会大幅受损，导致其融资成本上升乃至失去融资资格。对债权人而言，隐藏债务的存在会导致其无法准确评估债务人的实际债务状况，加大其信息识别成本和投资风险。此外，债权人还可能因为隐藏债务问题而产生不信任，加剧债务重组过程中的集体协调困境。为了避免隐藏债务问题危害，国际社会在提高债务透明度方面做出了大量努力。

国际社会一些批评者认为，中国作为新兴债权人，在债务透明度方面与传统债权人仍然存在较大差距。有学者指出，导致这一

---

① 林毅夫、王燕：《超越发展援助：在一个多极世界中重构发展合作新理念》，北京大学出版社2016年版。

② Sebastian, H., Mihalyi, D. and Nickol, P., "Systematic Underreporting of Public Debt Statistics: 50 Years of Evidence and Recent Progress", (Mar 2022), https://blogs.worldbank.org/developmenttalk/systematic-underreporting-public-debt-statistics-50-years-evidence-and-recent.

差距的原因主要有三点。① 第一，中国政府没有对其海外贷款活动的详细情况进行官方通报。第二。中国不是巴黎俱乐部或经合组织债权人报告系统成员，因此并未与这些国际机构共享双边贷款和贸易信贷流动数据。第三，中国海外贷款主要通过非官方渠道进行，如国有企业、银行、合资企业、私营机构和特殊目的实体等。相比官方部门，这些私人部门并不遵循严格报告要求，也不受国际金融机构的监督。

还有学者认为，隐性债务的产生与中国的循环贷款策略密切相关。② 对于风险债务国，中国国有政策性银行为了避免债务国滥用资金，通常不会将资金转移到债务国政府控制的账户，而是直接发放给在海外实施建设项目的中国承包商。在此情况下，贷款仍留在中国金融体系内，从而形成一个封闭循环。这类主权贷款实际上并没有转移到国外，所以没有上报为跨境资本流动，从而导致中国主权贷款数据不完整。但是，这些贷款仍然属于债务国对中国官方债务。一份题为"中国海外贷款"的报告，对1949—2017年中国向152个新兴市场和发展中国家提供的1974笔主权贷款和2947笔赠款数据进行了测算，并指出在中国向发展中国家的主权贷款中至少有50%是没有向国际货币基金组织和世界银行报告的隐藏债务。③ 在此基础上，这些学者进一步提出，随着债务风险的攀升，与中国有关的隐藏债务问题已经演化成了隐藏违约问

---

① Horn, S., Reinhart, C. M. and Trebesch, C., "China's Overseas Lending and the Looming Developing Country Debt Crisis", (May 2020), https://voxeu.org/article/china-s-overseas-lending-and-looming-developing-country-debt-crisis.

② Reinhart C. M., "The Hidden Debt Burden of Emerging Markets", (Sep 2015), https://www.project-syndicate.org/commentary/hidden-debt-burden-emerging-markets-by-carmen-reinhart-2015-10?barrier=accesspaylog.

③ Horn, S., Reinhart, C. M., and Trebesch, C., "China's Overseas Lending", *Journal of International Economics*, No. 133, 2001.

题，与中国有关的主权债务重组案例的实际数量已经超过了主权债券和巴黎俱乐部的重组数量。①

针对上述有关中国海外贷款中存在隐藏债务问题的批评，也有很多研究提出了反对意见。一方面，有关学者对《中国海外贷款》报告中的数据测算方法提出了质疑。例如，来自国际货币基金组织的学者认为，该报告使用的方法存在两个关键问题。② 第一，中国的"隐性债务"是使用调整后的承诺贷款而非已支付债务进行的估算，这可能导致"隐性债务"被严重高估。第二，将债务国全部债务都归类为主权债务可能不正确，"一带一路"沿线国家对中国的债务也可能不属于政府担保的投资融资形式。

另一方面，中国在债务透明度方面已经做出大量努力，近年来不断加强国内经济透明度治理和国际经济数据报告合作，为进一步提升对外融资透明度机制建设提供了条件。从国际层面看，2015—2016年中国积极响应G20数据缺口动议，先后加入IMF特别数据公布标准和国际清算银行关于国际银行业统计的本地银行业统计体系。从国内层面看，中国着力加强对外援助和贷款管理，以促进"一带一路"倡议高质量发展。2021年国家国际发展合作署会同外交部、商务部公布《对外援助管理办法》，提出要尽早建立援助数据统计制度，国务院金融稳定发展委员会亦提出从增量改革入手，对政策性银行实行分类分账改革，有序提高透明度。此外，中国企业也积极响应全球ESG投资的趋势，不断加大自主信息公开的力度。

---

① Horn, S., Reinhart, C. M. and Trebesch C., "Hidden Defaults", *AEA Papers and Proceddings*, No. 112, 2022.

② Papageorgiou, C., "Discussion for China's Overseas Lending", (Nov 2019), IMF, https://www.sciencedirect.com/science/article/pii/S0022199621001197.

三 中国海外主权贷款对发展中国家经济增长的影响评估

尽管关于中国海外主权贷款的争论愈演愈烈，但现有讨论大多以论述或案例研究为主，缺乏严谨的实证证据支持。[①] 为了弥补这一不足，本部分将基于世界银行公布的中国在1995—2019年与116个中低收入发展中国家的双边主权借贷数据，对中国贷款能否促进债务国经济增长、通过哪些机制发挥作用、是否会加剧债务风险等问题开展系统性实证研究。在此，中国海外主权贷款的完整定义为中方债权人[②]对其他国家具有主权信用担保的债务人主体的外部贷款，以下简称中国贷款。根据世界银行国际债务统计数据库的定义，其他国家具有主权信用担保的债务人主体既包括公共部门，也包括由公共部门担保的私人部门。实证结果表明，中国贷款能够显著促进债务国的经济增长。这一结论在考虑各种内生性问题、不同时间期限和一系列稳健性检验下依然成立。

（一）数据与典型事实

本部分主要讨论的问题是中国贷款会如何影响债务国的经济增长。在国家方面关注的是中低收入水平的发展中国家，时间方面考察的是1995年以来的可得数据样本。之所以选择以1995年为时间起点，是因为中国贷款的主力——国家开发银行和中国进出口银

[①] 袁然、熊婉婷、肖立晟：《中国对"一带一路"国家主权债务影响研究新进展》，《银行家》2022年第1期。

[②] 由于国内外关于官方机构的定义存在差异，在此不区分中方贷款是来自官方机构还是私人机构。根据世界银行对官方和私人机构的分类标准，90%以上的中国贷款均属于官方机构贷款。

行均成立于 1994 年，标志着中国官方发展融资由"政治挂帅"进入"互利共赢"新阶段。[①] 被解释变量为债务国的经济增长，以实际人均 GDP 增速衡量，数据来自联合国国民账户统计。核心解释变量为中国对其他发展中国家的主权贷款，来自世界银行的国际债务统计数据库（International Debt Statistics，以下简称 IDS 数据库）。其他控制变量包括通货膨胀率、贸易开放度、财政余额与 GDP 之比、政府债务与 GDP 之比等，主要来自世界银行的全球发展指标（World Development Indicator，WDI）数据库。表 7-2 给出了主要变量的描述性统计。

表 7-2　　主要变量描述性统计

变量	样本数	均值	标准差	最小值	最大值
中国贷款承诺额（亿美元）	2862	1.1	5.9	0.0	150.4
世界银行 IDA 贷款承诺额（亿美元）	2862	0.9	2.6	0.0	39.1
世界银行 IBRD 贷款承诺额（亿美元）	2862	1.3	4.4	0.0	58.1
美国贷款承诺额（亿美元）	2862	0.7	4.9	0.0	112.4
中国钢铁产量（亿吨）	2862	4.8	3.1	1.0	10.0
实际人均 GDP 增速（%）	2862	2.6	5.4	-37.7	91.5
人口（万人）	2854	3516.0	11565.0	6.9	136642.0
通货膨胀率（%）	2862	15.3	105.0	-27.1	4801.0
广义货币与 GDP 之比（%）	2812	43.5	33.2	-55.4	380.9
贸易开放度（%）	2699	81.7	76.4	1.2	1223.0

---

① 周弘：《中国援外 60 年》，社会科学文献出版社 2013 年版。

续表

变量	样本数	均值	标准差	最小值	最大值
财政余额与 GDP 之比（％）	2837	-2.0	12.9	-59.7	376.7
政府债务与 GDP 之比（％）	2837	59.9	62.7	-115.8	816.4

图 7-2 展示了 1995—2019 年中国对 IDS 数据库中所有债务国贷款承诺总额和主权债务存量规模变化。截至 2019 年，IDS 数据库中所统计的中低收入国家对中国主权债务存量总额为 1570 亿美元，低于世界银行（3215 亿美元），但已超过美国（542 亿美元）等传统债权国。图 7-3 展示了债务国所获得的中美贷款承诺与其人均经济增速之间的关系。不难发现，中国贷款与债务国经济增长之间呈现较强的正相关关系，而美国贷款与债务国经济增长之间则呈现负相关关系。

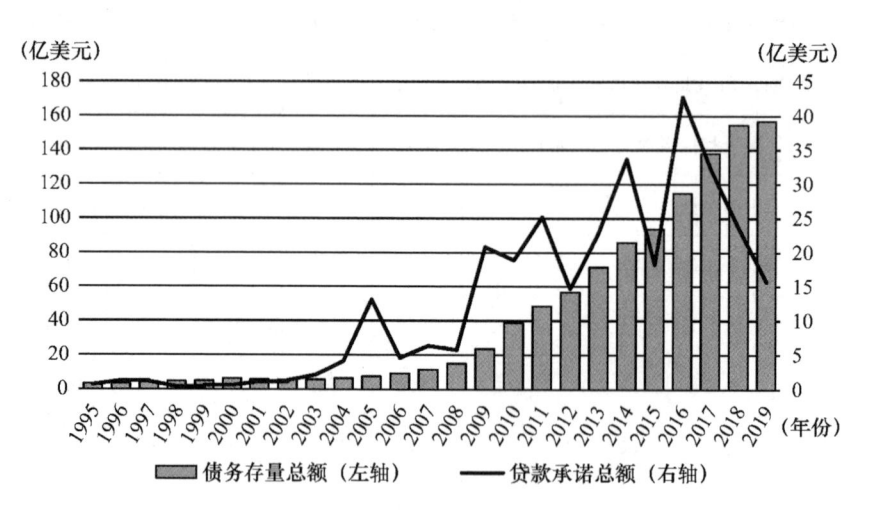

图 7-2 中国海外贷款规模（1995—2019 年）

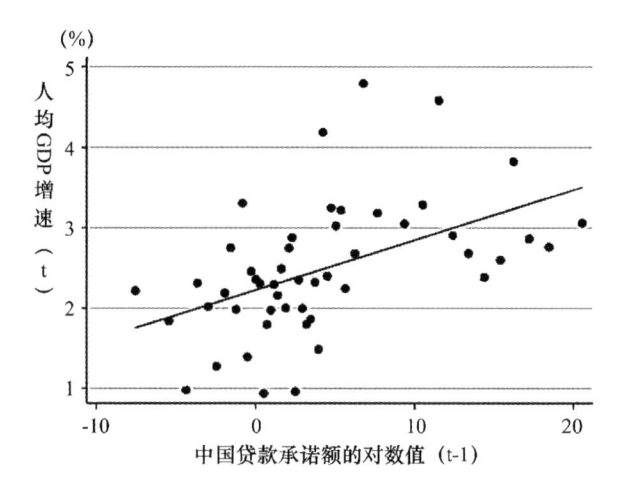

(a) 中国贷款承诺与债务国经济增长

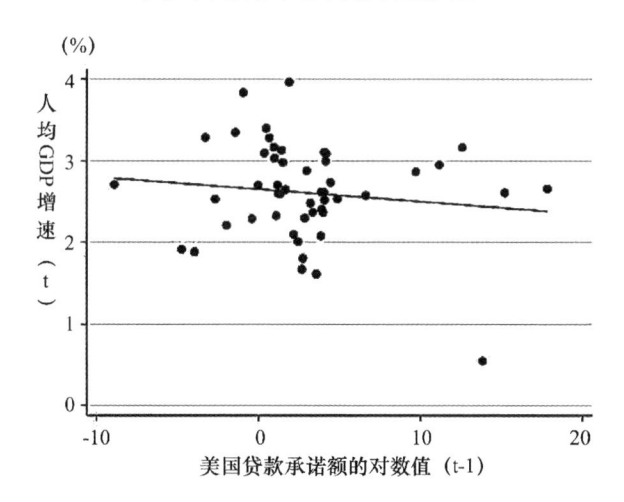

(b) 美国贷款承诺与债务国经济增长

图 7-3 中美两国的贷款承诺额与债务国经济增长之间的相关关系

注：图中展示的是控制时间和年份固定效应后的分仓散点图①，贷款数据相对经济增长滞后一期。

---

① 分仓散点图可以有效展示解释变量与被解释变量之间在控制其他变量或者固定效应情况下的相关关系（Star & Goldfarb，2020）。具体绘图过程如下。首先，按照核心解释变量的取值（如中国贷款承诺额）把样本划分为 50 组。其次，计算每个组内样本的均值，再次，计算这些样本的平均值并绘制散点。最后，绘制原始数据对应的总体回归线。

(二) 基准模型与结果

为了检验中国海外贷款对债务国当地经济增长的影响，本章采用如下计量模型：

$$g_{i,t} = a_0 + \beta L_{i,t-1} + \Gamma X_{i,t-1} + \gamma_i + \sigma_t + \varepsilon_{i,t} \quad (7-1)$$

其中，被解释变量 $g_{i,t}$ 为第 i 个债务国在第 t 年的人均 GDP 增速，核心解释变量 $L_{i,t-1}$ 代表滞后一期的中国贷款。$X_{i,t-1}$ 是一系列随国家和年份变化的控制变量，γ_i 和 σ_t 分别表示国家和年份固定效应，$\varepsilon_{i,t}$ 是残差项，a_0 是常数项。

在此采用两种方式来度量中国贷款，分别是债务国在当年"是否获得贷款承诺"和其所获得的"贷款承诺额"的对数值。第一种以哑变量来度量中国贷款的方式，不考虑具体贷款金额的差异，只要存在来自中国的贷款承诺，该指标的取值即为1，否则为0。第二种方式采用贷款承诺额的对数值，[①] 可以更为充分地考查中国贷款的规模效应，不过也可能存在更大的测量误差。同时采用两种方式来度量中国贷款可以在一定程度上缓解由于贷款数据统计不准确而造成的估计偏差问题。为了减少内生性问题以及考虑到贷款承诺的落实和对经济增长的影响需要一定时间，在此解释变量相对被解释变量均滞后一期。

参见 Dreher 等（2021）[②]、许志成和张宇（2021）[③] 和李嘉楠

---

① 为避免0值，加1后取对数用于计量分析。
② Dreher, A., Fuchs, A., Parks, B., Strange, A. and Tierney, M. J., "Aid, China, and Growth: Evidence From a New Global Development Finance Dataset", *American Economic Journal: Economic Policy*, Vol. 13, No. 2, 2021.
③ 许志成、张宇：《点亮非洲：中国援助对非洲经济发展的贡献》，《经济学》（季刊）2021年第5期。

等（2021）①，在此考虑三类控制变量组合。一是不加入任何控制变量；二是控制来自其他债权人的资金，如来自世界银行和美国的贷款；三是加入其他经济增长文献中的常见控制变量，即对数人口规模、通胀率、贸易开放程度、财政余额与GDP之比、政府债务与GDP之比、货币量与GDP之比。②

表7–3汇报了基于普通最小二乘法估计的固定效应模型（简称FE模型）的回归结果。其中，回归（1）—回归（6）以是否获得贷款承诺作为解释变量，回归（7）—回归（12）以贷款承诺额为解释变量，两组回归的被解释变量均为实际人均GDP增速，样本观测值也保持一致。第1—4列分别展示了来自中国、世界银行③和美国的主权贷款对债务国经济增长的回归结果，不包含任何其他控制变量。第5—6列所对应的回归包含其他影响经济增长的控制变量。表7–3的结果初步证明，中国贷款能够有效促进债务国的经济增长。这一结论在10%的水平上显著，并且在考虑不同贷款度量方式和不同控制变量组合的情况下均保持稳健。从是否获得中国贷款指标看回归（1）—回归（6），在获得中国贷款的情况下，债务国的经济增速比没有中国贷款的情况平均高0.6—0.8个百分点。考虑到债务国经济增速的样本均值仅为2.6%，是否获

---

① 李嘉楠、龙小宁、姜琪：《援助与冲突——基于中国对外援助的证据》，《经济学》（季刊）2021年第4期。
② Burnside, C. and Dollar, D., "Aid, Policies, and Growth", *The American Economic Review*, Vol. 90, No. 4, 2000.
③ 世界银行是发展中国家最主要的多边官方债权人之一，国际开发协会（IDA）和国际复兴开发银行（IBRD）是其下属机构。IDA是向最贫穷国家提供优惠贷款和赠款的最大多边渠道，IBRD更多为中等收入国家政府和信誉良好的低收入国家提供"硬贷款"服务。一般而言，IDA相比IBRD的贷款条件更为优惠。

得中国贷款对债务国经济增长的贡献接近 30%。从贷款承诺额指标看回归（7）—回归（12），如果债务国当年所获得的中国贷款承诺额的规模（样本均值为 121 亿美元）翻一倍，那么该国下一年的经济增速平均提高约 0.03 个百分点。[①] 与此中国贷款不同，来自世界银行集团下属国际开发协会和美国的主权贷款与债务国经济增长之间的相关性并不显著，来自世界银行集团下属国际复兴开发银行的贷款与债务国的经济增长之间甚至存在显著负相关。

表 7-3　中国贷款对债务国经济增长的影响：固定效应面板回归

Panel A：解释变量为是否获得贷款承诺，被解释变量为实际人均 GDP 增速						
回归模型	（1）	（2）	（3）	（4）	（5）	（6）
中国贷款 （哑变量）	0.810*** (0.212)			0.835*** (0.211)	0.611*** (0.219)	0.627*** (0.216)
世界银行 IBRD 贷款（哑变量）		-0.998*** (0.306)		-0.989*** (0.305)		-0.930*** (0.272)
世界银行 IDA 贷款（哑变量）		-0.014 (0.491)		-0.029 (0.490)		0.166 (0.491)
回归模型	（1）	（2）	（3）	（4）	（5）	（6）
美国贷款 （哑变量）			-0.261 (0.401)	-0.282 (0.392)		-0.069 (0.368)
调整后 R^2	0.05	0.05	0.04	0.05	0.07	0.07
Panel B：解释变量为贷款承诺额，被解释变量为实际人均 GDP 增速						
回归模型	（7）	（8）	（9）	（10）	（11）	（12）
中国贷款 （承诺额）	0.050*** (0.012)			0.051*** (0.012)	0.038*** (0.013)	0.039*** (0.013)

[①] 回归（7）—回归（12）中，中国贷款承诺额（取对数）的系数约为 0.04%。这意味着当中国贷款规模翻倍时，债务国对应的经济增速变化为 0.04% × ln(2) = 0.03%。

续表

Panel B：解释变量为贷款承诺额，被解释变量为实际人均 GDP 增速						
回归模型	（1）	（2）	（3）	（4）	（5）	（6）
世界银行 IBRD 贷款（承诺额）		-0.055*** (0.017)		-0.055*** (0.016)		-0.051*** (0.014)
世界银行 IDA 贷款（承诺额）		0.004 (0.028)		0.002 (0.028)		0.013 (0.028)
美国贷款（承诺额）			-0.015 (0.022)	-0.016 (0.021)		-0.004 (0.020)
是否包含常数项	是	是	是	是	是	是
是否包含其他控制变量	否	否	否	否	是	是
国家 & 年份固定效应	是	是	是	是	是	是
观测值数	2862	2862	2862	2862	2544	2544
国家数	116	116	116	116	107	107
调整后 R^2	0.05	0.05	0.04	0.05	0.07	0.07

注：括号中为聚类到国家层面的稳健标准误，"***""**"和"*"分别表示在10%、5%和1%水平下显著。

关于不同债权人贷款系数估计的差异，可能存在多种解释。一方面，关于传统债权人贷款难以促进债务国增长，甚至会带来抑制效果的实证证据并不少见。[①] 有学者指出，在20世纪80年代获得国际货币基金组织和世界银行贷款最多的前二十个国家中没有

---

① Butkiewicz, J. L. and Yanikkaya, H., "Institutional Quality and Economic Growth: Maintenance of the Rule of Law Or Democratic Institutions, Or Both?", *Economic Modelling*, Vol. 23, No. 4, 2006; Harrigan, J. and Mosley, P., "Evaluating the Impact of World Bank Structural Adjustment Lending: 1980 - 1987", *Journal of Development Studies*, Vol. 27, 1991; Balima, H. W. and Sokolova, A., "Imf Programs and Economic Growth: A Meta-Analysis", *Journal of Development Economics*, Vol. 153, No. 2021.

一个实现了合理经济增长,其中一半国家甚至出现了经济秩序崩溃。对于多边机构贷款无法促进经济增长的一个经典解释是这些贷款包含了不利于债务国发展的经济改革和结构调整等附加条件。① 也有一些学者认为,外部资金促进经济增长的效果与债务国本身的治理能力和政治稳定性有关。② 还有一些研究发现,传统债权人所提供的资金大多被直接消费,并未有效促进国内投资,甚至会产生挤出效应。③

另一方面,基于固定效应模型的分析只是一个初步结果,所给出的估计可能因为内生性问题而存在偏误,进而导致对不同债权人贷款有效性的估计差异。例如,世界银行可能更倾向于投资经济增长预期差的国家,而中国贷款可能更倾向于投资经济增长预期好的国家,因此导致了样本选择偏误。为了排除中国贷款能够促进债务国经济增长的结论只是计量模型估计偏误的可能性,下文将对可能存在的内生性问题展开更为全面和深入的讨论。由于本部分重点在于验证中国贷款是否对债务国经济增长存在促进作用,在此暂不对其他债权人贷款与债务国经济增长之间是否存在因果关系展开讨论。④

---

① Gilbert, C., Powell, A. and Vines, D., "Positioning the World Bank", *The Economic Journal*, Vol. 109, No. 459, 1999.

② Burnside, C. and Dollar, D., "Aid, Policies, and Growth", *The American Economic Review*, Vol. 90, No. 4, 2000; Mallick, S. and Moore, T., "Foreign Capital in a Growth Model", *Review of Development Economics*, Vol. 12, No. 1, 2008; Ahmed, F. Z., "The Perils of Unearned Foreign Income: Aid, Remittances, and Government Survival", *American Political Science Review*, Vol. 106, No. 1, 2012.

③ Butkiewicz, J. L. and Yanikkaya, H., "Institutional Quality and Economic Growth: Maintenance of the Rule of Law Or Democratic Institutions, Or Both?", *Economic Modelling*, Vol. 23, No. 4, 2006; Temple, J. and Van de Sijpe, N., "Foreign Aid and Domestic Absorption", *Journal of International Economics*, Vol. 108, No. 2017.

④ 还有一个原因在于我们没有找到在不同债权人之间具有可比性,同时满足有效工具变量要求的工具变量。

(三) 内生性问题

需要注意的是，基于固定效应模型的回归结果只能初步说明债务国的经济增长与中国贷款之间存在显著的正相关关系，所得结果可能因为反向因果、遗漏变量、测量误差等内生性问题而存在偏误。关于反向因果问题，上述回归模型已通过取滞后一期的中国贷款进行了一定处理。但是，反向因果问题依然可能存在。例如，部分国家之所以能够获得更多中国贷款是因为它们有更好的经济增长预期。关于遗漏变量问题，上述回归模型也做了一些初步应对，包括对比不同控制变量组合的结果来确保结果的稳健性以及通过控制国家和年份固定效应来剔除不可观测因素（如债务国治理能力、经济周期等）的影响。尽管如此，上述回归模型可能还是忽略了一些会同时对中国贷款和债务国的经济增速产生影响的因素。例如，全球经济周期可能同时影响中国贷款和债务国的经济增长。关于测量误差问题，上述回归模型做了两个方面的应对。一是基于目前最为权威且覆盖最广泛的官方统计数据库来提取中国贷款数据。二是以是否存在贷款承诺作为解释变量，在一定程度上解决了贷款金额统计不够准确的问题。但是，如果债务国政府故意向世界银行债务人统计系统隐瞒了真实的主权借款信息，即出现西方学者所指出的"隐藏贷款"问题，那么基于这些数据的估计依然可能存在偏误。[1]

为了应对上述内生性问题，在此采用两种方法进行检验，分别是工具变量法和基于反事实的双重差分检验法，具体检验结果如下。

---

[1] Horn, S., Reinhart, C. M. and Trebesch, C., "China's Overseas Lending", *Journal of International Economics*, Vol. 133, No. 103539, 2021.

1. 工具变量法

应对上述内生性问题的一个有效途径是工具变量法，即找到一个能够影响解释变量（中国贷款）但不直接影响被解释变量（债务国经济增长）的外生变量。参考有关文献①的思路，在此构建一个交乘形式的工具变量：

$$IV_{i,t} = Steel_{t-1} P_{CHN,i} \qquad (7-2)$$

其中，$Steel_t$ 为取对数且去趋势的中国钢铁产量，仅随时间变化。已有研究指出，国内产能输出能力的增长是驱动中国对外投资的重要动机。② 由于大部分中国在海外投资的基础设施项目需要使用钢铁等材料。因此，钢铁产量的变化可以反映中国产能输出能力的变化，并对中国贷款产生影响。$P_{CHN,i}$ 为债务国 i 获得中国贷款的概率，其取值等于该国获得中国贷款的年数与样本总年数之比，是一个不随时间变化但存在个体差异的变量。对债务国而言，中国钢铁产量变化相当于一个外生的宏观政策冲击，而接受中国贷款概率则反映了各国对这一外生冲击的风险敞口的差异。把二者进行交乘，可以得到一个随时间和年份变化的工具变量，与之对应的一阶段表达式为：

$$L_{i,t} = \alpha IV_{i,t-1} + \Gamma' X_{i,t-1} + \gamma_i + \sigma_t + \varepsilon_{i,t} \qquad (7-3)$$

其中，回归系数 α 的含义是：在中国钢铁产量增加后，接受中国贷款概率高的国家与接受中国贷款概率低的国家所获得的中国

---

① Dreher, A., Fuchs, A., Parks, B., Strange, A. and Tierney, M. J., "Aid, China, and Growth: Evidence From a New Global Development Finance Dataset", *American Economic Journal: Economic Policy*, Vol. 13, No. 2, 2021; Nunn, N. and Qian, N., "Us Food Aid and Civil Conflict", *American Economic Review*, Vol. 104, No. 6, 2014.

② Bluhm, R., Dreher, A., Fuchs, A., Parks, B., Strange, A. and Tierney, M. J. "Connective Financing: Chinese Infrastructure Projects and the Diffusion of Economic Activity in Developing Countries", *AidData Working Paper*, No. 64, 2018; Dreher, A., Fuchs, A., Parks, B., Strange, A. and Tierney, M. J., "Aid, China, and Growth: Evidence From a New Global Development Finance Dataset", *American Economic Journal: Economic Policy*, Vol. 13, No. 2, 2021.

贷款差异。由于钢铁产量和贷款概率交乘项作为工具变量需要满足条件外生性假设，上述回归中还包含了国家固定效应（γ_i）、年份固定效应（σ_t）和其他影响经济增长的控制变量（$X_{i,t-1}$）。

表 7-4 展示了基于上述工具变量的两阶段回归结果（简称 IV 模型）。在第一阶段回归结果（见 Panel B）中，中国贷款的回归系数显著为正。这表明，当中国钢铁产量增加时，次年中国海外主权贷款规模也会扩大，并且这一效应在获得中国贷款概率高的国家更为显著。第二阶段回归结果（见 Panel A）显示，在考虑不同解释变量类型和控制变量组合的情况下，中国贷款对债务国经济增长的影响均显著为正。平均而言，获得中国贷款后，债务国的经济增速会比没有中国贷款的情况高约 8 个百分点；如果中国贷款承诺的规模翻一倍，债务国的经济增速将提高约 0.24 个百分点。[①] 总体而言，IV 模型所得出的回归系数比 FE 模型更大。导致这一差异的原因可能有两个。一是 FE 模型的估计因为内生性问题偏低，如中国贷款更倾向于投向贫穷国家。二是 IV 模型估计的是局部平均处理效应，而非样本整体的平均处理效应，二者估计的差异反映了样本中的异质性。

表 7-4 中国贷款对债务国经济增长的影响：两阶段回归

	Panel A：第二阶段回归结果，被解释变量为人均 GDP 增速					
解释变量	"是否获得贷款承诺"			"贷款承诺额"		
回归模型	(1)	(2)	(3)	(4)	(5)	(6)
中国贷款	8.226*** (2.830)	8.299*** (2.708)	8.138*** (2.931)	0.350*** (0.116)	0.354*** (0.112)	0.344*** (0.119)

---

① 表 7-4 回归（4—6）中，中国贷款承诺额（取对数）的系数约为 0.35。这意味着当中国贷款规模翻倍时，债务国对应的经济增速变化为 0.35% × ln（2）= 0.24%。

续表

	Panel A：第二阶段回归结果，被解释变量为人均 GDP 增速					
解释变量	"是否获得贷款承诺"			"贷款承诺额"		
回归模型	(1)	(2)	(3)	(4)	(5)	(6)
世界银行 IBRD 贷款		−1.030** (0.429)	−1.079*** (0.398)		−0.060*** (0.021)	−0.059*** (0.019)
解释变量	"是否获得贷款承诺"			"贷款承诺额"		
回归模型	(1)	(2)	(3)	(4)	(5)	(6)
世界银行 IDA 贷款		−0.188 (0.532)	0.041 (0.521)		−0.009 (0.030)	0.003 (0.028)
美国贷款		−1.112** (0.536)	−0.889* (0.537)		−0.048* (0.025)	−0.035 (0.024)
	Panel B：第一阶段回归结果，被解释变量为中国贷款					
解释变量	"是否获得贷款承诺"			"贷款承诺额"		
回归模型	(7)	(8)	(9)	(10)	(11)	(12)
基于钢铁产量变化的工具变量	0.924*** (0.181)	0.927*** (0.173)	0.825*** (0.189)	21.735*** (3.272)	21.757*** (3.128)	19.760*** (3.384)
C.D.F	57.79	58.96	44.97	103.15	104.54	79.55
K.P.F	26.4	29.31	22.16	44.54	49.33	37.75
是否包含其他控制变量	否	否	是	否	否	是
国家 & 年份固定效应	是	是	是	是	是	是
观测值数	2860	2860	2543	2860	2860	2543
国家数	116	116	107	116	116	107

注：括号中为聚类到国家层面的稳健标准误，"***""**"和"*"分别表示在 10%、5% 和 1% 水平下显著。

2. 基于反事实的双重差分检验法

除了工具变量法，还可以采用双重差分法来缓解可能存在的内生性问题。对债务国而言，是否获得中国贷款承诺可看作一项外部政策冲击。很显然，这种政策设定不仅处理时点不同，而且有政策退出。如果使用传统双重差分法，很可能因为处理时点或处理效应的异质性而导致"负权重"问题从而引发估计误差。为了应对这一挑战，在此采用 Liu et al. （2022）所提出的反事实估计法[①]来对中国贷款与债务国经济增长之间的因果关系进行检验。该方法的核心思想是利用控制组样本信息，为每个处理组样本生成相应的反事实估计，形成一组反事实样本。处理组与反事实组在接受政策处理后的差异即为有待估计的政策处理效应，二者在接受处理前的差异即为有待检验的平行趋势。该方法从根源上避免了"负权重"问题，尽可能地利用了数据信息，并且可以通过改变模型设定来排除不随时间变化或不可观测的混杂因素对结果的干扰。

表7-5展示了基于反事实法的估计结果。首先，采用固定效应估计量来构建反事实估计模型，对应结果见表7-5第1—3列。其中，回归（1）为仅以中国贷款和国家年份固定效应作为解释变量的模型。回归（2）在回归（1）的基础上控制了其他债权人贷款，即美国、世界银行 IDA 和世界银行 IBRD 贷款，回归（3）在回归（2）的基础上进一步控制了其他与经济增长有关的控制变量。三个模型的结果均表明，中国贷款能够显著促进债务国的经济增长。平均而言，获得中国贷款承诺会使债务国的人均 GDP 增速提升 1.09—1.12 个百分点。

其次，当存在既随时间变化又随个体变化的混淆因素时，固

[①] Liu, L., Wang, Y. and Xu, Y. "A Practical Guide to Counterfactual Estimators for Causal Inference with Time-Series Cross-Sectional Data.", *American Journal of Political Science*, No. 0, 2022.

定效应估计量可能存在偏误,因此在表7-5第4列进一步引入了另一种可以捕捉此类混淆因素的估计量——矩阵补全估计量。基于矩阵补全估计量得到的回归系数比基于固定效应估计量的结果略低,但依然支持中国贷款可以显著提高债务国经济增速的结论。

除了平均处理效应,表7-5还展示了针对各个模型的安慰剂检验结果。检验思路如下:假设政策处理比真实发生时期提前s期发生[①],可生成一个反事实的虚拟样本,在此基础上可用反事实估计量对虚拟样本的平均处理效应进行估计,然后采用均值差异法对"虚拟样本的平均处理效应等于0"的原假设进行t检验。安慰剂检验的结果显示,虚拟样本的平均处理效应远小于真实样本,且对应的95%置信区间均包含0值,不能拒绝其均值等于0的原假设。换而言之,随机提前获得中国贷款承诺的时间会显著降低中国贷款对经济增长的促进作用,这也从反事实角度验证了中国贷款对债务国经济确实有拉动作用。

表7-5　　中国贷款对债务国增长的影响:基于反事实估计的双重差分检验

被解释变量: 人均 GDP 增速	(1)	(2)	(3)	(4)
中国贷款的 平均处理效应	1.091*** [0.630, 1.578]	1.124*** [0.658, 1.587]	1.124*** [0.648, 1.632]	1.000*** [0.569, 1.487]
处理组观测值数	764	764	764	764
总观测值数	2862	2862	2862	2862

① 此处 s = 3。

续表

被解释变量： 人均GDP增速	（1）	（2）	（3）	（4）
安慰剂检验得到的 平均处理效应	-0.150 [-1.998, 1.268]	-0.052 [-1.381, 1.416]	-0.052 [-1.698, 1.218]	-0.052 [-1.715, 1.329]
反事实估计 量的类型	固定效应模型	固定效应模型	固定效应模型	矩阵补全模型
是否控制其他 债权人贷款	否	是	是	是
是否包含其他 控制变量	否	否	是	是

注：括号中为基于Boostrap法得到的95%置信区间，"***" "**"和"*"分别表示在1%、5%和10%水平下显著。在所有回归中，核心解释变量和控制变量相对被解释变量滞后1期，均包含常数项并控制其他债权人贷款。其他债权人贷款指美国、世界银行IDA和世界银行IBRD贷款。其他控制变量同表7-2。

此外，为了检验共同趋势假设是否成立和观察随时间变化的异质性处理效应，图7-4展示了对中国贷款动态处理效应的估计结果，图中曲线反映了处理组样本的经济增速与其反事实估计值之差的均值变化趋势。可以发现，在获得中国贷款承诺前的年份，处理组样本与其反事实估计值之差的均值在0值附近上下波动，Wald检验的结果也无法拒绝这些均值等于0的原假设。这说明反事实组与处理组在事前具有相似的变化趋势，符合反事实法对共同趋势假设的要求。在接受政策处理后的年份，处理组样本的经济增速与其反事实估值之差的各期均值都显著高于0，并且呈现一种波动上升趋势，说明获得中国贷款能够显著提高债务国的经济增速，并且这种促进效果会随时间波动而上升。

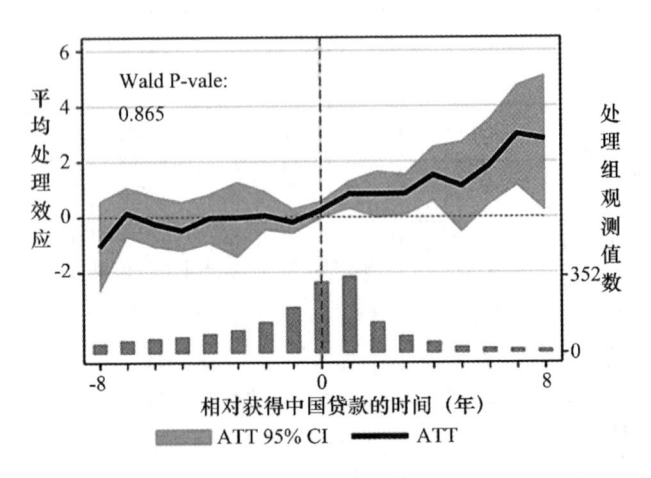

图 7-4 中国贷款与债务国经济增长：动态处理效应

最后，作为对比，表 7-6 采用相同方法对美国、世界银行 IDA 和世界银行 IBRD 的贷款有效性进行了检验。结果发现，世界银行 IBRD 贷款的平均处理效应显著为负，美国和世界银行 IDA 贷款的平均效应也为负，但不显著。这一结果与基准回归一致，为来自不同债权人的贷款会对债务国经济发展产生不同影响的假说提供了进一步证据。

表 7-6   其他债权人贷款对债务国增长的影响：
基于反事实估计的双重差分检验

	(1)	(2)	(3)	(4)
Panel A：世界银行 IBRD 贷款的平均处理效应，被解释变量为人均 GDP 增速				
平均处理效应	-1.096** [-1.755, -0.028]	-1.119*** [-1.817, -0.473]	-1.119*** [-1.814, -0.426]	-0.951*** [-1.512, -0.463]

续表

Panel A：世界银行 IBRD 贷款的平均处理效应，被解释变量为人均 GDP 增速

	（1）	（2）	（3）	（4）
处理组观测值数	404	404	404	404
安慰剂检验得到的平均处理效应	-1.024 [-3.191, 0.667]	-1.038 [-3.176, 0.442]	-1.037 [-3.012, 0.796]	-0.797 [-2.591, 0.483]

Panel B：世界银行 IDA 贷款的平均处理效应，被解释变量为人均 GDP 增速

	（5）	（6）	（7）	（8）
平均处理效应	-0.048 [-1.495, 1.020]	-0.076 [-1.602, 1.261]	-0.076 [-1.317, 0.898]	-0.099 [-1.411, 0.890]
处理组观测值数	593	593	593	593
安慰剂检验得到的平均处理效应	-0.65 [-2.767, 1.254]	-0.703 [-3.093, 1.717]	-0.703 [-3.391, 1.241]	-0.583 [-2.631, 1.133]

Panel C：美国贷款的平均处理效应，被解释变量为人均 GDP 增速

	（9）	（10）	（11）	（12）
平均处理效应	-0.245 [-1.092, 0.543]	-0.262 [-1.134, 0.425]	-0.262 [-1.046, 0.510]	-0.231 [-0.957, 0.513]
处理组观测值数	387	387	387	387
安慰剂检验得到的平均处理效应	0.437 [-0.869, 1.940]	0.299 [-1.159, 1.836]	0.299 [-1.429, 1.862]	0.454 [-0.927, 2.074]
反事实估计量的类型	固定效应模型	固定效应模型	固定效应模型	矩阵补全模型
是否控制其他债权人贷款	否	是	是	是

续表

Panel C：美国贷款的平均处理效应，被解释变量为人均 GDP 增速

是否包含其他 控制变量	否	否	是	是
总观测值数	2862	2862	2862	2862

注：括号中为基于 Boostrap 法得到的 95% 置信区间，"***""**"和"*"分别表示在 1%、5% 和 10% 水平下显著。在所有回归中，核心解释变量和控制变量相对被解释变量滞后 1 期，均包含常数项并控制其他债权人贷款。Panel A 中的其他债权人贷款指中国、美国和世界银行 IDA 贷款；Panel B 中的其他债权人贷款指中国、美国和世界银行 IBRD 贷款；Panel C 中的其他债权人贷款指中国、世界银行 IDA 和世界银行 IBRD 贷款。其他控制变量同表 7-2。

（四）长期效应检验

上述分析只检验了中国贷款对债务国未来一年经济增长的影响。考虑到中国贷款对债务国经济增长的影响在更长的期限范围内可能存在差异，甚至出现逆转，因此需要进一步检验中国贷款的长期效应。在此采用两种方式进行检验。一是参考援助文献[①]惯例，仍然采用式（7-1）和式（7-2）所对应的固定效应和工具变量模型，但改变样本期限，分别在 3 年和 5 年两个范围内对各个变量的观测值取平均，从而考察中国贷款在更长期限内对债务国经济增长的影响。二是参考其他经济增长文献，采用自回归分布滞后模型（以下简称"ARDL 模型"）来研究中国贷款与债务国经济增长之间的长期动态关系。[②] 具体而言，本章采用以下模型：

[①] Clemens, M. A., Radelet, S., Bhavnani, R. R. and Bazzi, S., "Counting Chickens When they Hatch: Timing and the Effects of Aid On Growth", *The Economic Journal*, Vol. 122, No. 561, 2012; Dreher, A. and Lohmann, S., "Aid and Growth at the Regional Level", *IMF Working Papers*, Vol. 15, No. 196, 2015; Galiani, S., Knack, S., Xu, L. C. and Zou, B., "The Effect of Aid On Growth: Evidence From a Quasi-Experiment", *Journal of Economic Growth*, Vol. 22, No. 1, 2017.

[②] Dell, M., Jones, B. F. and Olken, B. A., "Temperature Shocks and Economic Growth: Evidence From the Last Half Century", *American Economic Journal: Macroeconomics*, Vol. 4, No. 3, 2012.

$$g_{i,t} = A_{i,t} + \sum_{p=1}^{P}\beta_p L_{i,t-p} + \sum_{q=1}^{Q}\gamma_q g_{i,t-q} + \varepsilon_{i,t} \qquad (7-4)$$

其中，P 和 Q 分别为解释变量和被解释变量的最大滞后期数，β_p 反映了中国贷款对债务国经济增长的短期影响。为了考察长期影响，在此以被解释变量和解释变量的长期均衡值替换式（7-4）中的当期值，并对式（7-4）进行简单变化，即可得到长期效应的表达式如下：

$$\frac{\Delta g}{\Delta L} = \frac{\sum_{p=1}^{P}\beta}{1 - \sum_{q=1}^{Q}\gamma_q} \qquad (7-5)$$

两种检验方式的结果如表 7-7 所示。回归（1）—回归（2）为 3 年和 5 年期限下固定效应模型分析的结果，回归（4）—回归（5）为 3 年和 5 年期限下基于钢铁产量工具变量的分析结果，回归（5）—回归（7）为自回归分布滞后模型在 3 年、5 年和 10 年期限内的长期均衡结果。FE 模型和 IV 模型的结果均显示，在 3 年和 5 年的期限下，中国贷款对债务国经济增长依然存在显著的正向促进效应。ARDL 模型的结果显示，中国贷款对债务国经济增长的促进作用在长期显著且逐渐增强。上述结果表明，中国贷款不仅能在短期内促进当地经济增长，而且这种促进效应在更长期限内依然存在。

表 7-7　　中国贷款对债务国经济增长的影响：长期效应

回归模型	（1）	（2）	（3）	（4）	（5）	（6）
中国贷款（承诺额）	0.050 ** (0.022)	0.066 ** (0.028)	0.418 *** (0.158)	0.500 ** (0.249)	0.042 *** (0.012)	0.045 *** (0.013)
模型	FE 3 年平均	FE 5 年平均	IV 3 年平均	IV 5 年平均	ARDL (3, 3)	ARDL (5, 5)

续表

回归模型	（1）	（2）	（3）	（4）	（5）	（6）
观测值数	916	574	803	459	2514	2282
调整后 R^2	0.05	0.06	-0.23	-0.42	0.13	0.13
C.D.F			39.56	9.42		
K.P.F			27.89	10.22		

注：被解释变量为人均 GDP 增速，括号中为聚类到国家层面的稳健标准误，"***""**"和"*"分别表示在10%、5%和1%水平下显著。

四　"一带一路"建设中的国际债务治理挑战与政策展望

（一）中国在"一带一路"建设中面临的国际债务治理挑战

随着"一带一路"建设的推进，中国已成为很多国家的重要债权人之一。近年来，部分国家主权债务状况恶化，有关中国海外贷款的争议也愈演愈烈。这些问题表明，作为新兴债权人，中国在"一带一路"沿线国家的主权债务治理方面仍面临巨大挑战。

一是要在"一带一路"沿线国家的债务可持续性与中国自身融资可持续性之间取得平衡。债务国的债务可持续性和债权人的融资可持续性在一定程度上存在冲突。提高贷款优惠度有助于降低债务国还款压力，可以提高债务可持续性。但过于优惠的贷款条件会导致债权国难以实现经济收益，进而削弱其对外贷款动机、损害融资可持续性。在历史上，以巴黎俱乐部为代表的双边债权人对发展中国家融资支持力度减弱就是一个例证。目前，来自中国的主权贷款已成为"一带一路"沿线国家填补可持续发展融资缺口的重要资金来源。因此，一味要求中国提高主权贷款优惠度的国际批评是片面的，它忽略了对债权人融资可持续性的保障。

在后续建设过程中，中国和"一带一路"沿线国家应该在债务可持续性和融资可持续性之间取得平衡。

二是要进一步完善贷后管理规范，尤其是数据信息管理和债务危机处置两方面的机制建设。在风险评估和贷款形成等方面，中国已有《"一带一路"融资指导原则》《"一带一路"债务可持续性分析框架》等规范，但在贷后管理方面，中国的债务信息管理机制仍不完善，即使是最基础的官方债权规模数据也缺乏信息公开。对内，很多本国债权机构不了解本国对债务国总债权规模信息。对外，中国尚未加入巴黎俱乐部，没有与其他债权人形成信息共享机制。在债权人之间缺乏信息共享机制的情况下，一旦债务国隐瞒、漏报债务信息或出现统计偏差，就很容易出现债务危机风险在某个时间点跳升的超预期事件，这对债权人控制自身贷款风险敞口、债务国避免债务可持续性恶化都极为不利。另外，尽管中国已成为主要债权国之一，但中国仍未形成规范和流程化的主权债务重组和减免机制，多依赖中非合作论坛等双边机制下的"一揽子"减债。[①] 此次新冠疫情后，中国首次在二十国集团框架下与其他债权人共同签署《缓债倡议》等多边债务处置协定，这也是中国主权债务重组和减免机制多边化的一大进步体现。

三是要加强与其他债权人的多边合作，并在融入全球债务治理体系的基础上进行规则创新。传统债权人具备丰富的主权债务治理经验，已形成相对成熟的债务治理规则体系。中国应在借鉴国际经验的基础上，结合自身禀赋和债务国国情，构建一套适合中国对外贷款特征和"一带一路"沿线国家国情的债务治理规则体系。这一规则体系应根植于可持续发展理念，具备明确清晰的债

---

① Bon, G. and Cheng, G., "China's Debt Relief Actions Overseas and Macroeconomic Implications", *Banque de France Research Paper Series*, No. 27, 2020.

务治理原则、科学规范的贷款和减债流程与高效多元的投融资方案。相比一般私人贷款，中国对外主权贷款决策由官方主导，不仅规模大，而且能保证稳定且可持续的融资来源，在降低流动性风险方面具有更大优势。① 相比巴黎俱乐部等传统债权人的双边贷款，中国对外主权贷款规模不断上升、对债务国的政治干预和附加条件少，而且愿意为风险更高的国家提供融资支持。在未来的多边合作过程中，中国应充分发挥自身优势，把促进经济增长、提供稳定融资支持和恰当的债务重组以及减免作为主权债务治理行动的三大支柱。此外，中国还应丰富可持续发展理念内涵，推动相关理念革新，例如从单纯强调债务可持续性向债务可持续性与融资可持续性并重的理念转化。

（二）新冠疫情后的国际债务治理改革机遇

近十年来，新兴市场和发展中经济体国家债务负担显著上升。新冠疫情暴发后，为抗击疫情和支持私人部门，各国政府普遍产生了大规模的公共支出，财政压力和债务负担进一步加重。2021年，新兴市场和发展中经济体的平均财政赤字为5%、政府债务与GDP之比为65%，比疫情前的历史均值（2010—2018年）分别高出5个和42个百分点。2020年以来，新冠疫情、全球供应链紧张、美联储货币政策转向、乌克兰危机等负面冲击接踵而至，一些发展中国家的宏观经济秩序开始陷入混乱，已有部分国家爆发危机。截至2022年8月，除俄罗斯、乌克兰两国因战争陷入衰退外，阿根廷、土耳其、黎巴嫩、斯里兰卡等高债务脆弱国家也已相继爆发主权债务危机或货币危机。根据国际货币基金组织统计，

---

① 熊婉婷、赵海：《疫情冲击下的国际债务处置问题研究》，《开发性金融研究》2022年第2期。

69个低收入国家中，已有8个国家处于债务危机中，30个国家面临高风险。在这一背景下，针对发展中国家的债务处置和债务援助已成为全球治理的重点议题。

虽然新冠疫情和乌克兰危机把发展中国家债务处置问题推到了全球治理的风口浪尖，但也为国际减债规则的调整提供了三大改革机遇。

第一，二十国集团下的多边债务处置协商机制已成为国际减债规则讨论和改革的重要沟通平台。与巴黎俱乐部等多边债务处置机制相比，二十国集团下的多边债务处置机制主要有两大特色。一是扩大了参与债务规则制定的官方债权人范围，提高了中国、阿联酋、印度等新兴市场和发展中经济体的参与度。二是加强了对私人部门参与减债的要求。后续债务重组行动整体上将遵从"共同行动、公平负担、个案处理、多边共识"的原则。不过，目前各方在不同债权人之间如何进行责任分配、哪些债务应得到优先偿付、哪些债务国可以获得减债、如何落实债务信息公开、怎么评估可比性待遇等执行细节上尚未达成一致。随着后续重组案例的逐步落实，各国在二十国集团框架下有望形成新的国际减债共识。

第二，国际货币基金组织增发6500亿SDR为全球提供了新增流动性。国际货币基金组织增发SDR，可为成员国提供低成本的长期资金支持。然而，如果按照份额进行一般分配，流动性需求不大的二十国集团成员国将获得70%的资金，急需流动性的低收入国家只能分到30%。为了让更多资金流向需要救助的国家，国际社会已开始讨论各类SDR再分配方案，包括双边捐赠/贷款、为减贫与增长信托基金或其他流动性工具增资、支持布雷迪式债券回购等。这些创新型的融资和减债方案无疑会为解决发展中经济体债务困境问题带来新思路。

第三，绿色减债理念逐步成为各方共识，与气候和环境目标相结合的债务处置方案有助于提高减债谈判成功率。近期，世界银行和国际货币基金组织均表示正在研究如何把气候变化纳入债务重组谈判，鼓励官方债权人甚至私人债权人采用"债务—自然互换"或"债务—环境互换"等绿色债务重组工具，即减免重债穷国一定比例的债务，以换取它们在碳减排等可持续发展目标上的投入。这一倡议得到了债权人和债务国家两方的普遍支持。

（三）中国在国际债务治理中的角色变化与未来政策改革展望

从债务国到债权国乃至主要债权国，中国在国际债务治理中的角色已发生巨大变化。一方面，中国需要应对舆论压力，在国际减债行动中展现出负责任、有担当的大国形象。另一方面，中国需要控制减债成本，降低"一带一路"沿线国家的债权投资风险，提高投资效率。结合后疫情时代国际债务治理改革的方向与机遇，中国可从以下四个方面着手改革，从而进一步提高海外债权管理和债务危机应对能力。

第一，参考国际经验，积极参与多边债务治理合作，完善"一带一路"建设中的主权债务重组和减免机制。一方面，中国应继续在二十国集团《共同框架》下处理低收入国家的债务问题，与其他债权人一起为有关国家提供债务重组和减免援助。另一方面，对于其他不符合《共同框架》申请条件的国家，中国也应提前在制度和规则上做好准备。在2017年和2019年的"一带一路"国际合作高峰论坛上，中国分别推出了《"一带一路"融资指导原则》和《"一带一路"债务可持续性分析框架》。这些规则是"一带一路"主权债务管理体系规范化的重要成果，推出后广受国际舆论好评。后疫情时代，发展中国家对债务重组和减免的需求可能进一步提高。中国应参考巴黎俱乐部、世界银行、国际货币基金组织等传统债权人的有关经验，着力提高现有债务处置流程的规范性，进一步完善有关债务重组和减免的规则体系。

第二，顺应债务治理和可持续发展相结合的国际趋势，尽快打造一些与可持续发展相结合的绿色减债亮点项目。中国可选择少数国家试点实施"债务—自然互换"和发行"绿色复兴债券"。考虑到中国没有与其他国家进行"债务—自然互换"的经验，中国可选择曾经接受过类似重组援助的国家进行合作。此外，埃塞俄比亚、乍得和赞比亚是首批申请《共同框架》援助的国家，可以成为优先考虑的对象。并且，在未来的投资项目选择上，中国可加大在清洁能源、气候变换等可持续发展领域的投资力度，并完善有关项目的环境影响评价和债务可持续性评估等规范。

第三，从可持续发展的角度出发，在现有国际减债规则中增加中国特色，尤其是强调"稳资金"和"促增长"在缓解债务风险方面发挥的作用。与传统债权国相比，中国在主权贷款有三大特色。[①] 一是新增贷款规模大，有助于填补发展中国家融资缺口。二是生产性债务占比高，多投向基础设施建设等有助于提高债务国生产能力的领域。三是资金流稳定、顺周期性弱，在经济下行阶段不会像私人资本一样出现引发债务危机的短期大规模外流。换言之，除了减轻偿债额度，促进经济增长和提供稳定融资支持也是降低债务风险的重要途径。

第四，推动"一带一路"主权贷款机制向更为多边、绿色和市场化的方向转型。近年来发达经济体的官方双边债权规模不断

---

① 熊婉婷、赵海：《疫情冲击下的国际债务处置问题研究》，《开发性金融研究》2022年第2期。

缩减，但私人部门的债权规模在上升。这一变化反映出发达经济体官方债权和私人债权分离化的趋势，即官方债权以赠款和优惠信贷为主，主要投向低收入国家；私人债权以债券为主，更多投向中高收入国家。除了官方债权人和私人债权人的差异化，投资项目的环境评估和气候影响标准也在不断提高。参考这些国际趋势，在未来的债权投资过程中，中国可以加大私人部门的参与度，更多使用标准化程度更高的债券型信贷工具，更为强调投资项目与环境保护等可持续发展目标的结合，从而实现债券市场双向开放、增强债权流动性、提高投资效率和促进债务国可持续发展的多重目标。

参考文献

程宇丹、龚六堂：《外债的经济增长效应与影响渠道——发达国家和发展中国家比较》，《数量经济技术经济研究》2015年第10期。

郭步超、王博：《政府债务与经济增长：基于资本回报率的门槛效应分析》，《世界经济》2014年第9期。

何丹：《赤道原则的演进、影响及中国因应》，《理论月刊》2020年第3期。

胡翠、许召元：《对外负债与经济增长》，《经济研究》2011年第2期。

黄梅波、朱丹丹：《主权债务的国际规则研究》，厦门大学出版社2017年版。

李嘉楠、龙小宁、姜琪：《援助与冲突——基于中国对外援助的证据》，《经济学》（季刊）2021年第4期。

李若谷：《正确认识发展中国家的债务可持续问题》，《世界经济与政治》2007年第4期。

林毅夫、王燕：《超越发展援助：在一个多极世界中重构发展合作新理念》，北京大学出版社2016年版。

刘洪钟、杨攻研、尹雷：《政府债务、经济增长与非线性效应》，

《统计研究》2014年第4期。

庞珣：《新兴援助国的"兴"与"新"——垂直范式与水平范式的实证比较研究》，《世界经济与政治》2013年第5期。

邱煜、潘攀、张玲：《"中国方案"果真布局了债务陷阱吗？：来自"一带一路"倡议的经验证据》，《世界经济研究》2021年第7期。

肖连魁：《如何应对IMF公共债务限制政策改革》，《国际工程与劳务》2016年第6期。

熊爱宗：《什么影响了国际货币基金组织的预测误差——一个政治经济学分析》，《世界经济与政治》2018年第5期。

熊婉婷、常殊昱、肖立晟：《IMF债务可持续性框架：主要内容、问题及启示》，《国际经济评论》2019年第4期。

熊婉婷、赵海：《疫情冲击下的国际债务处置问题研究》，《开发性金融研究》2022年第2期。

许志成、张宇：《点亮非洲：中国援助对非洲经济发展的贡献》，《经济学》（季刊）2021年第5期。

杨长江、王宁远：《国家外部资本结构的动态演化特征：基于经济发展阶段的分析》，《经济研究》2022年第2期。

袁然、熊婉婷、肖立晟：《中国对"一带一路"国家主权债务影响研究新进展》，《银行家》2022年第1期。

张斌、何晓贝、邓欢：《不一样的杠杆——从国际比较看杠杆上升的现象、原因与影响》，《金融研究》2018年第2期。

周弘：《中国援外60年》，社会科学文献出版社2013年版。

［荷］杰罗姆·鲁斯：《主权债务简史：金融的结构性权力和国际危机》，黄名剑、张文婷译，中信出版集团2020年版。

［美］黛博拉·布罗蒂加姆：《龙的礼物：中国在非洲的真实故

事》，沈晓雷、高明秀译，社会科学文献出版社2012年版。

［美］讷克斯：《不发达国家的资本形成问题》，谨斋译，商务印书馆1966年版。

Acker, K., Brautigam, D. and Huang, Y., "Debt Relief with Chinese Characteristics", *China Africa Research Initiative Working Paper*, No. 39, 2020.

Aguiar, M., Amador, M. and Gopinath, G., "Investment Cycles and Sovereign Debt Overhang", *The Review of Economic Studies*, Vol. 76, No. 1, 2009.

Ahmed, F. Z., "The Perils of Unearned Foreign Income: Aid, Remittances, and Government Survival", *American Political Science Review*, Vol. 106, No. 1, 2012.

Asonuma, T., Chamon, M., Erce, A. and Sasahara, A., "Costs of Sovereign Defaults: Restructuring Strategies, Bank Distress and the Capital Inflow-Credit Channel", *IMF Working Papers*, Vol. 19, No. 69, 2019.

Badia, M. M., Medas, P., Gupta, P. and Xiang, Y., "Debt is Not Free", *Journal of International Money and Finance*, Vol. 127, No. 2022.

Balima, H. W. and Sokolova, A., "IMF Programs and Economic Growth: A Meta-Analysis", *Journal of Development Economics*, Vol. 153, No. 2021.

Bandiera, L. and Tsiropoulos, V., "A Framework to Assess Debt Sustainability Under the Belt and Road Initiative", *Journal of Development Economics*, Vol. 146, No. 9, 2020.

Berti, K., Salto, M. and Lequien, M., "An Early-Detection Index of

Fiscal Stress for EU Countries", *European Economy Economic Paper*, No. 475, 2012.

Bluhm, R., Dreher, A., Fuchs, A., Parks, B., Strange, A. and Tierney, M. J. "Connective Financing: Chinese Infrastructure Projects and the Diffusion of Economic Activity in Developing Countries", *AidData Working Paper*, No. 64, 2018.

Bon, G. and Cheng, G., "China's Debt Relief Actions Overseas and Macroeconomic Implications", *Banque de France Research Paper Series*, No. 27, 2020.

Bon, G. and Cheng, G., "Understanding China's Role in Recent Debt Relief Operations: A Case Study Analysis", *International Economics*, Vol. 166, 2021.

Brautigam, D., "A Critical Look at Chinese 'Debt-Trap Diplomacy': The Rise of a Meme", *Area Development and Policy*, Vol. 5, No. 1, 2020.

Brautigam, D., "Chinese Loans and African Structural Transformation", *Oxford University Press*, 2019.

Brautigam, D., Huang, Y. and Acker, K., "Risky Business: New Data on Chinese Loans and Africa's Debt Problem", *CARI Briefing Papers*, No. 3, 2020.

Bruns, M. and Poghosyan, T., "Leading Indicators of Fiscal Distress: Evidence From Extreme Bounds Analysis", *Applied Economics*, Vol. 50, No. 13, 2018.

Burnside, C. and Dollar, D., "Aid, Policies, and Growth", *The American Economic Review*, Vol. 90, No. 4, 2000.

Butkiewicz, J. L. and Yanikkaya, H., "Institutional Quality and Economic Growth: Maintenance of the Rule of Law Or Democratic Institutions, Or Both?", *Economic Modelling*, Vol. 23, No. 4, 2006.

Calabrese, L. and Tang, X., "Economic Transformation in Africa: What is the Role of Chinese Firms?", *Journal of International Development*, Vol. 35, No. 1, 2023.

Caner, M., Grennes, T. J. and Köhler-Geib, F. F. N., "Finding the Tipping Point—When Sovereign Debt Turns Bad", *The World Bank Policy Research Working Papers*, 2010.

Carone, G. and Berti, K., "Assessing Public Debt Sustainability in EU Member States: A Guide", *MPRA Paper*, No. 62570, 2014.

Ciarlone, A. and Trebeschi, G., "Designing an Early Warning System for Debt Crises", *Emerging Markets Review*, Vol. 6, No. 4, 2005.

Clemens, M. A., Radelet, S., Bhavnani, R. R. and Bazzi, S., "Counting Chickens When they Hatch: Timing and the Effects of Aid on Growth", *The Economic Journal*, Vol. 122, No. 561, 2012.

Clements, B., Bhattacharya, R. and Nguyen, T. Q., "External Debt, Public Investment, and Growth in Low-Income Countries", *IMF Working Papers*, Vol. 3, No. 249, 2003.

Cordella, T., Ricci, L. A. and Ruiz-Arranz, M., "Debt Overhang Or Debt Irrelevance? Revisiting the Debt Growth Link", *IMF Working Papers*, Vol. 5, No. 223, 2005.

De Soyres, F., Mulabdic, A., Murray, S., Rocha, N. and Ruta, M., "How Much Will the Belt and Road Initiative Reduce Trade Costs?", *International Economics*, Vol. 159, 2019.

Dell, M., Jones, B. F. and Olken, B. A., "Temperature Shocks and Economic Growth: Evidence From the Last Half Century", *American

Economic Journal: Macroeconomics, Vol. 4, No. 3, 2012.

Detragiache, E. and Spilimbergo, A., "Crises and Liquidity: Evidence and Interpretation", *IMF Working Papers*, Vol. 1, No. 2, 2001.

Dreher, A. and Lohmann, S., "Aid and Growth at the Regional Level", *IMF Working Papers*, Vol. 15, No. 196, 2015.

Dreher, A., Fuchs, A., Parks, B., Strange, A. and Tierney, M. J., "Aid, China, and Growth: Evidence From a New Global Development Finance Dataset", *American Economic Journal: Economic Policy*, Vol. 13, No. 2, 2021.

Essl, S. M., Kilic Celik, S., Kirby, P. and Proite, A., "Debt in Low-Income Countries: Evolution, Implications, and Remedies.", *World Bank Policy Research Working Paper*, No. 8794, 2019.

Feder, G., Just, R. and Ross, K., "Projecting Debt Servicing Capacity of Developing Countries", *Journal of Financial and Quantitative Analysis*, Vol. 16, No. 5, 1981.

Furceri, D. and Zdzienicka, A., "How Costly are Debt Crises?", *Journal of International Money and Finance*, Vol. 31, No. 4, 2012.

Gabriele, C., Erce, A., Athanasopoulou, M. and Rojas, J., "Debt Stocks Meet Gross Financing Needs: A Flow Perspective Into Sustainability", *ADEMU Working Paper Series*, No. 67, 2017.

Galiani, S., Knack, S., Xu, L. C. and Zou, B., "The Effect of Aid on Growth: Evidence From a Quasi-Experiment", *Journal of Economic Growth*, Vol. 22, No. 1, 2017.

Gallagher, K. and Wang, Y., "Sovereign Debt Through the Lens of Asset Management: Implications for SADC Countries.", *GEGI Work-*

ing Paper, No. 042, 2020.

Gelpern, A., Horn, S., Morris, S., Parks, B. and Trebesch, C., "How China Lends: A Rare Look into 100 Debt Contracts with Foreign Governments.", *CEPR Discussion Paper*, No. 16331, 2021.

Gilbert, C., Powell, A. and Vines, D., "Positioning the World Bank", *The Economic Journal*, Vol. 109, No. 459, 1999.

Greiner, A. and Fincke, B., *Public Debt Sustainability and Economic Growth*, Springer, 2015.

Hajivassiliou, V. A., "The External Debt Repayments Problems of Ldc's: An Econometric Model Based On Panel Data", *Journal of Econometrics*, Vol. 36, No. 1 – 2, 1987.

Harrigan, J. and Mosley, P., "Evaluating the Impact of World Bank Structural Adjustment Lending: 1980 – 1987", *Journal of Development Studies*, Vol. 27, 1991.

He, A., "The Belt and Road Initiative: Motivations, Financing, Expansion and Challenges of Xi's Ever-Expanding Strategy", *Journal of Infrastructure Policy and Development*, Vol. 4, No. 1, 2020.

Hébert, B., "Moral Hazard and the Optimality of Debt", *The Review of Economic Studies*, Vol. 85, No. 4, 2018.

Horn, S., Reinhart, C. M. and Trebesch, C., "China's Overseas Lending", *Journal of International Economics*, Vol. 133, No. 103539, 2021.

Hurley, J., Morris, S. and Portelance, G., "Examining the Debt Implications of the Belt and Road Initiative From a Policy Perspective", *Journal of Infrastructure, Policy and Development*, Vol. 3, No. 1, 2019.

IMF, "Guidance Note On the Bank-Fund Debt Sustainability Framework for Low Income Countries", *International Monetary FundPolicy Papers*, Vol. 18, No. 009, 2018.

IMF, "Modernizing the Framework for Fiscal Policy and Public Debt Sustainability Analysis", *International Monetary FundPolicy Papers*, Vol. 11, No. 34, 2011.

IMF, "Review of the Debt Sustainability Framework for Low Income Countries: Proposed Reforms", *International Monetary FundPolicy Papers*, Vol. 17, 2017.

IMF, "Soverign Debt Restructuring—Recent Developemnts and Implicationsfor the Fund'sLegal and Policy Framework", *International Monetary Fund Policy Papers*, 2013.

IMF, "The International Architecture for Resolving Sovereign Debt Involving Private-Sector Creditors—Recent Developments, Challenges, and Reform Options", *International Monetary FundPolicy Papers*, Vol. 2020, No. 43, 2020.

IMF, "Guidance Note On the Bank-Fund Debt Sustainability Framework for Low Income Countries", *International Monetary FundPolicy Papers*, Vol. 18, No. 9, 2018.

Jones, L. and Hameiri, S., *Debunking the Myth of 'Debt-Trap Diplomacy': How Recipient Countries Shape China's Belt and Road Initiative*, Chatham House, 2020.

Kaplan, S. B., *Globalizing Patient Capital: The Political Economy of Chinese Finance in the Americas*, Cambridge University Press, 2021.

Kose, M. A., Kurlat, S., Ohnsorge, F. and Sugawara, N., "A Cross-Country Database of Fiscal Space", *Journal of International*

Money and Finance, Vol. 128, No. 102682, 2022.

Kourtellos, A., Stengos, T. and Tan, C. M., "The Effect of Public Debt On Growth in Multiple Regimes", *Journal of Macroeconomics*, Vol. 38, 2013.

Kratz, A., Mingey, M., D'Alelio, D., "Seeking Relief: China's Overseas Debt After COVID-19", *Rhodium Group*, 2020.

Krugman Paul, "Financing vs. Forgiving a Debt Overhang", *Journal of Development Economics*, Vol. 29, No. 3, 1988.

Lian, W., Presbitero, A. and Wiriadinata, U., "Public Debt and r-g at Risk.", *IMF Working Papers*, No. 20/137, 2020.

Lin, J. Y. and Wang, Y., "The New Structural Economics: Patient Capital as a Comparative Advantage", *Journal of Infrastructure, Policy and Development*, Vol. 1, No. 1, 2017.

Lin, J. Y. and Wang, Y., "Economic Transformation in Africa and How Best China Can Support 2020", *China and Africa in the 21st Century*, World Bank, 2020.

Mallick, S. and Moore, T., "Foreign Capital in a Growth Model", *Review of Development Economics*, Vol. 12, No. 1, 2008.

Mandon, P. and Tesfaye Woldemichael, M., "Has Chinese Aid Benefited Recipient Countries? Evidence From a Meta-Regression Analysis", *IMF Working Papers*, Vol. 22, No. 46, 2022.

Mauro, P. and Zhou, J., "R Minus G Negative: Can We Sleep More Soundly?", *IMF Working Papers*, Vol. 20, No. 52, 2020.

Medas, P., Poghosyan, T., Xu, Y., Farah-Yacoub, J. and Gerling, K., "Fiscal Crises", *Journal of International Money and Finance*, Vol. 88, No. 2018.

Morgan, P. and Zheng, Y., "Tracing the Legacy: China's Historical Aid and Contemporary Investment in Africa", *International Studies Quarterly*, Vol. 63, No. 3, 2019.

Morris, S., Parks, Brad; Gardner, A. and Parks, B., "Chinese and World Bank Lending Terms: A Systematic Comparison across 157 Countries and 15 Years.", *CGD Policy Paper*, No. 170, 2020.

Munemo, J., "Do Chinese Infrastructure Loans Promote Entrepreneurship in African Countries?", *SAIS-CARI Working Papers*, Vol. 46, 2021.

Nunn, N. and Qian, N., "Us Food Aid and Civil Conflict", *American Economic Review*, Vol. 104, No. 6, 2014.

Onjala, J., "China's Development Loans and the Threat of Debt Crisis in Kenya", *Development Policy Review*, Vol. 36, 2018.

Panizza, U., Sturzenegger, F. and Zettelmeyer, J., "The Economics and Law of Sovereign Debt and Default", *Journal of Economic Literature*, Vol. 47, No. 3, 2009.

Parker, S., *Debtbook Diplomacy: China's Strategic Leveraging of Its Newfound Economic Influence and the Consequences for US Foreign Policy*, Harvard University, 2018.

Pattillo, C., Poirson, H., Ricci, L., Kraay, A. and Rigobon, R., "Through What Channels Does External Debt Affect Growth?", *Brookings Trade Forum*, No. 1, 2003.

Pescatori, A., D. Sandri and J. Simon, "Debt and Growth: Is there a Magic Threshold?", *IMF Working Papers*, Vol. 14, No. 34, 2014.

Pienkowski, A., "Debt Limits and the Structure of Public Debt", *IMF Working Papers*, Vol. 17, No. 117, 2017.

Poirson, H., L. A. Ricci and C. A. Pattillo, "External Debt and Growth", *IMF Working Papers*, Vol. 2, No. 69, 2002.

Rajah, R., Dayant, A. and Pryke, J., *Ocean of Debt? Belt and Road and Debt Diplomacy in the Pacific*, Lowy Institute for International Policy, 2019.

Rajaram, A., Kaiser, K., Le, T. M., Kim, J. H. and Frank, J., *The Power of Public Investment Management: Transforming Resources Into Assets for Growth*, World Bank Publications, 2014.

Reinhart, C. M. and Rogoff, K. S., "Growth in a Time of Debt", *The American Economic Review*, Vol. 100, No. 2, 2010.

Reinhart, C. M. and Trebesch, C., "Sovereign Debt Relief and its Aftermath", *Journal of the European Economic Association*, Vol. 14, No. 1, 2016.

Sumner, S. P. and Berti, K., "A Complementary Tool to Monitor Fiscal Stress in European Economies", *European Economy Discussion Papers*, No. 2015-049, 2017.

Taffler, R. J. and Abassi, B., "Country Risk: A Model for Predicting Debt Servicing Problems in Developing Countries", *Journal of the Royal Statistical Society. Series A (General)*, Vol. 147, No. 4, 1984.

Temple, J. and Van de Sijpe, N., "Foreign Aid and Domestic Absorption", *Journal of International Economics*, Vol. 108, No. 2017.

Woo, J. and Kumar, M. S., "Public Debt and Growth", *Economica*, Vol. 82, No. 328, 2015.

附录　专有名词中英对照

巴黎俱乐部（Paris Club）

布雷迪计划（Brady Plan）

成员国注资、扩大新借款协议（New Arrangements to Borrow，NAB）

赤道原则（Equator Principles，EPs）

促进负责任的主权借贷原则（Principles on Promoting Responsible Sovereign Lending and Borrowing，PPRSLB）

贷款和赠款、其他官方资金流（Other Official Flow，OOF）

低收入国家债务可持续性分析框架（Debt Sustainability Framework for Low-Income Countries，LIC-DSF）

多边减债倡议（Multilateral Debt Relief Initiative，MDRI）

二十国集团（Group of 20，G20）

反面保证条款（Negative Pledge Clauses，NPCs）

非重债穷国（non-HIPC）

非洲发展基金（African Development Fund，ADF）

非洲发展银行（African Development Bank，ADB）

非优惠性贷款政策（Non-Concessional Borrowing Policy，NCBP）

减贫与发展信托（Poverty Reduction and Growth Trust，PRGT）

公共债务限制政策（Public Debt Limits Policy，PDLP）

公私伙伴关系（Public and Private Partnership，PPP）

官方发展援助（Official Development Assistance，ODA）

国际发展协会（International Development Association，IDA）

国际金融协会（Institute of International Finance，IIF）

国际金融机构（International Financial Institutions，IFIs）

国际开发协会（International Development Association，IDA）

国际农业发展基金会（International Fund for Agricultural Development，IFAD）

国际债务统计数据库（International Debt Statistics，IDS）

季度外债数据库（Quarterly External Debt Statistics，QEDS）

金融部门评估规划（Financial Sector Assessment Program，FSAP）

经济合作与发展组织（Organization for Economic Co-operation and Development，OECD）

经济政策研究中心（Center for Economic Policy Research，CEPR）

可持续发展融资政策（Sustainable Development Finance Policy，SDFP）

联合国（United Nations，UN）

联合国经济和社会事务部（United Nations Department of Economic and Social Affairs，UNDESA）

联合国开发计划署（United Nations Development Programme，UNDP）

联合国贸易和发展会议（United Nations Conference on Trade and Development，UNCTAD）

美洲发展银行（Inter-American Development Bank，IDB）

欧盟委员会（European Commission，EC）

千年发展目标（Millennium Development Goals，MDGs）

商业参考利率（Commercial Interest Rate Reference，CIRR）

市场准入国家的债务可持续性分析（Debt Sustainability Analysis for Market-Access Countries，MAC-DSA）

数据公布特殊标准（Special Data Dissemination Standard，SDDS）

数据公布通用标准（General Data Dissemination System，GDDS）

特别提款权（Special Drawing Rights，SDR）

特殊目的工具（Special Purpose Vehicle，SPV）

亚洲发展银行（Asian Development Bank，ADB）

一带一路（Belt and Road，B&R）

银行咨询委员会（Bank Advisory Committee，BAC）

债务偿还暂停倡议（Debt Service Suspension Initiative，DSSI）

债权人联络拓展项目（Program for Creditor Outreach，PCO）

债权人集体行动条款（Collective Action Clauses，CACs）

债务管理和金融分析系统（Debt Management and Financial Analysis System，DMFAS）

债务管理基金（Debt Management Fund，DMF）

债务管理绩效评估工具（Debt Management Performance Assessment，DeMPA）

债务减少设施（Debt Reduction Facility，DRF）

债务处置机制（Debt Workout Mechanism，DWM）

债务可持续性分析（Debt Sustainability Analysis，DSA）

债务可持续性框架（Debt Sustainability Framework，DSF）

债务可持续性增强项目（Debt Sustainability Enhancement Program, DSEP)

政府债务和风险管理项目 (Government Debt and Risk Management Program, GDRM)

中央信贷工具 (Central Credit Facility, CCF)

重债穷国倡议 (Highly Indebted Poor Countries Initiative, HIPC)

主权债务重组机制 (Sovereign Debt Restructuring Mechanism, SDRM)